Ulrich Martini

Musikinstrumente – erfinden, bauen, spielen

Anleitungen und Vorschläge
für die pädagogische Arbeit

Fotos: Heinrich von den Driesch

Ernst Klett Verlag

Für Heidrun, Sünne, Frauke, Anne

Dank

Allen, die dazu beigetragen haben, daß dieses Buch
zustande gekommen ist, sei an dieser Stelle herzlich
gedankt.
Mein Dank für die konstruktive Kritik und hilfreiche
Unterstützung gilt in besonderer Weise meiner Frau
Heidrun Martini, meinem Kollegen Dr. Christoph
Schwartz, Frau Rosine Sandberger, Herrn Paul Weide-
kamp, Herrn Dr. Diethard Riehm, Herrn Josef Lau-
mann und Herrn Heinrich von den Driesch.

Münster, im April 1980
Ulrich Martini

CIP-Titelaufnahme der Deutschen Bibliothek

Martini, Ulrich:
Musikinstrumente – erfinden, bauen, spielen:
Anleitungen u. Vorschläge für d. pädag. Arbeit /
Ulrich Martini. Fotos: Heinrich von den Driesch.
3. Aufl. – Stuttgart: Klett, 1988.
  ISBN 3-12-925601-6

3. Auflage 1988
Alle Rechte vorbehalten
Fotomechanische Wiedergabe nur mit Genehmigung des Verlages
© Ernst Klett Verlage GmbH u. Co. KG, Stuttgart 1980
Satz und Druck: Wilhelm Röck, Weinsberg
Einbandgestaltung: Zembsch' Werkstatt, München
Fotos: Heinrich von den Driesch
ISBN 3-12-925601-6

Inhalt

Statt Worten: Vor-Bilder

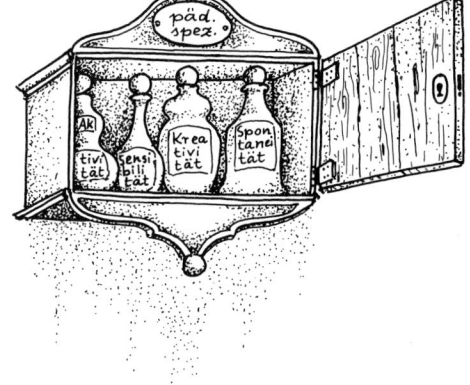

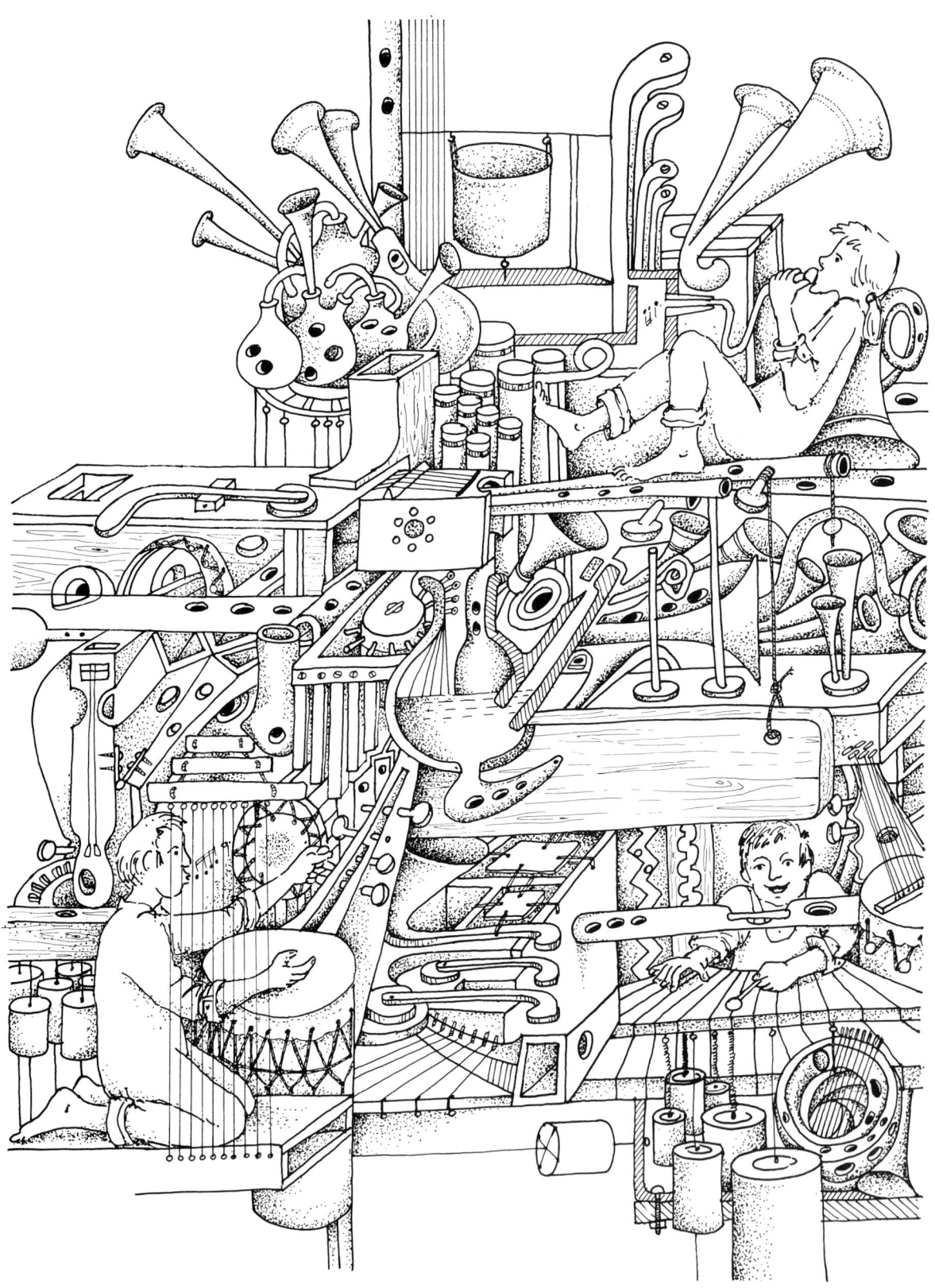

I. Zur Arbeit mit dem Instrumentarium

1. Zielsetzung

Diese Arbeit ist eine Zusammenfassung von Erfahrungen im Umgang mit selber hergestellten, unkonventionellen Musikinstrumenten und mit Musikspielzeug für alle Altersgruppen.

Ansätze zu den folgenden Ausführungen ergaben sich aus meiner schulischen und außerschulischen Erziehungspraxis sowie aus eigenen Beobachtungen, Untersuchungen und Erprobungen; vor allem war es die Zusammenarbeit mit Studierenden der Sozialpädagogik, die eine Fülle neuer Erfahrungen und Einsichten erbrachte. Wir haben mit Kindern, Jugendlichen und Erwachsenen Musikinstrumente unterschiedlicher Art hergestellt – von einfachsten Geräuschinstrumenten bis zu recht komplizierten und anspruchsvollen Klangkörpern –, und wir haben gemeinsam mit unseren Partnern auf diesen Instrumenten gespielt.

Unserer Auffassung nach stellt ein solches Instrumentarium, das wegen seiner Vielfalt jedem Interessierten weitesten Raum zu eigenem Erforschen bietet, ein primär pädagogisches Angebot dar, da es wie kaum ein anderes Medium die Zusammenhänge zwischen Material und Herstellungsprozeß, zwischen Idee und Verwirklichung und die unmittelbaren Auswirkungen aufeinander bezogener Abläufe verdeutlicht. Diese Gesichtspunkte liegen zugrunde, wenn wir die wesentliche Besonderheit unserer Instrumente darin sehen, sie selbst planen, entwerfen, durchkonstruieren, herstellen, ausprobieren und spielen zu können. Aus diesen Gründen sind sie für uns eine hilfreiche Erweiterung und farbige Ergänzung des herkömmlichen Instrumentariums.

Nur am Rande sei darauf hingewiesen, daß ein derart vielschichtiges, pädagogisch begründetes Angebot über enge fachdidaktische Zielsetzungen hinausgeht und so ein Hauptproblem unseres fächerorientierten Bildungs- und Ausbildungswesens berührt.

Aus den vielen Möglichkeiten des Umgangs mit dem Instrumentarium haben wir die Schwerpunkte Musikerziehung, Sozialerziehung und Musiktherapie ausgesucht und uns mit ihnen eingehender befaßt.

Zum Schwerpunkt Musikpädagogik

Ziele: Das Gestalten von Musikinstrumenten und von musikalischen Abläufen als *Weg* zu bereits vorgegebener (traditioneller) Musik in ihren verschiedenen Ausformungen und Bedingungen

Hierbei geht es um das Kennenlernen des Bereiches Musik, um die Hinführung und Erziehung zur (traditionellen) Musik: Unser Instrumentarium soll dazu beitragen, hörend, erkennend und gestaltend in Phänomene unserer Musiktradition einzudringen.

Von diesen Zielsetzungen her haben sich in unserer Musizierpraxis bestimmte Grundformen des Vorgehens entwickelt: Die eigenen musikalischen Prozesse und deren Ergebnisse werden mit ausgewählten Beispielen traditioneller Musik in Beziehung gesetzt, so daß über die Erfahrung akustischer, spieltechnischer und kompositionstechnischer Bedingungen des Musizierens Einsichten in Entwicklungen, Strukturen und Formen der Musik gewonnen werden können.

Der Ausgangspunkt liegt dabei entweder bei den eigenen Versuchen, die analysiert und dann den vorgelegten Beispielen gegenübergestellt werden, oder bei den Beispielen traditioneller Musik, deren Spiel- und Formprinzipien im eigenen Spiel Anwendung finden. Beide Ansätze bieten vielerlei Möglichkeiten, die Teilnehmer über den zunehmenden Erwerb akustisch-physikalischer, spieltechnischer und kompositionstechnischer Kenntnisse nach und nach zu einer sachgemäßen Analyse musikalischer Phänomene zu fuhren.

Zum Schwerpunkt Sozialpädagogik

Ziele: Das Gestalten von Musikinstrumenten und von musikalischen Abläufen als *Mittel* zur Anregung und Förderung sozialen Verhaltens.

Bei dieser Zielvorstellung steht die Kommunikation der Spielpartner eindeutig im Vordergrund, so daß in den musikalischen Prozessen dem improvisierten „Konzertieren" größere Bedeutung zugemessen wird als der Hinführung zum musikalischen Werk.

Sozialerziehung bedeutet in diesem Zusammenhang, wichtige Voraussetzungen sozialen Verhaltens bewußt zu machen und zu entwickeln: Der Umgang mit dem Instrumentarium schafft die Möglichkeit, neue Erfahrungen in der Fremd- und Selbstwahrnehmung zu gewinnen, die Fähigkeit zur Anpassung wie zur Selbstbehauptung zu erweitern und zu üben, die eigene Urteilsfähigkeit zu steigern und Kritik ertragen zu lernen.

Die methodischen Ansätze, die wir auf Grund unserer bisherigen Erfahrungen entwickelt haben, lassen sich hier nur stichwortartig umreißen:

Wir haben Spiele zur Wahrnehmungsschulung eingesetzt (differenziert sehen, hören, beobachten), Spiele zur Kommunikationsförderung (agieren – reagieren, zuschauen und zuhören lernen, eigene Einfälle in Beziehung zu denen anderer setzen, auf andere eingehen), Spiele zur Schulung der Handlungsfähigkeit (sich selbst einschätzen lernen, Entscheidungen treffen, Selbständigkeit entwickeln) und Spiele zur Kritik- und Urteilsfähigkeit (den eigenen Standpunkt klar äußern und begründen lernen, Andersartigkeiten erkennen, Gedanken und Lösungen anderer verstehen und akzeptieren).

Zum Schwerpunkt Musiktherapie

Ziele: Das Gestalten von Musikinstrumenten und von musikalischen Abläufen als Angebot einer *sozialen Situation,* die zu Änderungen gestörten Erlebens und Verhaltens führen kann

Da nicht nur viele somatische und psychische Erkrankungen mit einer Beeinträchtigung der sozialen Beziehungen einhergehen, sondern auch die Mehrzahl der sogenannten Verhaltensstörungen sich im Sozialbereich manifestiert, ist die Notwendigkeit therapeutischer Gruppenarbeit unbestreitbar; hier vermag auch die Mitarbeit in einer Instrumentalgruppe einen wirksamen Beitrag zu leisten.

Die Zielvorstellungen musiktherapeutischer Arbeit, die sich aus unseren Beobachtungen und Untersuchungen ergaben, gleichen in vieler Hinsicht denen, die unter dem Schwerpunkt „Sozialerziehung" beschrieben worden sind. Die Unterschiede liegen einmal in der wesentlich komplizierteren Ausgangslage der Gruppe, wenn Kranke oder Verhaltensgestörte zu ihr gehören; zum anderen ist der methodische Aufbau der Arbeit sehr viel genauer jedem einzelnen Gruppenmitglied anzupassen und nach jedem

Schritt auf seine individuellen Auswirkungen hin zu kontrollieren.

Methodische Ansätze der Musiktherapie bieten sich in zweierlei Richtungen an: Entweder steht das Musikhören im Vordergrund oder das gemeinsame Bauen und Spielen. Das Musikhören als therapeutische Meditationsübung (Entspannungstraining) ist zwar praktisch vielfach in Gebrauch, doch sind die physiologischen und psychologischen Wirkungen bestimmter Töne, Klänge oder Musikstücke unseres Wissens noch weitgehend unerforscht.

Eigene Erfahrungen haben wir nur mit dem anderen methodischen Ansatz machen können, bei dem es darum geht, durch Spiele zur Schulung der Wahrnehmungsfähigkeit und der Handlungsbereitschaft eine Atmosphäre verstehenden Wohlwollens zu schaffen, Konflikte zu mindern und vor allem Erfolgserfahrungen zu vermitteln. Die therapeutische Wirkung beruht vermutlich darauf, daß in einer solchen sozialen Situation Bedingungen vorliegen, die zur Auflockerung verengter Denkstile, zur Infragestellung des gewohnten Selbstbildes und zur Stärkung des Vertrauens zu sich selbst und zu anderen Mitgliedern der Gruppe führen können.

2. Beispiele aus der Arbeit mit den Instrumenten

a) Beispiele aus dem musikpädagogischen Bereich

Die vorwiegend musikpädagogisch ausgerichteten Beispiele sind für die Altersgruppe der Grundschüler und der 11 bis 13jährigen Schulkinder ausgewählt. Die Auswahl erfolgte im wesentlichen nach zwei Gesichtspunkten:

– Zum einen ist der Bereich der musikalischen Früherziehung im Verhältnis zu anderen musikpädagogischen Bereichen zur Zeit durch Veröffentlichungen recht gut ausgearbeitet (z. B. durch M. Küntzel-Hansen, S. Abel-Struth, G. Meyer-Denkmann u. a.). Für Kinder im Schulalter aber sind didaktische und methodische Überlegungen im Umgang mit selbstgebauten Instrumenten nur ansatzweise und lückenhaft vorhanden. Noch spärlicher ist der Bereich der Erwachsenenbildung mit entsprechenden Angeboten abgedeckt.

– Zum anderen kann an den Beispielen gezeigt werden, daß eine musikpädagogische Arbeit mit selbsthergestellten Geräuscherzeugern, Musikspielzeugen und Instrumenten nicht im Felde einer „Vormusik, Frühmusik, Primitivmusik . . ." stehen bleiben muß (diese fragwürdigen Bezeichnungen weisen übrigens eher auf ein verengtes Gesichtsfeld der Autoren als auf eine sachgerechte Benennung hin), sondern vielseitige Entwicklungsmöglichkeiten bereitstellt, die jeder Altersstufe gerecht werden und die durchaus bis in den Bereich differenzierter, komplexer und kunstvoller Musik führen können. Damit verbunden ist allerdings, wie mit jeder pädagogischen Arbeit, ein engagierter, planvoller und gezielter persönlicher Einsatz.

In diesem Zusammenhang erinnere ich noch einmal an unsere wesentlichen didaktischen Überlegungen: Lernen durch eigenes Tun und Lernen nach eigener Befähigung.

Mit dem Herstellen von Musikinstrumenten und dem Spiel mit dem Selbstbauinstrumentarium steht uns ein Weg zur Verfügung, der über erste grundlegende Erfahrungen im Umgang mit diesen Mitteln zu Einsichten in größere Zusammenhänge und Gesetzmäßigkeiten, zu sachgerechten Vergleichen und Urteilen führen kann.

Bei entsprechender pädagogischer Einstellung erlaubt es die Art und Vielseitigkeit dieses Angebotes, jeden Beteiligten seinen Fähigkeiten entsprechend an musikalischen Prozessen aktiv teilnehmen zu lassen.

Für Lehrer besteht besonders im Musikunterricht oft die Schwierigkeit, daß die Ausgangssituation bei den einzelnen Kindern sehr unterschiedlich sein kann. Ein Teil der Schüler wird durch Familie, Musikschule oder Privatunterricht gefördert, und ein anderer Teil kommt ohne Vorkenntnisse in den Unterricht. Die Arbeit mit dem Selbstbauinstrumentarium kann immer wieder eine Hilfe sein, die eine Gruppe nicht durch Unterforderung und die andere nicht durch Überforderung zu langweilen,

denn der Prozeß des Selbstbauens und gemeinsamen Musizierens schafft eine gleiche gemeinsame Ausgangssituation, weil die Vorerfahrungen z.B. des Notenlesens oder des Instrumentalspiels zunächst keine wesentliche Rolle spielen. Vielmehr kann jeder seinen Fähigkeiten entsprechend arbeiten und seine Ergebnisse in einen Gesamtzusammenhang, z.B. eines gemeinsamen Musikstückes, einbringen. Dabei kann jedes Arbeitsergebnis gleichwertig behandelt und eingesetzt werden.

Anregungen für den Musikunterricht in der Grundschule

Aus den Themen des Musikunterrichts in der Grundschule wähle ich drei Lernzielbereiche aus, mit denen ich exemplarisch einige Einsatzmöglichkeiten des Selbstbauinstrumentariums aufzeigen möchte.

Akustische Grunderfahrungen und Grundzüge einer Instrumentenkunde

Die meisten unserer Orchesterinstrumente sind bereits so hochentwickelt und perfektioniert, daß ein Laie Funktion und Bauweise nicht ohne weiteres durchschauen kann. Deshalb versuchen wir einen akustischen Baukasten zu entwickeln und zusammenzustellen, mit dem die Grundprinzipien von Tonerzeugung und Spielweisen so klar wie möglich aufgezeigt werden können. Dabei ist der Schritt vom Grundmaterial zum Grundinstrument von wesentlicher methodischer Bedeutung, weil die wechselseitige Abhängigkeit zwischen einem Material, seinen ihm eigenen Klangeigenschaften und dem daraus entstandenen fertigen Grundinstrument besonders einsichtig und verständlich erfahren werden kann.

Unser akustischer Baukasten ist nach den Prinzipien der Tonerzeugung in 4 Instrumentengruppen gegliedert (vgl. dazu auch das Kapitel „Zur Systematik des Instrumentariums"):

– Blasinstrumente (Aerophone)
– Eigenklinger (Idiophone)
– Membran-, Fell oder Trommelinstrumente (Membranophone)
– Saiteninstrumente (Chordophone)

Akustischer Baukasten
aus den Grundmaterialien

entstehen — *Grundinstrumente*

aus den Grundmaterialien	entstehen	Grundinstrumente
1 etwa 50 cm langes Plastikrohr Ø 20 mm und einen Korken zum Bau einer Querflöte dickere Plastiktrinkhalme zum Herstellen von doppelten Rohrblättern 1 Wasserschlauch 1 m lang, 1 Wasserschlauch 2 m lang 1 Trompetenmundstück 1 Trichter, 1 leere Konservendose, 1 leere Plastikflasche	Blasinstrumente (Aerophone)	
1 großer, 1 kleiner klingender Stein 1 kurzer, 1 langer gleichdicker Metallstab 1 kurzes, 1 langes Stück gleichdicker Dachlatte 3 Rundstäbe, Ø 10 mm, je 20 cm lang, eine Holzkugel, eine Schraubenmutter, einen Streifen Filz zum Herstellen von Schlägeln 2 Holzleisten, jede auf einer Seite mit Filz oder Gummi beklebt als dämpfende Auflage für klingende Metall- oder Holzstäbe	Eigenklinger (Idiophone)	
1 kurzes, 1 langes Stück Plastikrohr Ø 110 mm 2 im Durchmesser passende Schlauchschellen 1 Stück elastisches Gummituch als Membranen	Membran-, Fell- oder Trommelinstrumente (Membranophone)	
4 Holzbretter 80 x 10 cm und etwa 10 mm stark zum Herstellen eines Resonanzkörpers 1 Stück Dreiecksleiste als Steg etwa 1 m Perlonschnur oder Federstahldraht als Saite 2 Schraubenmuttern als Saitenhalter	Saiteninstrumente (Chordophone)	

Auf den Bau der Instrumente gehe ich an dieser Stelle nicht weiter ein, denn er wird im Instrumententeil beschrieben.

An diesem kleinen Instrumentarium können wir eine Reihe wichtiger Grundeigenschaften von Musikinstrumenten kennenlernen (vgl. dazu besonders die vor einigen Instrumentenfamilien stehenden Grundinformationen).

Zu Blasinstrumenten:

– Wenn ich das Plastikrohr einseitig mit einem Korken verschließe, in die Nähe dieses Endes ein Anblasloch bohre und über die Kante des Loches blase, entsteht ein Flötenton. Verschiedene Töne entstehen durch das Einbohren von Grifflöchern.
– Wenn ich ein Ende eines Trinkhalmes plattdrücke und die Ecken beschneide (s. Instrument Nr. 22), entsteht ein „doppeltes Rohrblatt", mit dem Töne erzeugt werden können, wenn man das Rohrblattende in den Mund nimmt und bläst.
– Wenn ich in einen Schlauch mit unterschiedlicher Lippenspannung blase (so wie in eine Trompete mit vibrierenden Lippen), dann entstehen unterschiedliche Töne (eine Naturtonreihe). Auf einem längeren Schlauch kann ich eine tiefere Tonreihe erzeugen als auf einem kurzen. Ein Kesselmundstück erleichtert das Anblasen. Durch die verschiedenen Gefäße als Schlauchaufsatz (Stürzen) entstehen Töne unterschiedlicher Klangfarbe.

Zu Eigenklingern:

– Große Steine klingen tiefer als kleine.
  Lange Eisenstäbe klingen tiefer als kurze.
– Lange Hölzer klingen tiefer als kurze.
  Der Anschlag mit harten Schlägeln (Metall) klingt härter als der Anschlag mit weicheren Schlägeln (Holz, Filz).

Zu Membraninstrumenten:

– Eine lange Trommel klingt tiefer als eine kürzere, gleicher Durchmesser vorausgesetzt.
– Durch Fingerdruck auf die Membran kann ich die Tonhöhe verändern.
– Unterschiedliche Schlägel verändern die Klangfarbe. Harte Schlägel klingen härter als weiche.

Zu Saiteninstrumenten:

– Durch höhere Saitenspannung entstehen höhere Töne und umgekehrt.
– Durch Verkürzen der Saite entstehen höhere Töne.
– Durch bestimmtes Aufteilen der Saite entstehen bestimmte Töne; durch Halbieren der Saite entstehen z.B. Oktavtöne zum Grundton der Gesamtsaite.

Wenn man Kinder im Anschluß an diese Grunderfahrungen mit Orchesterinstrumenten bekanntmacht, dann wird das Unterscheiden und Differenzieren von Instrumenten und Instrumentengruppen und damit auch zugleich das Hören und Verstehen von Musik erleichtert.

Kompositionsformen, Bauweisen musikalischer Abläufe

Ein anderes Einsatzfeld unseres Instrumentariums bietet sich beim Erarbeiten von Kompositionsformen, Bauplänen und Bauprinzipien von Musikstücken an. Die Einsicht in Bedingungen und Gesetzmäßigkeiten musikalischer Abläufe wird durch eigene Experimente, Gestaltungsversuche und Überlegungen am direktesten unterstützt und gefördert. Wenn ich selbst ein Stück spiele, muß ich mir z.B. zwangsläufig überlegen, wie ich anfange, wie ich einen Ablauf einteile, welche Instrumente ich mir dafür auswähle, wie ich diese Instrumente bearbeite und einsetze, wie ich mit anderen zusammenspiele und schließlich wie ich wieder aufhöre.

Natürlich könnte man auch in ähnlicher Weise mit den „klassischen" Orchesterinstrumenten arbeiten, nur müssen wir dabei berücksichtigen, daß selbst Schulanfänger bereits eine Fülle musikalischer Vorerfahrungen mitbringen und daß genau diese Vorerfahrungen auch oft ein großes Hindernis im Sinne eines bestimmten Anspruches sein können, nämlich mit den Instrumenten genauso zu spielen wie die Vorbilder, die Bands, Musikgruppen, Orchester und Solisten.

Ich habe immer wieder festgestellt, daß genau die Andersartigkeit und die Unvergleichbarkeit vieler Selbstbauinstrumente die Spieler von ihren Reproduzierungsversuchen, z.B. „Alle meine Entchen . . ." erkennbar nachzuspielen, schnell auf Wege eigenen Untersuchens und Experimentierens führen kann, und dieses um so stärker, je mehr sie die

Eigenschaften ihrer Instrumente durch die eigene Herstellung kennengelernt haben.

Zu den ersten Voraussetzungen, die zum Gestalten auch einfachster musikalischer Kompositionen notwendig sind, gehört die Kenntnis der musikalischen Grundbegriffe: laut – leise, hoch – tief, schnell – langsam, lang – kurz, gebunden – getrennt, gestoßen.

Wenn Kinder erste Erfahrungen im Umgang mit diesen Gegensatzpaaren erworben haben, stehen ihnen eine Reihe von Grundbausteinen zur Verfügung, mit denen sie Musikstücke einfacher Art zusammmenstellen können. Beim Komponieren (= zusammenstellen) erleichtert ein übersichtliches, aufbauendes Vorgehen das Verständnis für Gliederungen und Bauzusammenhänge. Folgende Beispiele sollen andeuten, wie so ein Vorgehen aussehen kann.

Eine Gruppe stellt mit ihren Instrumenten ein kleines Tongebilde aus hohen und kurzen Tönen her:

A =

Eine andere Gruppe stellt ein Tongebilde aus tiefen langen Tönen her:

B =

Die Gruppen stellen gemeinsam aus ihren Tongebilden Abläufe zusammen:

AB =

oder

ABA =

oder

ABAB. =

usw.

Wenn die Anzahl der Gruppen zunimmt, steigt auch die Anzahl der Kombinationsmöglichkeiten der Tongebilde.
Beim Betrachten und Anhören der Ergebnisse liegt es auf der Hand, diese Baupläne mit vorhandenen Musikstücken zu vergleichen. Für die Altersstufe der Grundschule kommen zunächst Vergleiche mit einfachen bekannten Liedern in Frage. Eine ganze Reihe bekannter Kinderlieder entspricht in ihrem Aufbau unseren Bauplänen. Die Beispiele sind aus folgenden Liederbüchern genommen:
- W. Fischer, E. Hansen, J. Jacobsen, M. Schulz: Musikunterricht Grundschule, Mainz 1976 (Abkürzung F + Seitenangabe)
- D. Kreusch-Jacob: Ravensburger Lieder- Spielbuch für Kinder, Ravensburg 1978 (Abkürzung K)
- H. und J. Grüger: Die Liederfibel, Düsseldorf 1972 (Abkürzung G).

AB
Cha-cha-cha (K,40)
Die Kuh, die saß im Schwalbennest (K,40)
Es war eine Mutter (K,9)
Ging ein Weiblein Nüsse schütteln (K,18)
Hei, die Pfeifen klingen (F,69)
Ich geh mit meiner Laterne (G,34)
Jetzt fahrn wir über'n See (K,37)
Laßt uns froh und munter sein (K,51)
Sascha geizte mit den Worten (F,89)
. . .

ABA
Auf einem Baum ein Kuckuck saß (K,15)
Es tanzt ein Bi-ba-butzemann (K,22; G,32)
Ich fahr mit der Post (F,40)
O laufet ihr Hirten (K,54)
Spannenlanger Hansel (G,18)
Weißt du, wieviel Sternlein stehen? (G,32)
Widewidewenne (G,6)
. . .

ABABAB...
Zu dieser Form kann man alle Refrainlieder mit durchlaufendem Text zählen, wenn man das Lied insgesamt betrachtet.
Sur le pont D'Avignon (F,105; K,24)
Vogelhochzeit (K,28,29)
Zehn kleine Negerlein (K,30,31)
. . .

Eine Fortführung könnte darin bestehen, ausgewählte Lieder zu singen und mit den Instrumenten Tongebilde zu komponieren, die als Begleitung zu den einzelnen Abschnitten der Lieder passen:

Beispiel: Jetzt fahrn wir über'n See ...

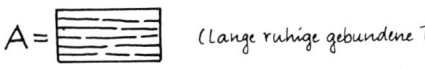
A = (Lange ruhige gebundene Töne)

B = (Kurze lebhafte gestoßene Töne)

Jetzt fahrn wir übern See übern See, jetzt fahrn wir übern See

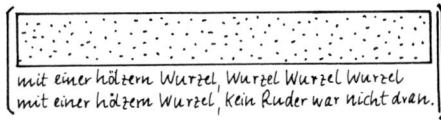
mit einer hölzern Wurzel, Wurzel Wurzel Wurzel
mit einer hölzern Wurzel, kein Ruder war nicht dran.

In ähnlicher Weise kann man auch zu den Möglichkeiten des instrumentalen Ensemblespiels hinführen, das vom solistischen Spiel über Musik kleinerer und größerer Gruppen (Ensembles) bis zu Musik für Orchester und Solisten und Musik mehrerer Gruppen reicht. Lernziele können dabei z. B. sein:
Wie klingt dieses oder jenes Instrument, was kann ich damit alles machen und was machen andere damit?
Wie hören sich 2 Instrumente zusammen an, kann man sie unterscheiden, wie einigen sich die Spieler für ein Zusammenspiel?
Können wir 3 Instrumente noch unterscheiden?
Oder was muß man beim Zusammenspiel eines Orchesters und eines Solisten alles beachten? usw.

Ein Vergleich zwischen den eigenen Versuchen und entsprechenden leicht überschaubaren Instrumentalstücken kann sowohl Einsichten und Anregungen für das eigene Spiel als auch Verständnis für die herangezogenen Beispiele fordern. Denn wenn man im Umgang mit den musikalischen Grundbegriffen und im Zusammenstellen von musikalischen Abläufen einige Erfahrungen hat, ist es leichter möglich, auch beim Hören von Musik Gliederungen und Kompositionsprinzipien zu erkennen. Eine Analyse sollte methodisch so vorgehen, daß sie vom Gesamtzusammenhang und der Gesamtwirkung eines Musikstückes ausgehend mit der großteiligen Gliederung beginnt und von da aus immer differenzierter gliedert.

Überlegungen zur Notierung von Musik

Die Notwendigkeit Musik zu notieren ergibt sich zwangsläufig aus den Überlegungen:
– Was mache ich, wenn ich ein Musikstück nicht vergessen oder es noch einmal wiederholen möchte?
– Was mache ich, wenn ich den Zusammenhang eines Musikstückes klären, erklären, ordnen oder kontrollieren möchte?

Ich muß zu irgendeiner Art des Festhaltens, des Konservierens greifen, entweder zu einer Tonbandaufnahme oder einer Notierung, einer Schreibweise, mit deren Hilfe ich mich zurückerinnern, kontrollieren und auseinandersetzen kann.

Auch unsere traditionelle Notenschrift ist als Lösung auf diese Fragen entstanden, und sie wurde verfeinert, je mehr das Bedürfnis bestand, bestimmte musikalische Abläufe so genau wie möglich wiederholen zu können. Da sich diese Notenschrift in Verbindung mit den uns bekannten Orchesterinstrumenten und ihren Vorläufern entwickelt hat, enthält sie nicht entsprechende Zeichen für alle Instrumente, z. B. afrikanische, chinesische usw. und für deren Geräusche, Töne und Klänge.

Solange ich nur mit unseren bekannten Instrumenten spiele und obendrein auf eine Art, für die es bereits eine genaue Notenschrift gibt, brauche ich keine neue Schrift zu erfinden und kann die vorhandene benutzen. Das hat den Vorteil, daß bereits viele Menschen gelernt haben, diese Schrift zu lesen und zu verstehen.

Wenn ich aber selbstgebaute Instrumente oder die anderer Völker benutze, muß ich zumindest teilweise eine neue Notenschrift erfinden. Das hat den Vorteil, daß ich zunächst einmal selbst bestimmen kann, auf welche Weise ich mein Stück am besten wiedererkennen oder wiederholen kann. Mit mehreren Mitspielern muß ich mich gemeinsam auf eine Schreibweise einigen, damit sie von allen verstanden wird.

Für Anfänger und Ungeübte ist zu bedenken, daß unsere traditionelle Notenschrift bereits so komplex und differenziert ist, daß sie nicht mehr auf Anhieb in allen ihren Ausformungen gelesen werden kann. Dazu gehört ein längerer (Instrumental-) Unterricht. Deshalb ist es für das Musizieren mit Anfängern hilfreich, die Notenschrift auf ihre elementaren Gesetzmäßigkeiten zu reduzieren. Dabei ist es für ein schnelles Verständnis wichtig, die Eigenschaften

des Gehörten in der optischen Übertragung zu erhalten. Das heißt zum Beispiel:
- hohe Töne = oberhalb, tiefe Töne = unterhalb einer (angenommenen) Mittellinie
- lange Töne = lange Zeichen, kurze Töne = kurze Zeichen
- laute Töne = dicke Zeichen, leise Töne = dünne Zeichen
- lauter werdende Töne = dicker werdende Zeichen, leiser werdende Töne = dünner werdende Zeichen
- schnelle Tonfolgen = kurz aufeinander folgende Zeichen,
  langsame Tonfolgen = weit auseinandergezogene Zeichen
- gleichzeitig erklingende Töne = untereinandergeschriebene Zeichen, hintereinander erklingende Töne = hintereinandergestellte Zeichen . . .

Für eine solche aus einfachen Grundelementen bestehende Notierung lassen sich viele unterschiedliche Zeichen finden, die verhältnismäßig gut verständlich sind, wenn die Relation von Gehörtem und optischer Übertragung erhalten bleibt.

Musik und Darstellendes Spiel mit 11 bis 13jährigen Kindern

Möglichkeiten eines fächerübergreifenden Unterrichts in der Schule

Die folgenden 3 kleinen Spielentwürfe sind Beispiele aus der Schulpraxis. Sie entstanden mit 3 verschiedenen Klassen zu unterschiedlichen Zeiten. Ich habe sie für dieses Buch ausgewählt, weil alle 3 als Ergebnis einer Zusammenarbeit von Kunst- und Musikpädagogik entstanden sind, und weil sie auf unterschiedliche Weise den Einsatz selbstgebauter Instrumente veranschaulichen helfen. Bei Überlegungen über den Mehraufwand derartiger Unternehmungen ist zu bedenken, daß alle 3 Beispiele zu den Höhepunkten eines Schuljahres zählten.

Bei allen Beispielen stand das Kennenlernen musikalischer, bildnerischer und szenischer Spielformen durch eigene Gestaltungsversuche im Vordergrund. Ein weiteres Ziel bestand darin, die Schüler natürliche Zusammenhänge und Verbindungen unterschiedlicher Gestaltungsmittel (hier: vorwiegend musikalische und bildnerische Mittel) in komplexen,

fächerübergreifenden Themen erfahren zu lassen. Denn in einem vorwiegend auf analytisches, zergliederndes Lernen ausgerichteten Schulsystem fehlen derartige Übungsfelder.

Bei allen 3 Beispielen ergaben sich im Verlauf der Arbeit Überlegungen, die Ergebnisse im Rahmen von Elternabenden und Schulfesten vorzuführen. Die Möglichkeit einer Aufführung wirkte stets stimulierend und half uns, beim Durchgestalten und Ausfeilen der Spiele bei der Sache zu bleiben.

Die Gesamtplanung ist in der Darstellung der 3 Spielentwürfe absichtlich etwas offen gehalten und nicht bis in Einzelheiten festgelegt, um die Übertragbarkeit auf andere pädagogische Arbeitsfelder zu erleichtern.

Die seltsame Verwandlung des Fräulein Kunigunde: Eine Gespenstergeschichte in der Technik des Schwarzen Theaters

Voraussetzungen und Vorbereitungen

Das Beispiel wurde mit Schülern einer 6. Klasse durchgeführt. Die Zusammenarbeit von Musik- und Kunstpädagogik war von vornherein geplant. Als gemeinsames Arbeitsthema vereinbarten wir: „Darstellendes Spiel mit musikalischen und bildnerischen Mitteln".

Im ersten Teil des Schuljahres arbeiteten die Schüler in den einzelnen Fächern getrennt an einer auf die Gesamtthematik bezogenen fachspezifischen Aufgabe.

Der im Musikunterricht erarbeitete akustische Grundbaukasten, der dem Baukasten im Kapitel „Akustische Grunderfahrungen und Grundzüge einer Instrumentenkunde" weitgehend entsprach, war auch gleichzeitig Vorbereitung für den Kunstunterricht. Denn hier sollten als erstes Musikinstrumente gebaut werden.

Die Entscheidung, ein bestimmtes Instrument zu bauen, fiel einigen Schülern schwer. Wir teilten uns deshalb den Instrumentengruppen entsprechend in vier etwa gleichgroße Arbeitsgemeinschaften ein. Die Beschränkung auf eine Instrumentengruppe half die Entscheidung erleichtern. Als Arbeitsbereich standen uns ein Werkraum und ein größerer leerer Mehrzweckkellerraum zur Verfügung. Grobe Holzzuschnitte konnte ich mit einer Tischkreissäge vorbereiten; alle Feinarbeiten führten die Schüler mit einfachem Handwerkszeug aus.

Das Ergebnis war ein reichhaltiges farbiges Instrumentarium mit vielen vorwiegend kleinen Tonerzeugern aus allen vier Instrumentengruppen, wobei durch Material und Experimentieren noch einige originelle Instrumente hauptsächlich aus dem Bereich der Geräuscherzeuger entstanden (z.B. Styroporschleifmaschine, Fliesenschraper).

Für unser Darstellendes Spiel vereinbarten wir als Spielform: „Spiele mit Licht und Schatten". Die Schüler konnten zwischen drei Arten wählen: einem Schattenspiel, einem Spiel in und mit Diaprojektionen, einem Spiel in der Technik des Schwarzen Theaters.

Nachdem ich alle Arten mit Beispielen erklärt hatte, entschieden sich die Schüler mit großer Mehrheit für das Schwarze Theater.

Zur Technik des Schwarzen Theaters: Wichtigste Voraussetzung ist ein restlos verdunkelter Raum. Der völlig schwarze Bühnenraum wird von der Seite der Zuschauer aus mit Schwarzlicht-Lampen angestrahlt. In diesem Licht bleibt alles Schwarze weitgehend unsichtbar, und nur helle und mit bestimmter Farbe (Leuchtpigmenten) angemalte Teile sind zu sehen. Durch entsprechende Kleidung kann sich ein Spieler teilweise oder auch vollständig unsichtbar machen. Wenn ein völlig schwarz angezogener Spieler dann z.B. einen leuchtenden Gegenstand trägt und bewegt, entsteht der Eindruck, als schwebe der Gegenstand wie verzaubert durch den Raum.

Unsere Bühne: Als Probenraum benutzten wir den Mehrzweckraum im Keller. Dort konnten wir die Fenster verdunkeln und die Bühne für längere Zeit eingerichtet stehen lassen.

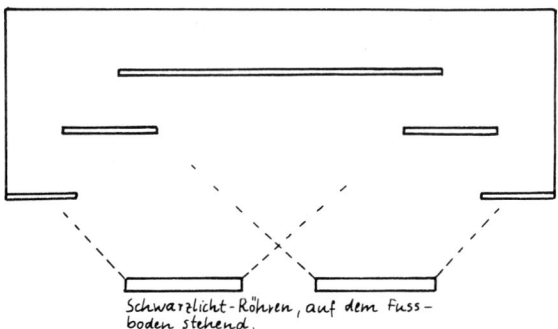

Schwarzlicht-Röhren, auf dem Fussboden stehend.

Aufsicht auf unsere Bühne. Die schwarzbespannten Kulissen stehen gestaffelt im Raum.

Die Bühnenelemente bauten wir aus Dachlattenrahmen, die wir mit schwarzem Molton bespannten (zu bekommen in Bühnenausstattungs- oder Dekorationsgeschäften). Decke und Fußboden wurden schwarz gestrichen.

Die Schüler besorgten sich dunkle Kleidung, meist Trainingsanzüge oder schwarze Strumpfhosen, schwarze Socken, schwarze Handschuhe, schwarze Kopfbedeckung. Einige Kleidungsstücke nähten wir uns nach Art der Sackmode selber, weil ein paar Synthetikanzüge noch zu sichtbar waren. Um möglichst komplett unsichtbar zu werden, hefteten wir an die Kopfbedeckungen noch Moltongesichtsmasken. Später ersetzten wir die Masken durch schwarz bemalte Gesichter, weil wir damit besser sehen konnten und nicht so schwitzten.

Im Musikunterricht begannen die Schüler nach der Erprobung des akustischen Grundbaukastens die musikalischen Grundbegriffe Geräusch, Ton, Klang und Musik anhand von Beispielen aus der akustischen Umwelt zu erarbeiten. Jeder Begriff wurde erklärt, mit eigenen Versuchen und mit Tonband- und Plattenaufnahmen belegt.

Im nächsten Schritt versuchten die Schüler, jeweils in Gruppen von vier bis sechs Personen Geräuschgeschichten zu erfinden und darzustellen, zunächst nur mit Körpergeräuschen und mit in der Klasse vorhandenen Geräten und Einrichtungsgegenständen. Es entstanden hauptsächlich Abläufe aus dem Alltagsleben (z.B. Morgentoilette, Autopanne und -reparatur, Besuch in einem Maschinenraum) und selbsterfundene Phantasiegeschichten (z.B. Unterwassergespräch, eine Piepfamilie begegnet einer Grunzfamilie, verrostete Ritter ziehen sich aus um zu duschen). Nachdem die Musikinstrumente im Kunstunterricht fertiggestellt waren, wurden sie in den Musikunterricht einbezogen. Die Schüler blieben zunächst beim Thema Geräuschgeschichten. Sie sollten jetzt als Anfang und Schluß ihrer Geräuschgeschichten einen kleinen musikalischen Ablauf erfinden, der die Stimmung oder den Charakter der Geschichte wiedergibt. Es entstand z.B. eine „Gurgelmusik", in der alle Beteiligten in verschiedenen Tonlagen abwechselnd und gemeinsam zu einer Trommelbegleitung gurgelten, oder ein Schäppertanz mit Blech- und Krachinstrumenten, der den Ein- und Ausmarsch der verrosteten Ritter andeuten sollte.

Bemerkungen: Da keine erklärenden Worte benutzt werden sollten, wurden die Geschichten für die Zuhörer allgemein zu einem großen Rätselraten. Es entstanden immer wieder eine Reihe von Gedankenverbindungen (Assoziationen), die mit der ausgedachten Geschichte nichts mehr zu tun hatten. Diese Erfahrung führte die Schüler zu folgenden Erkenntnissen:

- Es gibt Geräusche, Töne und Klänge, die wir mit einem bestimmten Inhalt verbinden, weil sie uns an bekannte Vorgänge aus unserer Umwelt erinnern (z. B. Hundegebell, Motorradbrummen, Wasserrauschen, Martinshorn, Gurgeln).
- Es gibt Geräusche, Töne und Klänge, die zwar auf bestimmten Instrumenten und Geräten hervorgebracht werden, die uns aber nicht auf einen bestimmten Inhalt festlegen, weil sie mit keinem bekannten Vorgang aus unserer Umwelt direkt verbunden sind. Sie können ohne jede inhaltliche Vorstellung erklingen, sie können inhaltlich mehrdeutig sein oder sie können durch ihren Zusammenhang (Kontext) wieder auf einen bestimmten Inhalt festgelegt werden. Z. B. kann ein Rasselgeräusch einfach ein Rasselgeräusch sein; es kann auch die Vorstellung eines Wasserfalles, einer Mühle usw. hervorrufen und im Zusammenhang eines Musikstückes vom „Rattenfänger" kann das Rasselgeräusch für die Bewegung eines Rattenschwarmes so eingesetzt werden, daß der Zuhörer an den Rattenschwarm erinnert wird, sobald das Geräusch erklingt. Allerdings muß in diesem Fall der Zuhörer das Thema kennen, er muß also um außermusikalische Vorgänge wissen.

In einem weiteren Schritt versuchten die Schüler, wieder in kleine Gruppen aufgeteilt, jeweils 2 gegensätzliche musikalische Abläufe mithilfe ihrer selbstgebauten Instrumente zusammenzustellen. Als Hilfe sammelten wir musikalisch darstellbare Gegensatzpaare wie: laute Töne – leise Töne / kurze Töne – lange Töne / hohe (helle) Töne – tiefe (dunkle) Töne / langsames Tempo – schnelles Tempo / an ein festes Zeitmaß (Takt) gebundenes Stück – im Zeitmaß freies Stück.

Bemerkungen: Die Gruppen konnten sich bestimmte Instrumentenfamilien zusammenstellen oder auf ihren eigenen, dann aber für diese Aufgabe recht gemischten Instrumenten spielen. Sie merkten bald, daß es leichter war, Instrumentenfamilien zusammenzustellen, wie z. B. tiefe Knurrer, hohe Pieper,

Zupfer usw., und sie untereinander auszutauschen. Es entstanden Abläufe, die jeweils mehrere Gegensatzpaare einander gegenüberstellten (z. B. ein Ablauf aus langen, tiefen, lauten Blastönen gegen einen aus kurzen, hohen leisen Xylophontönen).

Nachdem die Bühne im Kellerraum fertiggestellt war, konnten wir die Kunst- und Musikstunden für das geplante Spiel einsetzen.

In einer ersten Spielphase mit musikalischen und bildnerischen Mitteln wurden alle inzwischen vorhandenen Mittel erst einmal frei ausprobiert. Es standen noch große weiße Pappbögen zur Verfügung, aus denen die Schüler beliebige Formen ausschneiden konnten, um sie im Schwarzlicht auszuprobieren. Diese Formen benutzten wir gleich für die ersten gezielten Spiele:

- Jeweils 2 Schüler finden sich zusammen. Der eine bewegt sich auf der Bühne mit seiner Form und der andere begleitet ihn auf einem Musikinstrument. Spieler und Musiker sollen so direkt wie möglich aufeinander eingehen.

Nach weiteren Reaktionsspielen dieser Art setzten die Überlegungen zu einem zusammenhängenden Spiel ein. Unseren Mitteln entsprechend sollte es unwirklich, märchenhaft, fantastisch werden. Es kristallisierte sich schließlich eine gemeinsam erfundene Gespenstergeschichte heraus.

Inhalt der Gespenstergeschichte: Prinzessin Kunigunde reitet auf einem Pferd durch einen geisterhaften Wald, von 2 Dienern begleitet. Es beginnt zu gewittern, und die Truppe findet in einem alten Schloß Zuflucht. Müde vom Ritt geht die Prinzessin zu Bett. Die beiden Diener bewachen ihr Schlafzimmer, schlafen aber auch bald stehend ein. Um Mitternacht beginnen 2 Gespenster ihr Unwesen zu treiben. Sie spielen mit den Schlafenden, vertauschen zunächst einzelne Körperteile und zerlegen schließlich alle Personen in Einzelteile. Um 1 Uhr lösen sich die Gespenster auf, und die Einzelteile stehen durcheinander herum. Langsam beginnen sie ein Eigenleben, bewegen sich und setzen sich schließlich zu einem neuen merkwürdigen Lebewesen zusammen. Das neue Wesen marschiert von der Bühne.

Anfertigung der Personen und Requisiten: Die 3 Menschen setzten wir aus Papp-Einzelteilen zusammen, die sich leicht an der schwarzen Kleidung der Spieler befestigen ließen (z. B. durch ein Gummi-

band um den Kopf). Der wehende Stoffrock der Prinzessin war am Oberteil angeklebt. Für das Pferd nähten wir einen weißen Bezug, in den 2 Schüler mit weißen Kniestrümpfen krochen. Die Gespenster waren Bettlakengespenster.

Alle Requisiten waren aus Pappe, meist mit einer stabilisierenden Holzleiste hinterklebt.

Die Teile waren mit unterschiedlichen Leuchtfarben angemalt.

Dramaturgischer Ablauf: Wir wollten das ganze Spiel ohne Worte, nur mit Bild und Musik darstellen. Dazu teilten wir uns in eine Spieler- und eine Musikergruppe. Im Verlauf der Ausarbeitung wechselten die Gruppen, so daß jeder Schüler mal Spieler, mal Musiker war.

Wir teilten die Handlung in 5 Spielabschnitte ein, für die wir 2 Bühnenbilder (Wald und Schlafzimmer) herstellten.

Die Musik bestand zum größten Teil aus zur Handlung passenden Geräuschabläufen. Für die 2 „komponierten" Musikstücke (s. Partituranhang) erfanden wir eine grafische Notation, mit der wir den Ablauf der Stücke gut behalten konnten. Ein paar Geräuscherzeuger mußten wir gezielt besorgen (Ketten, Uhrengong . . .).

Unsere Partitur:

Bild	Handlung	Musik	Instrument
¹ Geisterwald mit Schloß	Ouvertüre: Während des Pferdegetrappels erscheinen die Personen. Ein Diener schiebt, ein Diener zieht das Pferd auf dem die Prinzessin sitzt. Langsam beginnt ein heftiges Gewitter. Die Truppe sucht einen Unterschlupf, entdeckt das Schloß, zieht in Richtung Schloß ab.	s. Anhang Donnergrollen, Blitze Regen Sturm	s. Anhang Donnerbleche, Trommelfolien, Steinchen fallen in Waschtrommeln, Windrad, Pfeifen, Hu . . .
² Schlafzimmer der Prinzessin	Die Prinzessin liegt im Bett und schläft. Die Diener wachen auf ihre Schwerter gestützt rechts und links vor der Tür. Rechts kommt eine große Fliege angesummt. Der Diener kämpft mit dem Schwert gegen sie und ersticht sie. Ruhe. Von links kommt ein Hund. Der Diener geht mit dem Schwert auf ihn zu und schlägt ihn in die Flucht. Ruhe. Die Diener schlafen ein.	wohlige Räkellaute Diener summen gemeinsam: Die Blümelein sie schlafen . . . sirenenartiges Summen Schwertergeklirr Noch einmal: die Blümelein . . . bellen Schwertergeklirr tiefes Schnarchen und wohlige Räkellaute	in ein Mirlitongefäß summen 2 Metallbänder aneinanderschlagen 2 Metallbänder . . . Stabreibtrommeln
³ bleibt	Es schlägt 12 Uhr — Mitternacht. Ein Gespenst erscheint, sehr vorsichtig und spielt für sich allein an einem schlafenden Diener herum. Ein zweites Gespenst erscheint von der anderen Seite.	leise Piepgeräusche Kettengeräusche immer lauter werdendes Schlurfen Huhu . . . Schlüsselgeräusch	Uhrengong Eisenketten Fußbretter großer Schlüsselbund

18

	Handlung	Geräusche	Instrumente
	Das 2. Gespenst beginnt an dem anderen Diener herumzufummeln und seine Glieder zu bewegen. Die Gespenster schleichen in das Schlafzimmer und stehen sich völlig überrascht gegenüber. Werden sie sich prügeln oder vertragen? – Es beginnt ein Hin- und Hergezerre. Sie beginnen gemeinsam einen Knochentanz. Dann fangen sie an, die Schlafenden auseinanderzunehmen, ihre Glieder zu vertauschen. Dann lassen sie die Glieder einzeln herumstehen. Es schlägt 1 Uhr. Die Gespenster schnurren zusammen. Ruhe.	Knarren Kettenrasseln, Schlurfen – scharfer Beckenschlag, doppelter Aufschrei Spannungsvolles Grummeln s. Anhang Knarr- und Quietschgeräusche lautes Sirengeheul von oben nach unten	Knarzelblock Ketten, Fußbretter, Becken, Donnerblech mit weichen Schlägeln Donnerblech . . . s. Anhang Knarzelblock, Styroporquietscher, Knarzelballon, Quietschbecher Uhrengong Sirenenpfeife und Glissandoharfe
4 bleibt	Die einzelnen Glieder beginnen sich nacheinander zu bewegen und ihren Platz zu verlassen. Teilweise nehmen die Glieder untereinander Kontakt auf, trennen sich wieder . . . Nach und nach stellen sie sich so zusammen, daß ein neues merkwürdiges Wesen aus allen Einzelteilen entsteht. Plötzlich ist das neue Wesen fertig und steht still. Ruhe.	für jedes Glied eine passende Begleitung völlige Ruhe	alle passenden Instrumente einsetzen
5 bleibt	Das neue Wesen muß lernen, sich zu bewegen. Erst bewegen sich einzelne Glieder, dann Gliedmaßen, dann der Gesamtkörper, aber noch völlig ungeordnet und zitterig. Erst sehr leise und dann immer lauter werdend setzt sich ein Marschrhythmus durch, zu dem das Wesen von der Bühne verschwindet. Ruhe . . .	erst einzelne Instrumente, dann immer mehr vibrierende Musik langsam beginnender Marschrhythmus leiser werden bis zum völligen Verebben . . .	alle Instrumente wie in Bild 4

Anhang

1. Ouvertüre zu „Kunigunde" (alle Abschnitte beliebig lang)

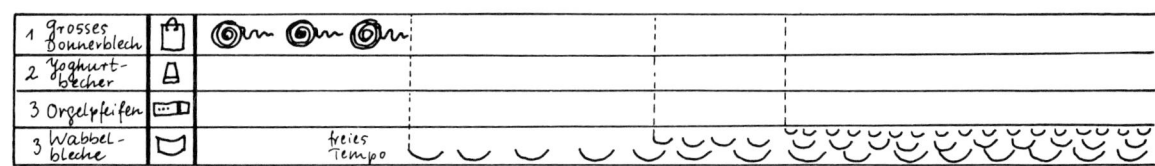

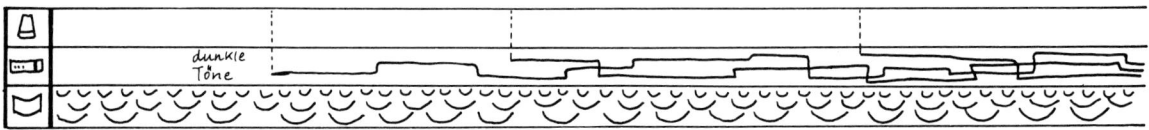

2. Knochentanz der Gespenster

| ⓐ | | | | | 4× | | | |

Freies Mittelstück mit Gespenstergeräuschen — Hui, Hu (mit Stimme), Ketten, Rasseln, Pfeifinstrumente, tiefe Stabreibtrommeln, Styroporquietscher — danach noch einmal Teil ⓐ

Traumreise: ein Schattenspiel

Das Beispiel wurde mit Schülern einer 6. Klasse durchgeführt. Als Arbeitsthema vereinbarten wir: „Einfache Spielformen mit Bild und Musik". Da der Gesamtaufbau und die Art der fächerübergreifenden Zusammenarbeit dem vorigen Beispiel ähnelt, gehe ich auf die Voraussetzungen und Vorbereitungen hier nicht im einzelnen ein.

Im Kunstunterricht begannen die Kinder mit dem Instrumentenbau und den technischen Vorbereitungen für ein Schattenspiel. Im Musikunterricht beschäftigten sie sich währenddessen mit Beispielen programmatischer Musik und der Herstellung von Stimmungsbildern. Den eigenen Spielen waren Besprechungen Johann Kuhnau's „Biblischer Historien" vorausgegangen.

Unsere ersten Spiele mit Bildern und Tönen zielten auf eine möglichst nahe Beziehung zwischen den beiden verschiedenen Mitteln. Ich hatte eine Diaserie vorbereitet, die aus einer Folge einfacher abstrakter Gebilde, zunächst nur in schwarz/weiß, dann zusätzlich in verschiedenen Farben, bestand. Die Gebilde wurden immer etwas komplizierter. Hier einige Beispiele aus der Serie:

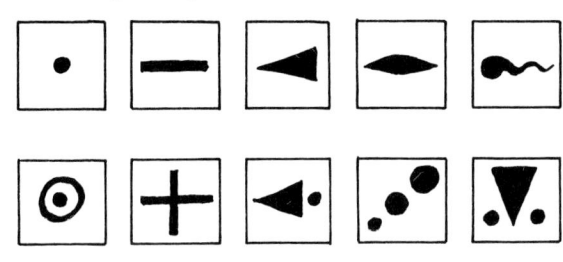

Wir setzten diese Gebilde in Töne, Klänge bzw. kleine Abläufe um.

Bemerkungen: Mit diesen Spielen waren die Schüler gleichzeitig mitten in Überlegungen zur Notation von Musik. Wenn sie jetzt umgekehrt wie hier beliebige Geräusche, Töne und Klänge spielen, lassen sich dafür auch entsprechende optische Gebilde und Zeichen finden. Keines unserer Zeichen ist allerdings so eindeutig, daß es von jedem Musiker in ganz genau der gleichen Weise wiedergegeben wird; es bleibt ein persönlicher Spielraum in der Ausführung (persönliche Interpretation).

Eine weitere Aufgabe bestand darin, aus Karton selbst einfache Formen auszuschneiden. Diese befestigten wir an dünnen Holzleisten, um sie vor der Schattenwand führen zu können. In Zweiergruppen sollte zu den sich in charakteristischer Weise bewegenden Gebilden ein passender musikalischer Ablauf gefunden werden.

Auf dem Hintergrund dieser Erfahrungen versuchten wir dann, den Charakter einiger Dias mit Naturaufnahmen (z.B. Ameisenhaufen, Mohnblumen, Eiskristalle, Feuer, Dornengestrüpp) zu erfassen und in kleinen Gruppen in Musik umzusetzen.

Im nächsten Schritt sollten die Schüler eine Schattenfigur durch ihre Bilder führen, die sich entweder als Kontrastelement bewegt oder den Charakter der Dias aufnimmt und verstärkt. Die Figur sollte auch musikalisch entsprechend gekennzeichnet werden.

Nach diesen Spielen regten die Schüler selbst an, die Ergebnisse ihren Eltern vorzuführen, was im Rahmen eines Elternnachmittags auch geschah. Für den Elternnachmittag entstand in gemeinsamen Überlegungen ein zusammenhängender Ablauf in 6 Bildern mit dem Titel „Traumreise".

Inhalt der „Traumreise": Ein müder Wanderer legt sich schlafen, den Kopf auf seinen Rucksack gebettet. Er beginnt zu träumen. Im Traum erscheinen nacheinander mehrere Bilder:

eine Eiskristallandschaft, in der ein bizarrer Eisstelzvogel herumstakt;

ein sommerlich blauer Wolkenhimmel, über den ruhig ein Ballon schwebt;

eine Gewitterlandschaft mit vom Sturm gepeitschten Bäumen, unter denen ein Hase ängstlich einen Unterschlupf sucht;

Mohnblumen, in denen eine Hummel und ein Schmetterling Nektar suchen.

Der Wanderer erwacht vor einer Steinmauer. Er steht auf, reckt und streckt sich und wandert weiter.

Anfertigung der Schattenbühne: Unsere Bühne bestand aus einer 300+280 cm großen Schattenwand,

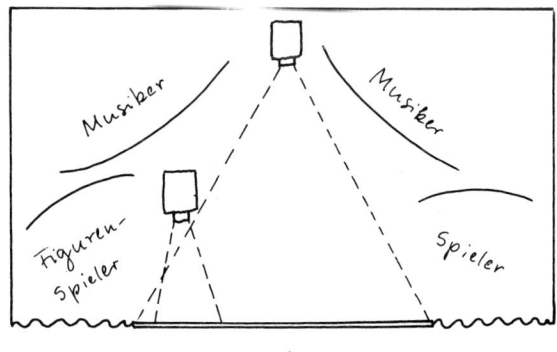

hergestellt aus 6 x 4 cm dicken Dachlatten und einer darübergespannten Leinwand, die zwischen den Zuschauern und dem Spielraum aufgestellt war. (So breite Stoffe gibt es in Bühnenausstattungs- und Dekorationsgeschäften zu kaufen. Man kann sie auch aus kleinen Tüchern zusammennähen.). Für unser Spiel brauchten wir 2 Diaprojektoren, einen für das erste und letzte Bild, den anderen für die Traumbilder 2 - 5.

Anfertigung der Spielfiguren: Die Stabfiguren für die einzelnen Traumbilder waren aus 1 mm starkem Karton ausgeschnitten und an Tragleisten befestigt.

Als Achsen für bewegliche Gelenke benutzten wir Briefklammern. Farbige Teile von Figuren hinterklebten wir mit farbiger Transparentfolie oder Seidenpapier.

Dramaturgischer Ablauf: Wir stellten das Spiel nur mit optischen und musikalischen Mitteln dar. Wir teilten uns in Musiker, Figurenspieler und 2 Dia-Techniker ein. Jede Gruppe hatte ihren festen Platz hinter der Leinwand.
Der technische Ablauf des Stückes wurde durch die Rahmenfigur des Wanderers einfach und überschaubar: Der Wanderer erscheint in einem großen Abendhimmel-Dia als natürliche Person (entsprechend angezogener Schüler). Er bleibt die gesamte Spielzeit über in einer Ecke schlafend sichtbar. Die 4 Traumbilder werden kleiner und lichtstärker als Bild im Bild projiziert; dabei kann ein Teil des Abendhimmels mithilfe einer Hand dicht vor dem Projektor etwas abgedunkelt oder verdeckt werden. Nach dem letzten Traumbild wacht der Wanderer vor einer Mauer auf, die anstelle des Abendhimmels in den Projektor geschoben wurde.

Unsere Partitur
1. Groß-Dia: Abendhimmel

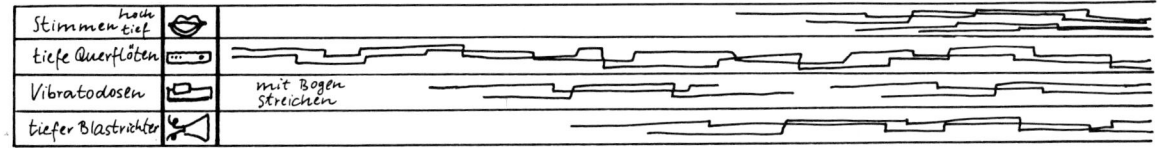

tiefe ruhige lange Töne in kleinen Schritten steigend und fallend. — Während der Musik erscheint der Wanderer — sichtlich müde — schaut sich den Himmel an — legt sich schlafen, den Rucksack als Kopfkissen benutzend.

2. Traumbild

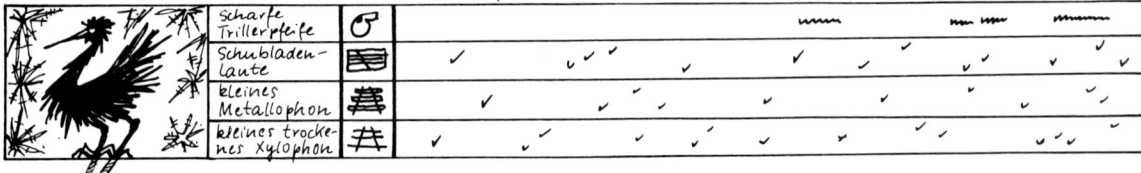

hart angerissene und angeschlagene kurze spitze, unregelmäßige Töne. — Während der Musik kommt der Vogel in das Bild gestakt und vollführt bizarre Bewegungen.

3. Traumbild

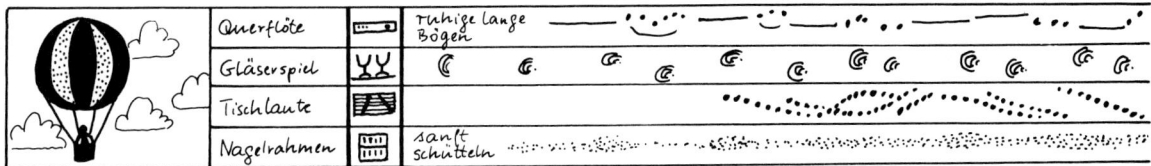

Querflöte	🎵	ruhige lange Bögen	
Gläserspiel	ᗐᗐ		
Tischlaute	▦		
Nagelrahmen	▤	sanft schütteln	

helle ruhig perlende Töne – Bei Erscheinen des Ballons beginnt die Tischlaute.

4. Traumbild

 Aufbau eines Gewitters:

1. Wind → Sturm (Windmaschine)
2. Donnergrummeln (Donnerbleche)
3. Blitz und Donner (Schüttelfolie + Donnerbleche)
4. Regen → Hagel (verschiedene Rasseln)
5. Der Hase (weiches Xylophon)
   Er hoppelt mitten im Gewitter ins Bild.

5. Traumbild

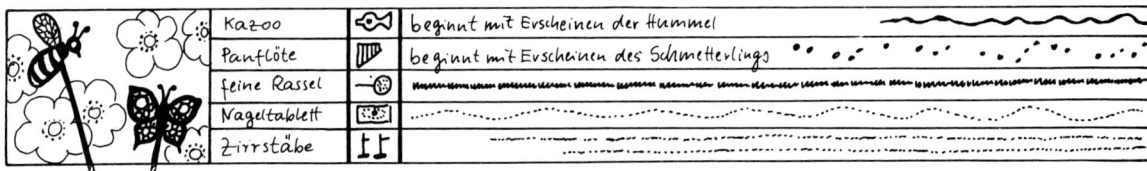

Kazoo	⬯	beginnt mit Erscheinen der Hummel	
Panflöte	⬚	beginnt mit Erscheinen des Schmetterlings	
feine Rassel	⬯		
Nageltablett	⬚		
Zirrstäbe	ⵏⵏ		

sirrende und flirrende Geräusche, fein und eng.

6. Groß-Dia: Mauer

mit dem Mund pfeifen		
großes Xylophon	♒	2 Töne (große Terz)

Der Wanderer erwacht vor einer Mauer — er reckt und streckt sich ... — schultert den Rucksack und zieht pfeifend weiter (frei improvisierte Wandermelodie).

Sechs Maskentänze

Das Beispiel wurde mit Schülern einer 7. Klasse durchgeführt.

Im *Kunstunterricht* begannen die Schüler mit dem Instrumentenbau ähnlich wie im ersten Beispiel. Danach stellten sie Masken in unterschiedlichen Techniken her.

Im Musikunterricht befaßten sie sich mit einfachen Spiel- und Kompositionsformen. Die Spielformen (z. B. Spiel allein – Solo, Spiel zu zweit – Duo, Spiel zu dritt – Trio usw.) erarbeiteten sie anhand von Plattenbeispielen vorwiegend aus dem Bereich klassischer Musik (die Auswahl der Stücke ist diesem Beispiel angehängt). Einfache Kompositionsformen lernten die Schüler zunächst durch eigenes „Komponieren" kennen. Dazu benutzten sie ein Orff-Instrumentarium und die inzwischen fertigen Selbstbauinstrumente. Sie begannen in kleinen Gruppen musikalische Grundelemente herzustellen. Das waren in ihrem Charakter gut erkennbare kurze Klangbilder. Aus den einzelnen Klangbildern wurden nach dem Prinzip eines Baukastens gemeinsame Kompositionen hergestellt. Jedes Klangbild erhielt einen Kennbuchstaben (A, B, C, . . .). Den Kompositionen lagen folgende Baupläne zugrunde:

- zwei gegensätzliche Klangbilder hintereinandergestellt
  (z. B.: A+B)
- eine Folge von Klangbildern, abwechslungsreich hintereinandergestellt
  (z.B.: A+B+C+D+E . . .)
- ein symmetrisches Stück aus 2 oder mehreren unterschiedlichen Klangbildern
  (z. B.: A+B+A oder A+B+C+B+A)
- ein Klangbild wird jeweils nach einem neuen ständig wiederholt
  (z.B.: A+B+A+C+A+D+A . . .)

Nach diesen Spielen war es leicht, mit den Schülern auch die Baupläne einfach gegliederter Musikstücke anhand von Plattenaufnahmen zu erarbeiten.

Auf dem Hintergrund der kunst- und musikpädagogischen Vorarbeiten entwickelten wir nach einer Reihe von Zuordnungsübungen zwischen Musik und Bewegung die folgende Tanzsuite für Maskentänzer, die wir als Beitrag zu einem Schulfest ausarbeiteten und einstudierten.

Tanz der deutschen Gartenzwerge

Inhaltlicher Ablauf: Alle Gartenzwerge kommen hintereinander im gleichen Takt auf die Bühne getrappelt und laufen ständig im Kreis herum. Jeder Zwerg hält ein Arbeitsgerät in der Hand. Die Gruppe bleibt in regelmäßigen Abständen stehen, aus dem Kreis heraus treten dann jeweils die Zwerge mit dem gleichen Arbeitsgerät und führen den Zuschauern ihre Arbeit vor. Sie werden von entsprechenden Geräuschen begleitet. Sie treten wieder in den Kreis zurück und alle Zwerge trappeln weiter, bis die nächste Arbeitsgruppe hervortritt usw. Am Schluß verlassen die Zwerge die Bühne, wie sie gekommen sind.

Kostüme der Zwerge: Große Papiertüten aus Packpapier, teilweise durch aufgeklebten Stoff verstärkt. Gesicht aufgemalt, Bart aus Watte, Ringelstrümpfe, Holzschuhe.

Kompositionsform

a = Trippelmusik für alle Zwerge

b = Soloteil für Arbeitsabläufe

a — b — a — b — a — b — a . . .   b — a

Partitur

	tiefe Tröte						
a	2 Stabreibtrommeln					usw.
	Holzschuhe der zwerge					

Arbeitsgeräte	entsprechende Instrumente
Heckenschere	Schergeräusche eines Frisörs, vom Tonband
Schubkarre	Brummtopf (= Eisenkugel im Kochtopf)
b Angel	alle Zwerge: pssst . . . pssst, auch mit Geste
Gießkanne	Steinchen auf Trommelfell
Baby	Mamastimme aus einer Puppe
Vorschlaghammer	großes Donnerblech

Vogeltanz

Inhaltlicher Ablauf: Ein bunter Schwarm komischer Vögel kommt von allen Seiten wild flatternd auf die Bühne gehüpft, begleitet von einer ebenso farbigen Vogelgezwitscher-Musik. Die Vögel unterhalten sich, spielen zusammen, regen sich auf . . . das Gesamtbild bleibt flatterig und hektisch. Ein Fotograf erscheint und kniet sich in die Mitte der Bühne, seinen Rücken dem Publikum zugewandt. Die Vögel hören plötzlich mit dem Gezwitscher auf und ordnen sich lautlos und fix zu einem Gruppenbild. Der Fotograf schießt ein Foto und geht eilig weiter. Sofort nach der Aufnahme beginnen die Vögel sich wie vorher zu verhalten, dann verschwinden sie, ebenso wie sie gekommen sind, in allen Ecken der Bühne.

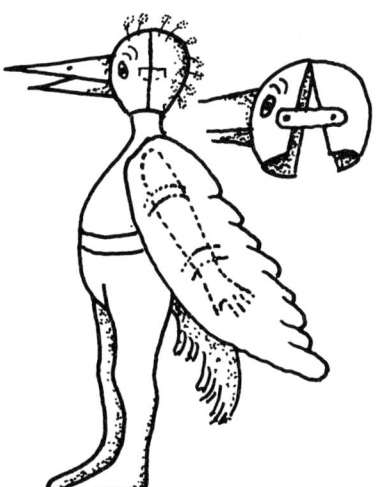

Kostüme der Vögel: Kopf: um einen menschenkopfgroßen Luftballon werden mit Tapetenkleister in mehreren Schichten Zeitungsfetzen geklebt. Nach dem Trocknen wird der Papierballon in Längsrichtung halbiert und die beiden Hälften mithilfe von Gummibändern wieder so zusammengesetzt, daß man sie aufklappen und über den Kopf stülpen kann. Die Augen werden ausgeschnitten, Schnabel und Federn angeklebt. Flügel: aus Karton, an der Innenseite mit Schlaufen zum Befestigen am Arm, bemalt und beklebt . . . und noch entsprechende Kleidung.

Kompositionsform

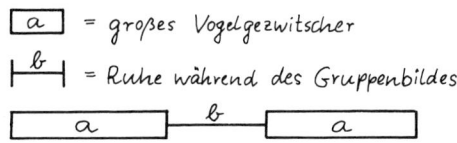

Partitur

Vogeltypen	entsprechende Instrumente
a Pieps- u. Kreischvögel	Quietschbecher, Styroporquietscher Knarzelballons Gefäßflöten, Blasflaschen
Klapper- und Plappervögel	Klappern, Peitschen Klacketten
Schnarrvögel	Rasseln, Ratschen Spiralfederschraper Knarzelblock Sansa

Soldatenmarsch

Inhaltlicher Ablauf: Man hört eine Marschtrommel, dann eine Fanfare. Eine Truppe Pappsoldaten erscheint dicht hintereinander im Paradeschritt. Die Musik hört auf. Eine Geisterstimme erteilt unverständliche Befehle. Die Truppe gehorcht den Befehlen, dreht sich um und vollführt ein paar lächerliche Bewegungsübungen. Die Fanfare ertönt wieder. Die Soldaten marschieren erst rückwärts von der Bühne, dann wieder vorwärts auf die Bühne. Die Befehlsstimme erschallt und die Truppe reagiert wieder, diesmal mit einer anderen Bewegung usw. Nach dem letzten Befehl marschieren die Soldaten, wieder eng aufgerückt, von der Bühne, und nur noch die Trommel ist zu hören . . .

25

Kostüme: Helm : Styroporhalbkugel silbern bemalt mit angeklebten Nackenschutz; Sonnenbrille; Brustpanzer aus Pappkarton, silbern wie eine Rüstung, mit vielen aufgemalten Orden; dunkler Trainingsanzug; gelbe Gummistiefel.

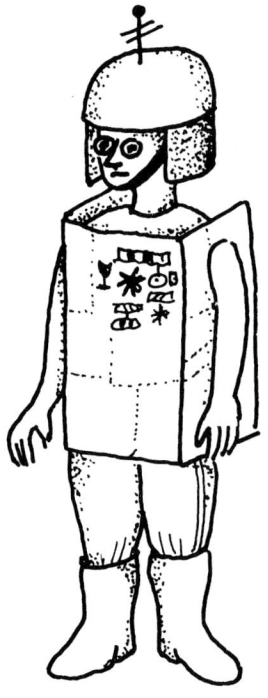

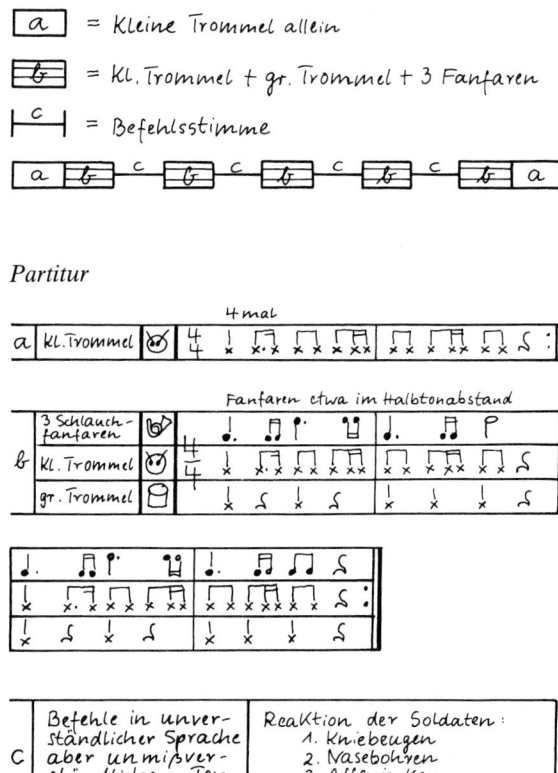

Kompositionsform

$\boxed{a}$ = Kleine Trommel allein

$\boxed{b}$ = Kl. Trommel + gr. Trommel + 3 Fanfaren

$\vdash\!\!\boxed{c}\!\!\dashv$ = Befehlsstimme

Wendetanz

Inhaltlicher Ablauf: Eine Gruppe zarter Tänzerinnen trippelt zu lieblicher Musik auf die Bühne und verbeugt sich zierlich. Die Musik schwenkt plötzlich um und wird plump und trampelig. Die Tänzerinnen drehen ihre Vorhaltemasken um und es werden plumpe Tölpelmasken sichtbar. Die Tölpel äffen das Trippeln und zierliche Getue der Tänzerinnen auf grobe und plumpe Weise nach. Es entsteht jeweils zur entsprechenden Musik ein Wechsel zwischen Tänzerinnen und Tölpeln, wobei die Tölpel jedes Mal die Bewegungen der Tänzerinnen nachäffen.

Der letzte Bewegungsablauf der Tänzerinnen ist ein Hofknicks. Die Tölpel versuchen ihn nachzumachen, fallen auf den Hintern, kullern durcheinander und bleiben wie Käfer auf dem Rücken zappelnd liegen.

Kostüme: Vorhaltemasken aus dünnem Sperrholz mit aufgemalten Figuren. Die Masken sollten so groß sein, daß sie die natürlichen Köpfe verdecken. Gucklöcher durch die Augen der Frau, bzw. Nasenlöcher des Mannes. Insgesamt neutrale Kleidung, Strumpfhosen, Gymnastikanzüge.

Kompositionsform

| a | = Musik der Tänzerinnen |

| b | = Musik der Tölpel

a — b — a — b — a — b — a — b | usw.

	hohe sanfte Querflöte	⊡	*improvisierte beweg. Melodie*
a	Glasglocken-spiel	🎐	
	Glasharfe	YY	
	Tischlaute		*gezupft*

frei – zart – leise – lieblich

	gr. Bogenhar-fe gestrichen		
	Spiralfeder-Schraper		
b	Trommel-hocker		
	Sperrholz-trommel		
	Stabreib-trommel		

unregelmäßig – grob – bullerig – laut

Ubukadubutanz

Inhaltlicher Ablauf: Im Dämmerlicht sieht man mehrere weiße Eier bewegungslos herumliegen (Eier : Bettbezüge mit je 2 Kindern drin). Während eines metallischen Ratschens erscheint Ubukadubu auf der Bühne, seitwärts in kleinen Sprüngen, mehr vibrierend als hüpfend. Er bleibt zwischen den Eiern stehen und beäugt sie mit schnellen ruckartigen Bewegungen. Plötzlich bemerkt er, daß sich ein Ei etwas bewegt, dann das nächste usw. bis sich alle bewegen. Die Bewegungen werden immer heftiger. Ubukadubu läßt aus seinen ausgebreiteten Händen orangefarbene Tücher hängen. Vorsichtig berührt er mit den Tüchern nacheinander die Eier, aus denen dann unter Gebrabbel orangefarbene Flatterwesen krabbeln. Sie beginnen sich zu unterhalten und werden dabei immer lauter und hektischer, auch in ihren Bewegungen. Ubukadubu wird das zuviel, und er verschwindet, sich die Ohren zuhaltend. Die Wesen verfolgen ihn wild flatternd.

Kostüme: Ubukadubu steckt in einer riesigen grünlich-erdfarbenen Pumphose. Das Gesicht ist eine mit Stoff überzogene Pappscheibe, die am Hinterkopf wie eine Mütze aufgesetzt wird. Haare aus Bindfaden und Bast. Die orangefarbenen Bänder der Flatterwesen werden auf eine dunkle neutrale Bekleidung (Trainingsanzug) gebunden oder genäht.

Kompositionsform

| a | = Ubu. kommt, bzw. geht |

| b | = Ubu. schaut sich um

| c | = die Flatterwesen schlüpfen

| d | = die Flatterwesen werden lauter

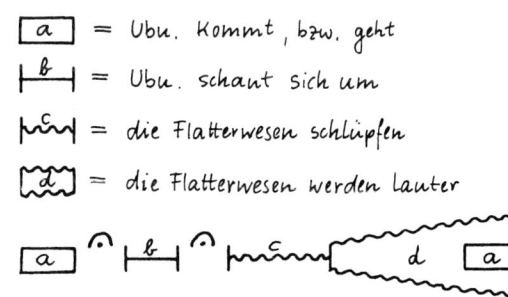

a ⌢ b ⌢ c d a

Partitur

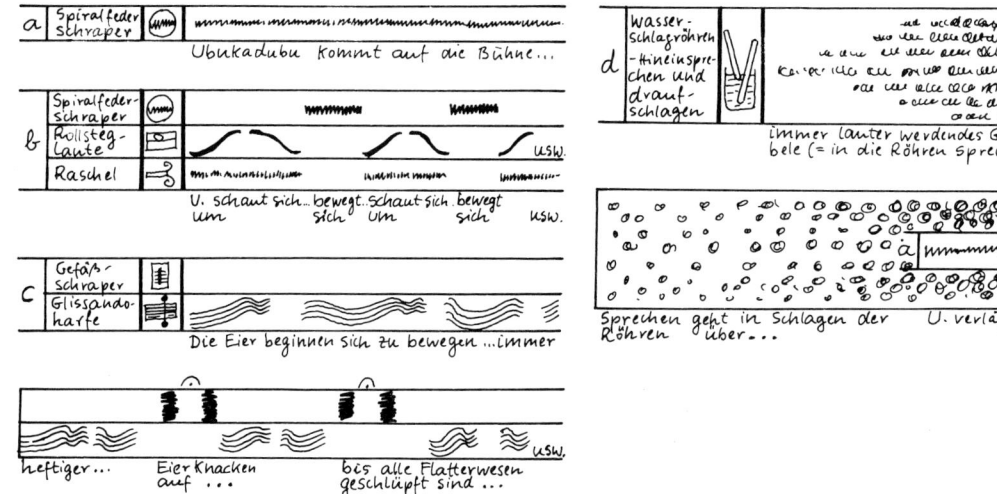

Der letzte Tanz

Inhaltlicher Ablauf: Ein zarter Flatterling schwebt auf die Bühne, räkelt sich wohlig, flattert weiter, fühlt sich wohl und genießt die Ruhe. Plötzlich stampfen aus allen Ecken gefährlich aussehende großköpfige Wesen mit Stampfrasseln in jeder Hand. Unter stampfendem Rhythmus kommen sie mehr und mehr auf die Bühne und umkreisen den Flatterling in immer bedrohlicherer Weise. Dieser beginnt ängstlich hin und her zu flattern, wird aber mehr und mehr eingeengt und übertönt, bis nichts mehr von ihm zu sehen und zu hören ist. Die Großköpfe knien sich schließlich dicht um ihn herum und erstarren zu einem unbeweglichen Bild.

Kostüme: Flatterling in grünem Trikot, mit farbigen Kringeln benäht. Seine Flügel sind aus durchscheinendem gelben Stoff. Die Fühler sind Pfauenfedern, an einem Stirnband befestigt. Die Köpfe der Großkopfwesen sind aus feinem Maschendraht vorgeformt und mit mehreren Schichten Kleisterpapier (Tapetenkleister und Zeitungspapier) überklebt, dann bemalt und von innen so mit Schaumgummi ausgeklebt, daß sie sich gut tragen lassen. Die Kleidung insgesamt etwas zu weit; der Gürtel um den Bauch hängt voller Blechdosen und Krachmacher.

Kompositionsform

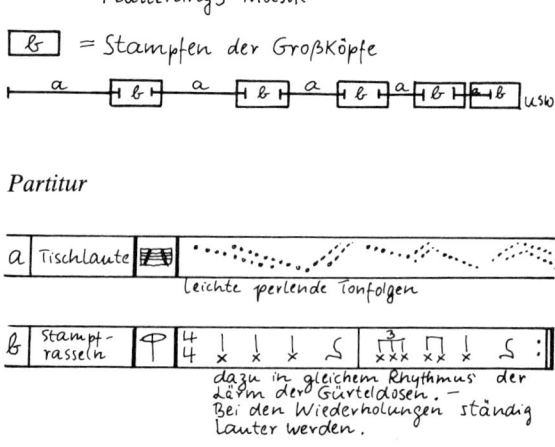

Partitur

Anhang

Beispiele für die wichtigsten Spielformen

Spiel allein: (Solo-Spiel)	Johann Sebastian Bach: Suiten für Violoncello BWV 1007–1012
Spiel zu zweit: (Duo)	für gleiche Instrumente: Georg Philipp Telemann: Sonaten für 2 Flöten op. 2, Nr. 1–6
	für ungleiche Instrumente: Ludwig van Beethoven: Duos für Klarinette und Fagott WoO 27, Nr. 1–3
Spiel zu dritt: (Trio)	für gleiche Instrumente: Anton Reicha: Trios für 3 Hörner, Nr. 1–4
	für ungleiche Instrumente: Ludwig van Beethoven: Serenade op. 25 für Flöte, Violine und Viola
Spiel zu viert: (Quartett)	Joseph Haydn: Kaiserquartett C-dur op. 76, Nr. 3, Hob. III, 77
Spiel zu fünft: (Quintett)	Paul Hindemith: Kleine Kammermusik op. 24,2 für 5 Bläser
Spiel zu acht: (Oktett)	Franz Schubert: Oktett D 803 F-dur op. 166, für Klarinette, Horn, Fagott, Streichquartett und Kontrabaß
Gruppe (Orchester) + Einzelner (Solist)	Ludwig van Beethoven: Konzert für Violine und Orchester op. 61 D-dur
Orchester und 2 Solisten:	Johann Sebastian Bach: Konzert für Violine und Oboe + Streichorchester BWV 1060
Orchester und 3 Solisten:	Johann Sebastian Bach: Brandenburgisches Konzert Nr. 5, BWV 1050 für Flöte, Violine, Cembalo + Streichorchester
Orchester und 4 Solisten:	Johann Sebastian Bach: Brandenburgisches Konzert Nr. 2, BWV 1047 F-dur für Trompete, Flöte, Oboe, Violine und Streichorchester
2 Gruppen: (doppelchörig)	Giovanni Gabrieli: Sonata pian'e forte alla quarta bassa.
3 Gruppen: (dreichörig)	Johann Sebastian Bach: Brandenburgisches Konzert Nr. 3 BWV 1048 G-dur, 1. Satz
Mehrere Gruppen:	Ludwig van Beethoven: Wellington's Sieg bei Vittoria op. 91 (Schlachtensinfonie)

b) Beispiel aus dem sozialpädagogischen Bereich: Jugendliche musizieren gemeinsam mit einer Jazz-Band

Das Beispiel wurde von einem Studenten der Sozialpädagogik im Rahmen eines 10-Wochen-Praktikums durchgeführt. Ich habe dabei die Beratung und Betreuung des Studenten übernommen. Ein wesentliches Ziel war die Verbesserung der Beziehungen zwischen Jugendlichen einer Heimgruppe. Es sollte ein rücksichtsvolles und tolerantes Verhalten untereinander angestrebt werden.

Zur Situation

Das Praktikum fand in einem Lehrlingsheim für etwa 30 männliche Jugendliche statt. Die meisten Jugendlichen standen in einer Berufsausbildung; fast ein Viertel von ihnen war arbeitslos.

Die Hauptaufgabe des Studenten bestand darin, gemeinsam mit einer Gruppe von 8 Jugendlichen zwischen 16 und 18 Jahren einen Teil ihrer Freizeit zu gestalten.

Der Student befaßte sich während des Studiums mit dem Bau von experimentellen Musikinstrumenten und Klangspielzeugen, und er nahm auch an einem Improvisationskurs mit selbstgebauten Instrumenten teil, zunächst einmal unter dem Gesichtspunkt, sein persönliches Hobby damit auszubauen. Er spielte in einer 3-Mann-Jazz-Band Altsaxophon und Flöte. Seine Freunde spielten elektronische Orgel und Schlagzeug. Ihre gemeinsame Vorliebe galt dem free-jazz. Mit den neuartigen Instrumenten wollten sie ihr Klangspektrum erweitern.

Da ich durch längere Zusammenarbeit mit einem Sozialarbeiter des Lehrlingsheimes die Situation recht gut kannte, schlug ich dem Studenten vor, seine musikalischen Kenntnisse und Fähigkeiten während des Praktikums zu erproben und zu erweitern.

Ein Gespräch zwischen Gruppenleiter, Student und mir vor Beginn des Praktikums ergab:
- Die Jugendlichen müssen bei Überlegungen über ihre Freizeit einbezogen werden, um nicht falsch verplant zu werden.
- Die erste Praktikumswoche dient dem gegenseitigen Kennenlernen. Der Student versucht durch eigene Beobachtungen und Initiativen, sich mit den Fähigkeiten und den Schwierigkeiten der Jugendlichen vertraut zu machen und die Heimsituation kennenzulernen. Während dieser Woche sollen erste Gespräche über Freizeitgestaltung mit den Jugendlichen aufgenommen werden. Wir waren uns einig, daß neben den üblichen Freizeitbeschäftigungen der Jungen wie z.B. Tischtennis- oder Fußballspielen neue und unbekannte Mittel und Wege für eine gemeinsame sozialpädagogische Arbeit besonders günstig sein könnten, wenn sie auf das Interesse der Jugendlichen stoßen, wenn sie geeignet sind, gemeinsame Ziele zu verfolgen und dabei jedem ermöglichen, sich auf seine Art zu engagieren. Die gemeinsame Entscheidung über die Auswahl der Unternehmungen sollte am Anfang der zweiten Woche fallen.

Die Beobachtungen des Studenten ergaben, daß ein wesentliches Ziel einer pädagogischen Arbeit darin bestehen müßte, zunächst einmal die Beziehungen und die Art des Umganges der Jugendlichen untereinander zu verändern. Es war auffallend, daß 2 der Jugendlichen die anderen ständig bevormundeten und teilweise auch massiv unter Druck setzten. 3 der Jungen konnten sich kaum wehren und machten einen unsicheren und hilflosen Eindruck, 3 wirkten bei Gesprächen meist uninteressiert bis teilnahmslos. Der Gruppenleiter konnte die Beobachtungen durch seine Kenntnisse im wesentlichen bestätigen.

Der Student entschloß sich, gemeinsames Bauen von Musikinstrumenten und Musizieren als Mittel zur Verbesserung der Beziehungen einzusetzen, wenn die Jungen zustimmen würden. Denn damit stünde zunächst eine allen gleichermaßen unbekannte Aufgabe im Mittelpunkt. Außerdem ist jeder Teilnehmer beim Musizieren in besonderer Weise auf seine Mitspieler angewiesen und von ihnen abhängig. Man muß aufeinander achten, aufeinander eingehen, füreinander einspringen, sich zurückhalten usw. Jede Rücksichtslosigkeit, Lustlosigkeit, Unsicherheit, Ängstlichkeit wird für die Mitspieler direkt wahrnehmbar und bietet damit die Möglichkeit, darüber zu sprechen.

Während der ersten Gespräche mit den Jugendlichen erzählte der Student von seinem Hobby und schlug vor, neben anderen Freizeitbeschäftigungen auch zu musizieren. Unter den Jungen entstand zunächst eine allgemeine Ratlosigkeit, denn keiner hatte ein Musikinstrument erlernt. Nachdem aber der Student von seinen selbstgebauten Phantasieinstrumenten und von den Improvisationsspielen mit diesen Instrumenten berichtete, wurden die Jugendlichen zumindest so neugierig, daß sie sich auf einen Versuch einlassen wollten.

Für das entscheidende Gespräch sammelte der Student noch eine Reihe von Anregungen und Spielvorschlägen und sprach mit den Jugendlichen einen möglichen Ablauf durch. Das Interesse der Jugendlichen wuchs, als sie hörten, daß die Jazz-Band des Studenten bereit wäre, mit ihnen gemeinsam zu spielen. Mit diesem Vorschlag verbanden die Jugendlichen Vorstellungen und Erwartungen wie z.B. „Jazzer sind dufte Typen, die verstehen uns, die machen heiße Musik für uns, mit denen können wir mal einen drauf machen . . .", aber auch immer wieder Skepsis im Hinblick auf ein gemeinsames „richtiges" Zusammenspiel. Die Musiker, alle 3 Studenten, waren bereit, sich und ihre Musik für vorwiegend sozialpädagogische Ziele einzusetzen. Sie waren an diesem Experiment interessiert, und außerdem wollten sie einige ihrer musikalischen Ideen mit den Jugendlichen ausprobieren.

Der Donnerstag Nachmittag wurde als Musiktag festgesetzt. Insgesamt waren 8 Nachmittage geplant. Der 9. Nachmittag sollte zur Abschlußfete ausgebaut werden.

Im folgenden skizziere ich die Abläufe der Nachmittage. Besondere Auffälligkeiten werden nur in kurzen Bemerkungen festgehalten. Die Zusammenfassung einiger kritischer Überlegungen erfolgt im Anschluß an die Schilderung der Nachmittage.

1. Nachmittag

Die Jugendlichen trafen sich gemeinsam mit den Musikern und mir in den Werkräumen der Fachhochschule. Dort haben wir neben einem großen Orff-Instrumentarium eine inzwischen umfangreiche Sammlung selbstgebauter Musikinstrumente stehen. Dieser Besuch sollte zum gegenseitigen Kennenlernen und zum Ideenfinden beitragen. Wir stellten die Instrumente gemeinsam in der Werkhalle auf und probierten sie aus, jeder nach Lust und Laune. Von der Farbigkeit, Fülle und Originalität der Instrumente waren Jugendliche und Musiker gleichermaßen angetan.

In einem Gespräch während einer gemeinsam improvisierten Kaffeetafel unterhielten wir uns über die Grundprinzipien der Tonerzeugung und über einige Einsatzmöglichkeiten dieser Instrumente.

Wir probierten ein erstes Spiel mit diesen Instrumenten:

● Jeder sucht sich ein Instrument aus und probiert so lange, bis er eine Spielart und ein paar Töne gefunden hat, die ihm gefallen. Im Kreise sitzend spielen wir uns die gefundenen Töne der Reihe nach vor.

Bemerkungen: Bevorzugt wurden Blas- und Schlaginstrumente. Es entstanden kleine rhythmische und unrhythmische Tongebilde, teils wild, teils zaghaft. Ein Schlauchbläser brachte uns durch seine gequetschten Hustepuptöne zu einem befreienden Lachen. Von diesem Moment an „lief" der Nachmittag.

Alle wollten weitermachen, und wir probierten ein zweites Spiel:

● Zwei möglichst unterschiedliche Instrumente unterhalten sich.

Bemerkungen: Nach einer kurzen Probenzeit hörten wir uns die Gespräche gemeinsam an. Wir konnten feststellen, daß die Art der Gespräche unterschiedlich war: Neben partnerschaftlichen Wechselgesprächen gab es Dauerredner, die ihre Partner nicht zu „Ton" kommen ließen, es gab Lautredner, die ihre Partner wie Schwerhörige behandelten, es gab Aneinander-vorbei-Sabbelnde. An den Spielen wie an den Gesprächen beteiligten sich alle Anwesenden.

Als wir noch einmal auf andere Anwendungsgebiete der Instrumente zu sprechen kamen, erzählte einer der Musiker von einigen Pop-Gruppen und Bands, die ab und zu in ihre Stücke ähnliche Instrumente mit ungewohnten Geräuschen, Tönen und Klängen einbauen. Da sich in unserer Plattensammlung ein markantes Beispiel dieser Art befindet, nämlich aus Pink Floyd's Ummagumma das Stück „Several species of small furry animals gathered together in a cave and grooving with a pict", hörten wir uns dieses Stück zum Abschluß an. Die Gruppe nahm sich vor, noch andere Stücke dieser Art zu sammeln und sich gemeinsam anzuhören. (Die gesammelten Titel befinden sich im Anhang dieses Beispiels.)

2. Nachmittag

Der Student ging mit den Jugendlichen auf einen Schrottplatz, um klingende Grundmaterialien für Instrumente zu sammeln. Zunächst trugen die Jungen alles zusammen, was sie für geeignet hielten. Noch auf dem Schrottplatz wurden alle Gegenstände gemeinsam durchprobiert und eine erste Auswahl getroffen. Einige Funde wurden untereinander ausgetauscht oder gezielt ergänzt. Ein Teil der Jungen wollte Instrumente nachbauen, die sie beim Besuch in der Fachhochschule gesehen hatten. Ein gemeinsamer Sperrmüllrundgang in den folgenden Tagen brachte noch ein paar neue Ideen mit neuen Materialien. Für die Gestelle und Resonanzkörper wurden Holzbretter, Kisten und Kartons gesammelt. Das gesamte Material konnte in einem Kellerraum des Heimes abgestellt werden.

Die Gruppe war einverstanden, nicht zu viel Zeit mit dem Konstruieren zu komplizierter Instrumente zu verbringen, um möglichst schnell zum gemeinsamen Spielen zu kommen.

3. Nachmittag

Die Instrumente wurden im Werkraum des Heimes von den Jugendlichen unter Anleitung des Studenten zusammengebaut. Im wesentlichen ging es dabei um die endgültige Auswahl des klingenden Grundmaterials, um das Säubern aller Teile und um das Zusammensetzen der Haltegerüste, Gehäuse und Resonanzkörper. Der letzte Arbeitsgang war die farbige Gestaltung. Ein Junge erfand für seine Faßtrommel eine reiche Palette von geometrischen Mustern, während die Mehrzahl der Jungen über ein einfaches Buntanstreichen nicht hinauskam. Einige Instrumente blieben unangemalt.

Es entstand folgendes Instrumentarium:
2 Längstrompeten aus Leichtmetallrohren
1 großes Kasten-Metallspiel, Moniereisenenden über stabilem Pappkarton (vgl. Nr. 163)
1 Strickleiter-Metallspiel (vgl. Nr. 161)
1 Metallplattenspiel, die Metallplatten liegen auf einem Gummigeflecht (vgl. Nr. 164)
1 Donnerblechspiel (vgl. Nr. 117)
1 Gongspiel aus Auto-Radkappen (vgl. Nr. 117)
1 einfache Faßtrommel (vgl. Nr. 197)
1 Dosentrommelspiel (vgl. Nr. 196)
2 Holzpauken (Kisten mit Sperrholzböden)
1 Spiralfederschraper (vgl. Nr. 92)
1 Kistenbaß (vgl. Nr. 229)
mehrere Schlägel und Anschlagstäbe (vgl. Nr. 191)

Dem Schrottplatzbesuch entsprechend herrschen Metallinstrumente vor. Im Laufe der folgenden Nachmittage kamen noch ein paar kleine Instrumente dazu:

mehrere Rasseln aus Filmdosen und Plastikflaschen
2 Autohupen
1 Trommelfolie (vgl. Nr. 114)
mehrere Waldteufel aus Yoghurtbechern (Nr. 208)

4. Nachmittag

Von diesem Nachmittag an waren alle Musiker regelmäßig dabei. Sie hatten sich vorgenommen, die Jugendlichen möglichst immer zuerst zu Wort kommen zu lassen und sich mit ihren Ideen, Vorschlägen und kritischen Bemerkungen zurückzuhalten.

Die erste Viertelstunde verging mit dem gegenseitigen Begutachten der selbstgebauten Instrumente und mit dem Aufbau des Schlagzeugs, den sich einige interessiert anschauten. Für den gemeinsamen Anfang hatte der Student einen ganzen Beutel voller Rasselbälle (Filmdosen und Trockenerbsen) mitgebracht und schlug ein paar Spiele vor, an denen alle teilnahmen.

- Jeder bekommt eine Rassel und klemmt sie sich irgendwo hin (unters Kinn, in eine Kniekehle, in den Mund usw.); er darf die Rassel nur nicht in der Hand behalten. Dann bewegt sich jeder so, daß Rasselgeräusche zu hören sind.
- Alle klemmen sich ihre Rassel unters Kinn (in eine Kniekehle usw.) und hüpfen damit durcheinander ohne sich zu berühren. Das Rasselgeräusch soll zu hören sein.
- Die Spieler stehen im Kreis. Jeder hat eine Rassel in einer Hand. Einer der Spieler führt eine Körperbewegung aus, durch die ein leises Geräusch entsteht. Im ersten Rundgang übernimmt jeder der Reihenfolge nach das Geräusch möglichst in gleicher Weise und gibt es weiter. Im zweiten Rundgang spielt jeder, der schon dran war, weiter mit, so daß ein Anwachsen der Lautstärke (ein Crescendo) entsteht.
- Die Spieler knien im Kreis. Einer spielt einen einfachen kurzen Rhythmus, indem er mit der Rassel auf den Boden klopft. Die Gruppe wiederholt den Rhythmus. Einzelspieler (Solist) und Gruppe (Tutti) wechseln im rhythmischen Fluß. Der Einzelspieler verändert (variiert) seinen Rhythmus ständig ein wenig.
- Jeder spielt für sich mit einer Rassel „fangen". Er wirft die Rassel in die Luft und klatscht jedesmal einmal mehr in die Hände, wenn sich die Rassel in der Luft befindet. Alle achten zwischendurch auf

die entstehenden Geräusche. Alle versuchen es auch gleichzeitig.

● Die Spieler bilden 2 gleichgroße Gruppen und stellen sich in einem Innen- und Außenkreis so auf, daß sie sich gegenseitig anschauen. Zunächst wandert eine Rassel durch das Zuwerfen von einem Spieler zum anderen, von innen nach außen, im Kreis herum usw., möglichst im Takt, den alle Spieler durch ein kurz und laut ausgestoßenes U bestimmen. Langsam kommen immer mehr Rasseln ins Spiel. Das Tempo kann beliebig verändert werden.

Bemerkungen: Als Erinnerung und gemeinsame Kontrolle wurden ab diesem Nachmittag alle Spiele mit einem Kassettenrecorder aufgenommen. Die gleichgewichtige Rollenverteilung in den Rasselspielen schuf schnell eine vertraute Atmosphäre. Einigen fiel die Körperbeherrschung vor allem in gemeinsamen rhythmischen Spielen auffallend schwer. Ebenso schwierig war für einige das einfache Reagieren ohne erst viel nachzudenken im 4. Spiel.
Nach einer Verschnauf- und Gesprächspause formierten sich alle mit ihren Instrumenten zu einem Kreis, so daß jeder jeden sehen konnte. Alle tragbaren Instrumente wurden in die Kreismitte gelegt. Der Student regte folgende Spiele an:

● Ein Spieler nimmt ein Instrument aus der Mitte und versucht damit einen anderen zu sich zu locken. Dieser reagiert ebenso mit einem Instrument auf die Verlockung. Jeder Teilnehmer darf einmal locken.

Bemerkung: Die meisten Spieler reagierten mehr durch Handzeichen als durch Töne. Es entstand ein kurzes Gespräch über Lockrufe.

● Die großen Instrumente werden um das Schlagzeug zu einer Abwehrbatterie zusammengestellt. Die tragbaren Instrumente liegen im Raum gegenüber. Ein Teilnehmer nimmt hinter dem Schlagzeug Platz. Die anderen suchen sich je ein tragbares Instrument und beginnen den Schlagzeuger gemeinsam mit Tönen zu bedrängen. Dieser soll die Lärmgeister mit seinen Mitteln abwehren. Jeder Teilnehmer kommt mal hinter das Schlagzeug.

Bemerkungen: Ein gemeinsames Zugehen auf den Schlagzeuger verstärkt die Wirkung von „bedrängen und abwehren". Je näher die Lärmgeister kamen, desto spärlicher wurde die Instrumentenauswahl der

meisten Abwehrer; sie griffen zu einem möglichst lauten Instrument und hämmerten drauflos. Es war durchweg eine Abwehrschlacht mit Lautstärke.

Zum Abschluß des Nachmittags spielte die Band 2 ihrer Stücke. Die Jungen suchten sich Begleitinstrumente und „jazzten" einfach mit.

5. Nachmittag

Optische Vorlagen (Partituren) sollen in kleinen Gruppen in Musikalische Abläufe umgesetzt werden. Der Student regte 2 Spiele an:

● Die Mitspieler teilen sich in Dreiergruppen auf. Jede Gruppe erhält eine „Partitur", die der Student aus Illustrierten zurechtgeschnippelt hat. Jede Gruppe versucht, die gleiche Partitur in akustische Abläufe umzusetzen. Die Gruppen spielen sich ihre Lösungen gegenseitig vor.

Bemerkungen: Die Jugendlichen verzogen sich zunächst etwas zögernd in ihre Ecken; sie engagierten sich während des Probierens und des Gespräches nach dem gemeinsamen Anhören der Ergebnisse um so heftiger für ihre Lösungen. Die Ergebnisse waren ausgesprochen unterschiedlich. Zwei Gruppen nahmen Sprache zur Klärung hinzu (Zi-zi-zi-zi-tronen-Lamm-pe--pe---pee, das Wort „Ma-schi-ne" als rhythmisches Grundmaß für den Eindruck einer Maschine). Eine Gruppe bewegte sich zu ihren Tönen, angeregt durch die Haltung der „Fensterputzer" in der Partitur. Jede Gruppe konnte ihre Lösungswege recht gut klarmachen. Übrigens: je abstrakter die Zeichen waren, desto leichter fiel den Jugendlichen die Umsetzung in Musik.

● Die Spieler teilen sich in Vierer- und Dreiergruppen ein. Die Zusammensetzung der Gruppen wechselt. Jede Gruppe stellt mit Hilfe von großen Packpapierbögen und Farbtöpfen eine Klecks-Klappsymmetrie-Partitur her, die gemeinsam in eine Komposition umgesetzt wird.

Bemerkungen: Die Herstellung der Großpartituren wurde zu einer Farbschlacht und animierte die Gruppen auch zum musikalischen Blödeln, was einer aufgelockerten und anregenden Atmosphäre durchaus zugute kam. Im gemeinsamen Abschlußgespräch suchten die Jugendlichen nach Übereinstimmungen zwischen Klecksbildern und Musik.

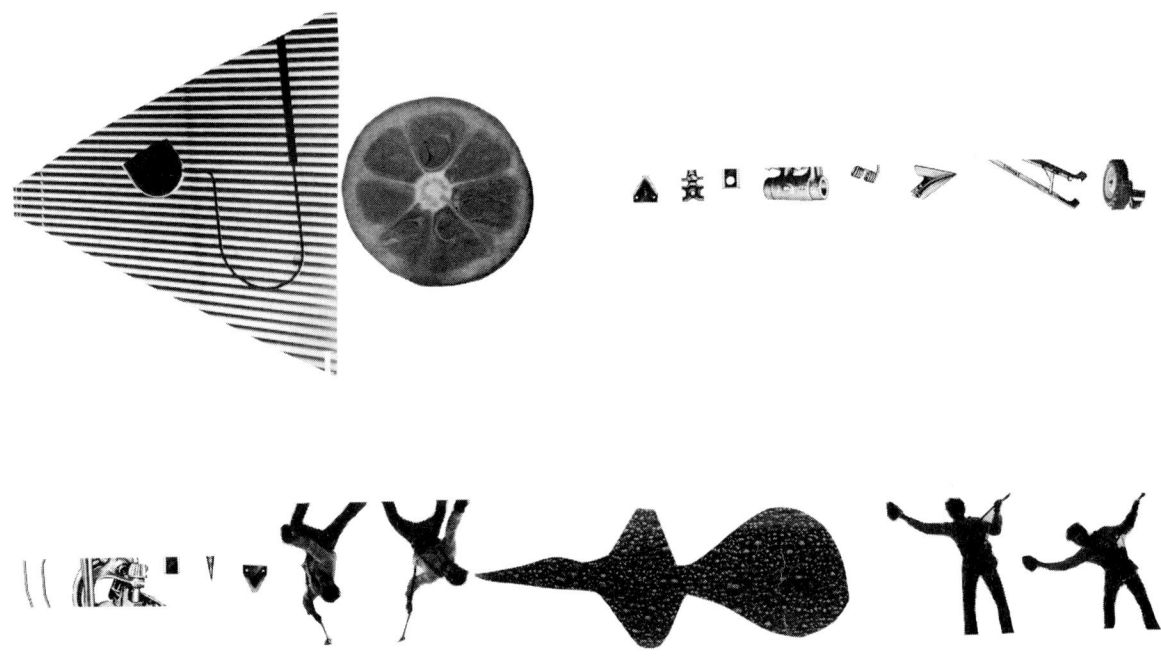

6. Nachmittag

Thema dieses Nachmittags waren musikalische Grundbegriffe und ihre Notierungsmöglichkeiten, um bestimmte Abläufe noch einmal spielen zu können und nicht zu vergessen. Es ging um die Grundbegriffe: leise – laut, langsam – schnell, kurz – lang, an ein festes Zeitmaß (Takt) gebunden – frei im Zeitmaß.

● Der Saxophonist spielt einige Tongebilde, die die Grundbegriffe zum Thema haben:
ein paar leise Töne – ein paar laute Töne
einen lauter werdenden Ton – einen leiser werdenden Ton
eine schnelle Tonfolge – dieselbe Tonfolge in langen Tönen zeitlich auseinandergezogen
einen gleichmäßig wiederholten Ton – einen völlig ungleichmäßig wiederholten Ton
Die Jugendlichen schreiben und malen auf, was sie gehört haben. Die Ergebnisse werden nebeneinander aufgehängt und besprochen.
Bemerkungen: Die Ergebnisse ähnelten sich: leise Töne: dünne Striche, laute Töne: kräftige Striche; lauter werden: dicker, breiter, kräftiger im Strich werden und umgekehrt; kurze Töne: Punkte oder senkrechte Striche; lange Töne: waagerechte Striche oder liegende Spiralen.

Einigen wurde zum ersten Mal klar, daß Noten zum möglichst genauen Wiederholen von Musik erfunden wurden, und daß die heute bei uns gebräuchliche Notation viel mit der von den Jugendlichen gefundenen Notenschrift gemeinsam hat. Daß Notationen sehr ähnlich bzw. auch ganz anders und für uns völlig unverständlich aussehen können, zeigten der Student an einer mittelalterlichen Neumenschrift, einer altchinesischen Notation und einer modernen Graphik von Moran (aus E. Karkoschka, Das Schriftbild der Neuen Musik, Celle 1966).

Die gerade erfahrenen Grundkenntnisse wurden in zwei gemeinsamen Spielen noch einmal aufgenommen:

● Jeder wählt sich ein Instrument und auf diesem Instrument einen Ton. Gemeinsam werden folgende Gebilde gespielt:

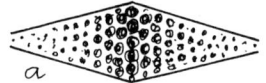 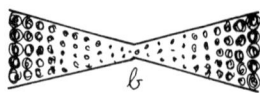

Bemerkungen: Das Spiel mußte ein paar mal geübt werden. Schwierigkeiten bereitete das Aufbauen des Klangbildes, ohne gemeinsam in ein stures Taktschlagen zu geraten. Die Spieler setzen bei a) am besten nacheinander mit sehr leisen Tönen ein und werden dann gemeinsam lauter.

Es zeigten sich beim mehrmaligen Spielen Anzeichen von Lustlosigkeit.

● Jugendliche und Musiker teilen sich in zwei Spielgruppen. Das Tonbild soll in ein Wechselspiel von Jugendlichen und Jazz-Band eingebaut werden.

Bemerkungen: Es werden zwei Lösungen vorgeschlagen und probiert:

1. Die Jugendlichen beginnen, steigern die Lautstärke bis zum Höhepunkt, hören auf, wenn die Jazz-Band ein kleines Stück spielt. Die Band hört auf, und die Jugendlichen beginnen wieder, erst laut, dann immer leiser werdend.

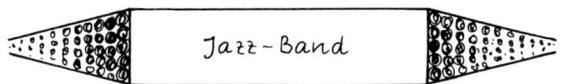

2. Die Musiker beginnen mit einem stark rhythmischen Stück, unterbrechen plötzlich, die Jugendlichen spielen ihr Tonbild, die Musiker spielen wieder usw.

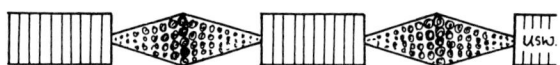

Das Wechselspiel zwischen den beiden Gruppen brachte neue Spannung. Beide Stücke wurden mehrmals gespielt.

7. Nachmittag

Die Jugendlichen wünschten sich, wieder mit der Jazz-Band zusammenzuspielen. Sie wiederholten zu Beginn das letzte Stück des vorigen Nachmittages. Es folgten 3 neue Spiele:

● Die Jazz-Band spielt ein stark rhythmisches Stück, unterbricht plötzlich, ein Jugendlicher spielt ein freies Solo, es folgt die Jazz-Band, dann der nächste Solist usw.

Bemerkungen: Ganz allein zu spielen fiel einigen Jungen schwer. Sie meinten, sie hätten so schnell keine Ideen. Im zweiten Durchgang begleitete der Schlagzeuger diejenigen Solisten, die es gerne wollten.

● Die Jugendlichen bauen einen engen und weichen Klangteppich. Sie spielen so schnell wie möglich, so dicht wie möglich, so leise wie möglich. Wenn der Teppich steht, spielt die Band ein freies melodisches Stück darüber.

Bemerkungen: Der Teppich klappt am besten, wenn die Instrumente gerieben, geschabt oder gekratzt werden.

● Jugendliche und Musiker bauen gemeinsam einen Löcherteppich aus vereinzelten unregelmäßigen Tönen. Steht der Teppich, dann beginnt die Gruppe darüber ein mit dem Munde erzeugtes Sirenengeheul zu legen. Die beiden Autohupen stimmen gegen Schluß in das Geheul ein.

Bemerkungen: Das Ende war unbefriedigend. Als anerkannteste Lösung schlug ein Jugendlicher vor, einen Luftballon als Schlußpunkt zu zerstechen. Er wollte für das nächste Mal Luftballons besorgen.

Die Gruppe hörte sich die Stücke noch einmal vom Kassettenrecorder an und war im großen und ganzen zufrieden.

8. Nachmittag

Inzwischen hatte sich ergeben, daß in der folgenden Woche ein Heimsportfest stattfinden sollte. Für den Nachmittag waren Gruppenwettkämpfe und -spiele geplant, und abends sollte bei einem Lagerfeuer die Siegerehrung vorgenommen werden. Die Gruppe entschloß sich, diesen Abend gleichzeitig als Abschlußfete der Musiknachmittage zu feiern und mit der Jazz-Band noch einmal gemeinsam zu spielen, und zwar „öffentlich" vor den anderen Heimgruppen. Günstige Zeitpunkte waren vor und nach der Siegerehrung. Dafür mußten die Stücke ausgewählt und geübt werden.

Die Gruppe entschloß sich für 3 Stücke:

1. Wechselspiel von Jazz-Band und dem dicker und dünner werdenden Tongebilde.

   Bemerkungen: Das Tongebilde mußte öfter wiederholt werden. Es war der schwierigste Teil des Nachmittags. Immer wieder geriet die Gruppe in ein gemeinsames Taktschlagen.

2. Enger weicher Klangteppich mit Jazz-Band darüber.

   Bemerkungen: Über dem Teppich beginnt die Jazz-Band erst frei, dann immer rhythmischer. Die Jugendlichen beginnen (fast von allein) in den Rhythmus mit einzusteigen. Das Ende des

Stückes wird durch einen Luftballonknall angegeben. Dieser muß nur deutlich angezeigt werden, damit alle schlagartig aufhören können.

3. Freie Begleitung aller Jugendlichen zu einem Stück der Jazz-Band.
   Bemerkungen: Die Jazz-Band beginnt allein. Erst wenn die Jugendlichen den Charakter des Stückes herausgefunden haben, steigen sie mit ins Musizieren ein, und zwar zunächst leise. Dann soll das Stück einfach laufen und jeder spielt mit wie er will. Der Schlagzeuger bereitet den Schluß vor und gibt ihn an.

Die Gelegenheit, ihre Stücke „öffentlich" vorzuspielen, hielt die Gruppe während des Übens einigermaßen in Spannung. Danach hatten die meisten Jugendlichen keine Lust mehr, etwas Neues anzufangen. Der Nachmittag klang in Gesprächen aus.

Der Heimabend

Bereits beim Heraustragen und Aufstellen der Instrumente in der Nähe des Lagerfeuers war die Spannung und Erwartung der Jugendlichen unverkennbar, denn noch keiner von ihnen hatte bisher „öffentlich" musiziert. Bis sich die meisten Jugendlichen eingefunden hatten, spielte die Jazz-Band. Die Stücke der Jugendlichen wurden extra angekündigt, und der Student erzählte etwas über ihre Entstehungsgeschichte.
Das erste Stück war das „Laut-leise-Tongebilde", direkt darauf folgte das Teppichstück und nach der Siegerehrung die freie Begleitung eines Jazz-Stückes. Nach dem offiziellen Teil des Abends spielte die Band noch eine Reihe ihrer Stücke. Sie wurde stets von Jugendlichen, auch anderer Gruppen, auf den selbstgebauten Instrumenten begleitet.

Kritische Überlegungen

Zu den Protokollen
Protokolle lassen durch ihre papierne Distanz und sprachliche Abstraktion oft nur noch wenig von der eigentlichen Dramatik eines beschriebenen Vorganges erkennen. Das gilt auch für unser Beispiel. Der mögliche Eindruck eines glatten und wunschgemäßen Ablaufes soll durch das Aufzeigen einiger Schwierigkeiten und Überlegungen, die sich mit der Durchführung der Nachmittage ergeben haben, in ein der Situation gerechter werdendes Licht gerückt werden.

Zu den Zielen
Unser wesentliches Ziel war, das Gruppenklima und damit die Beziehungen der Jugendlichen untereinander zu verändern. Dieses Ziel, nämlich ein eingeschliffenes Verhalten dauerhaft verändern zu wollen, ist zu einem Stück Schwerarbeit geworden. Die größten Hindernisse vor allem der ersten Zeit waren:
- die immer wieder aufkommende Gleichgültigkeit der Jugendlichen („ist mir doch egal"),
- ihr geringes Selbstvertrauen („kann ich doch nicht"),
- ihre schnell aufkommende Lustlosigkeit („hab ich heute keinen Bock drauf"),
- ihre Konzentrationsschwierigkeit (Vieles mußte ein paar mal erklärt werden, weil es einigen schwerfiel, im richtigen Moment aufzupassen. Das ließ wiederum andere ärgerlich werden . . .),
- ihr unachtsames bis rücksichtsloses Verhalten zumindest einigen Gruppenmitgliedern gegenüber. (Das zeigte sich am deutlichsten beim gemeinsamen Gebrauch von Handwerkszeug, beim achtlosen Umgang mit dem Material und den Instrumenten anderer und immer wieder bei gemeinsamen Spielen.)

Alle verfügbaren Mittel sollten im Hinblick auf das wesentliche Ziel der Verhaltensänderung eingesetzt werden. Als günstige Bedingungen dabei haben sich erwiesen:
- die tägliche Anwesenheit des Studenten im Heim und damit die Möglichkeit der gegenseitigen täglichen Kontaktaufnahme,
- der Einsatz einer allen gleichermaßen neuen Aufgabe, die von jedem gleiche Aufmerksamkeit erfordert,
- Spiele, die von allen leicht verstanden und ohne Blamage bewältigt werden können sowie jedem eine persönliche Lösung ermöglichen. Naturgemäß lag der Hauptakzent ihrer Auswahl auf dem Gesichtspunkt der Gemeinsamkeit. Wichtig erscheint mir die Erfahrung, daß gemeinsame Aufgaben dann lieber durchgeführt werden, wenn sie auch persönlichen Bedürfnissen entgegenkommen und persönliche Erfolge versprechen.

– Spielregeln, die alle gleichermaßen beteiligen und die auf persönliche Fähigkeiten und Schwierigkeiten der Einzelnen eingehen (z. B. jeder kommt dran, alle nehmen auf die stilleren und langsameren Mitspieler Rücksicht . . .),
– der Einsatz der Jazz-Band: die fast gleichaltrigen Musiker trafen mit ihrer Musik bei den Jugendlichen auf lebhaftes Interesse. Ihre Anwesenheit und ihre Bereitschaft zum gemeinsamen Spiel bedeutete einen starken Anreiz; dadurch wurde gegenseitiges Verständnis und Vertrauen begünstigt.

Zu einer Überprüfung der Ziele

Es läßt sich nur schwer abschätzen, inwieweit die gesteckten Ziele erfüllt wurden. Ein paar Aktionen können zwar ab und zu einen Anstoß in eine bestimmte Richtung geben, eine dauerhafte Verhaltensänderung durch sie bleibt jedoch fraglich. Veränderungen hängen am meisten von einer langfristigen Begleitung und pädagogischen Unterstützung mit entsprechenden Übungsfeldern ab.
Eine wichtige Möglichkeit zur Überprüfung der Wirkung pädagogischer Prozesse ist sicherlich die Selbstkontrolle. Ein immer wieder abwägendes, selbstkontrollierendes Einschätzen der Wirkung der eigenen Mittel, Methoden und des eigenen Verhaltens ist ein wichtiger Schritt auf dem Weg zu dem gewünschten Ziel. Außerdem sind Veränderungen ohne die Beteiligung und innere Zustimmung der Betroffenen nicht zu erreichen.
Einige Punkte, die im Zusammenhang mit der Arbeit aufgefallen sind:
– zwei Jugendliche waren von sich aus interessiert, Plattenbeispiele mit dem Einsatz unkonventioneller Instrumente zu besorgen;
– ein Jugendlicher, der schon während der Nachmittage durch rhythmisches Geschick auffiel, erkundigte sich nach der Möglichkeit Schlagzeug zu lernen;
– ein Jugendlicher rief bei mir an, weil er seinen Freunden gern die Instrumentensammlung zeigen wollte;
– die Gruppe ging einige Wochen später aus eigenem Antrieb in ein Jazz-Konzert.

Zu einer Übertragbarkeit des Beispiels auf andere Gruppen

Grundsätzlich lassen sich sicher alle angeführten Spiele mit verschiedensten Gruppen und Altersstu-

fen durchführen, weil die Schwierigkeitsgrade den Voraussetzungen der Teilnehmer angepaßt werden können. Je näher die Spiele den Interessen, Wünschen und Fähigkeiten der Teilnehmer kommen, desto größer ist die Chance der Identifikation, der inneren Beteiligung. Diese wurde in unserem Beispiel durch die Musik der Jazz-Band begünstigt, weil sie den Interessen und Hörgewohnheiten der Jugendlichen weitgehend entsprach.
Die gesteckten Ziele könnten auch mit anderen Mitteln erreicht werden, aber jeder Gruppenleiter sollte solche Themenbereiche auswählen, die ihm liegen und in denen er sich sicher fühlt, denn seine Sicherheit kann einen Identifikationsprozeß erheblich unterstützen.

Anhang

Plattenbeispiele aus der Pop- und Rockszene für die Einbeziehung von Umweltgeräuschen und Geräuschinstrumenten in die Musik
(zufällige und unsystematische Auswahl)

The Beatles: Sun-King, auf LP: Abbey-Road
The Beatles: Blackbird, auf LP: The Beatles

Chicago: Wishin' you were here, Auf LP: Chicago VII

La Düsseldorf: LP Viva

Udo Lindenberg: Boss von der Gang, auf LP: Lindenberg's Rock-Revue

Mama Cass Elliot: Dream a little Dream of me, Single
Otis Redding: (Sittin' On) The Dock Of The Bay, Single

Pink Floyd: Several species of small fury animals gathered together in a cave and grooving with a pict, auf LP: Ummagumma
Procol Harum: A salty dog, auf LP: A salty dog

Rolling Stones: We love you, auf LP: Through the past, darkly

Santana: Butterfly, auf LP: Butterfly
Shangri-Las: Leader of the pack, Single
Simon and Garfunkel: Baby Driver, auf LP: Bridge over Troubled Water

Tornados: Telstar, Single

Who: Sea and Sand, auf LP: Quadrophenia

Young Rascals: Groovin, auf LP: Time Peace

Mehrere Stücke der Gruppen:
Insterburg & Co
Pfuri, Gorps und Kniri (noch nicht im Plattenhandel erhältlich)

c) Beispiel aus dem musiktherapeutischen Bereich:
Arbeit mit selbstgebauten Musikinstrumenten in einem Club für psychisch Kranke

Seit 3 Jahren arbeite ich mit Studierenden der Sozialpädagogik in einem offenen Club für psychisch Kranke. Im Club sind regelmäßig etwa 30 Besucher unterschiedlichen Alters und unterschiedlicher sozialer Herkunft anwesend. Gemeinsam mit Sozialarbeitern und einem Laienhelferkreis haben wir uns die Aufgabe gestellt, die meist durch Passivität und Kontaktschwierigkeiten auffallenden Besucher beim Aufbau eigener Aktivitäten und Initiativen und beim Aufbau von hilfreichen und tragfähigen Kontakten zu unterstützen. Ein Mittel unter anderen ist dabei auch die Musik.

Unsere ersten Versuche mit dem Bauen und Spielen von Musikinstrumenten begannen wir an den regulären Clubabenden. Zunächst einmal haben wir an gemeinsamen Spielabenden ein paar selbstgebaute Instrumente zum Kennenlernen mit einbezogen. Obwohl wir die Freiwilligkeit der Teilnahme betonten, entstand immer wieder ein Gruppenzwang im Hinblick auf gemeinsame Tätigkeiten. Ein Ergebnis war, daß mehrere Teilnehmer im Laufe der folgenden Gespräche massive Unsicherheiten und Ängste vor Veranstaltungen dieser Art äußerten.

Auch weitere Versuche, die Musik in unsere Arbeit einzubeziehen, endeten für mehrere Teilnehmer unbefriedigend oder das Interesse ließ schnell nach, und die Unternehmungen verliefen im Sande. Wir wollten unbedingt die Gründe erfahren, warum eine vom Inhalt und ihrer Art her eigentlich heitere und zwanglose Thematik für einige zur Bedrückung wurde oder andere vorzeitig aufhören ließ.

Es war neben einigen äußeren Gründen wie ungeeigneten Räumen, ungenügenden Werkzeugen, schwieriger Materialbeschaffung und ungünstiger Zeiteinteilung hauptsächlich die Angst vor dem eigenen Versagen in einer zu großen und unübersichtlichen Gruppe und die damit zusammenhängende Angst, nicht für voll genommen zu werden. Bemerkenswert scheint mir zu sein, daß die geäußerten Ängste nicht unmittelbar etwas mit der Musik zu tun hatten, sondern sich eher allgemein auf unüberschaubare, nicht einschätzbare und unbekannte Situationen bezogen.

Diese und ähnliche Erfahrungen machten immer wieder Veränderungen unseres gemeinsamen Vorgehens notwendig. Wir gingen dazu über, zusätzlich zu den Clubabenden kleine Interessengruppen zu bilden, die sich zu bestimmten Aufgaben und Themenstellungen freiwillig zusammenfanden. Auf diese Art entstand auch eine Musikgruppe von 7 Teilnehmern unter meiner Anleitung. Unser gemeinsames Thema war das Bauen und Spielen von Musikinstrumenten. Aufgrund der früheren Erfahrungen schien es mir wichtig, folgende Gesichtspunkte besonders zu beachten:

– *überschaubar bleiben*, das heißt, in einer kleinen Gruppe über einen nicht zu langen Zeitraum in geeigneten und ruhigen Räumen Instrumente zu bauen, die alle herstellen können, und mit diesen zu spielen, ohne daß dazu besondere musikalische Vorkenntnisse nötig sind;

– *partnerschaftlich zusammenarbeiten*, das heißt, gegenseitig auf die Wünsche und Vorstellungen eingehen, seine Fähigkeiten allen zur Verfügung stellen, keinen bevormunden, als Leiter nicht unbedingt ein Programm durchziehen wollen, wenn nötig auf andere Bedürfnisse eingehen (z.B. zwischendurch Ball spielen, Eis essen);

– *weitergehende Initiativen unterstützen*.

Die folgenden Protokollkurzfassungen beziehen sich nur auf die Inhalte der Abende; sie lassen die auf Einzelpersonen bezogenen Abläufe und Prozesse außer acht.

1. Abend

Bauen: Jeder baut zwei möglichst unterschiedliche Rasseln aus Gefäßen und Rasselmaterialien aller Art (Yoghurtbecher, Filmdosen, Schachteln/Steinchen, Granulaten, Erbsen . . .).

Spielen:
a) Tonbandmontage mit zwei Kassettenrecordern
Wir stellen gemeinsam ein Geräuschbild her (z.B. durch gleichmäßiges Aneinanderschlagen der Rasseln) und nehmen es auf. Wir lassen das Gespielte ablaufen, stellen dazu ein zweites Geräuschbild her (z.B. lange und feine Pfeiftöne) und nehmen beides mit dem anderen Recorder auf. Durch mehrfaches Überspielen entstehen immer neue Gesamteindrücke.
b) Gestalten einer Geräuschgeschichte
Eine Kiste voller Kuhglocken, Teddy- und Tierstimmen, Schellen, Pfeifen, Vogelstimmen usw. regte die Teilnehmer spontan zu einer Geräuschgeschichte an: Eine Reisegesellschaft fährt mit der Bahn und hält an verschiedenen Stationen (Tierwiese, romantischer Wasserfall mit Vogelstimmen, Winterlandschaft mit Schlittenfahrt).

Bemerkungen: Gemeinsames motorisch ausgerichtetes Spiel erleichtert das Mittun.
Das technische Mittel der Tonbandmontage lenkt die Aufmerksamkeit des Einzelnen weg von eigenen Unsicherheiten auf das gemeinsame Gesamtergebnis.
Konkrete, realistische Bilder regen Ungeübte leichter zu eigenen Erfindungen an als abstrakte formale Anweisungen.

2. Abend

Bauen: Nageltabletts (vgl. Nr. 175)

Spielen:
a) Jeder stellt die Möglichkeiten seines Instruments einzeln vor.
b) Wir nehmen die Montagetechnik auf und produzieren, angeregt durch den Klang der Nageltabletts, Maschinengeräusche.

Bemerkungen: Da der Geräuschablauf der rollenden Kugel mehr ein zufälliges als ein persönliches Gestaltungsergebnis ist, fiel es keinem Teilnehmer schwer, alleine zu spielen.

3. Abend

Bauen: Waldteufel aus großen Yoghurtbechern (vgl. Nr. 208)

Spielen:
a) Wir probieren Spielarten mit dem Waldteufel aus: herumschleudern, an der gespannten Schnur zupfen, die Schnur mit dem Geigenbogen streichen. Bewegungsspiele im Raum. Wir verteilen uns im Raum und morsen uns durch Zupfen an der Schnur einfache Zeichen zu, die zunächst unverändert und dann verändert weitergegeben werden.
b) Nachdem ein Teilnehmer das im Raum stehende Klavier entdeckt hat, kommt die Anregung, ein Klavierkonzert zu spielen. Dabei übernimmt jeder einmal den Solopart. Mit den Waldteufeln gestalten wir die Zwischenspiele.

Bemerkungen: Der Umgang mit dem Waldteufel erfordert bereits einiges Geschick. Das Weitergeben selbst einfachster Rhythmen fiel einigen Teilnehmern schwer. Alle waren überrascht, daß beim Klavierkonzert jeder seinen Part selbstverständlich übernahm, ohne „richtig" Klavier spielen zu können.

4. Abend

Bauen: Ein Xylophon mit 5 bis 7 Tönen (vgl. Nr. 138)

Spielen:
a) Beim Versuch einen Text zu vertonen kommen wir auf die Idee, einen beliebigen Zeitungsartikel in kleine Stücke zu zerreißen. Wir teilen uns in 2 Gruppen. Jede Gruppe bekommt eine Hand voll Schnipsel als Textgrundlage und kann damit reimen, aus den Buchstaben neue Wörter bilden, sinnvolle oder sinnlose Texte herstellen. Neben den Xylophonen stehen noch Trommeln und Kazoos zur Verfügung. Die Ergebnisse sind eine Art Revolutionslied und ein dramatischer Sprechgesang.
b) Zufällig ergibt sich noch eine „Free-jazz-session" mit allen Instrumenten, an der sich jeder beteiligt.

Bemerkungen: Das Xylophon verlangt exaktes Ausmessen und Arbeiten, damit es klingt.
Es fiel fast allen schwer, die Stimme klar und deutlich einzusetzen; gemeinsames Sprechen ist einfacher.
Das „Jazzen" löste die vorangegangenen Anspannungen durch eigene, vorwiegend motorische Beteiligung.

5. Abend

Bauen: Vibratodosen (vgl. Nr. 227)

Spielen: Wir singen bekannte Lieder und begleiten uns auf unseren Dosen und anderen Instrumenten; das Klavier unterstützt die Singstimme.

Bemerkungen: Die anfänglichen Hemmungen, Lieder zu singen, verschwanden während der immer differenzierter werdenden, gemeinsamen Ausarbeitung der Begleitung.

6. Abend

Der letzte Abend begann mit einem gemeinsamen Abendessen. Als Abschluß unserer Musikspiele wiederholten wir noch einmal die beiden beliebtesten Spielformen: Gestalten von Geräuschgeschichten und Liedbegleitungen.
In einem Gespräch über die vorangegangenen Abende wurde deutlich, daß das Bauen von Instrumenten den Teilnehmern am besten gefallen hat, weil man was in der Hand hat und sich nicht wie beim Spielen vor anderen direkt darstellen muß. Allerdings fiel allen das Spiel im kleinen Kreise entschieden leichter als in einer großen Gruppe.
Das Gespräch kam auch, wie schon bereits an einigen Abenden vorher auf Überlegungen, wie wir derartige Spielabende fortsetzen könnten. Ausdrücklich vorgeschlagen wurden neben anderen Themen auch Tanz- und Bewegungsspiele. Uns allen war schon während unserer Musikabende aufgefallen, daß die meisten Teilnehmer bei stark motorisch gesteuerten Abläufen einerseits sich schnell wohlfühlten, andererseits durch den Mangel an regelmäßiger Bewegung oft ziemlich ungeübt und daher unsicher und wenig widerstandsfähig waren.
Aus den Anregungen dieses Abends und der folgenden Clubabende entstanden Vorschläge für zwei Spielgruppen. Eine Gruppe entschied sich für folkloristische Tänze und Tanzspiele, die andere für musikalisch-gymnastische Bewegungsspiele mit selbstgebauten Instrumenten. Die erste Gruppe tanzt bereits, die zweite wird bald beginnen.

Zur Planung musikalisch-gymnastischer Bewegungsspiele mit selbstgebauten Instrumenten

Unsere Planung sieht zunächst einmal 6 Abende vor, an denen wir Musik-Bewegungsinstrumente herstellen und mit diesen spielen. Jeder Abend besteht aus 4 Phasen, einer Aufwärmphase, einer Bauphase, einer Spiel- und einer Gesprächsphase. Die zeitliche Gewichtung jeder Phase bleibt offen, denn sie ist von der jeweiligen Situation abhängig. Unsere wichtigsten Ziele bleiben die Förderung von Kontakten und die Anregung zu eigenen Aktivitäten.

Anmerkung: Vielleicht schaffen wir es, die Anregung eines Clubbesuchers in die Tat umzusetzen und unsere Gymnastikspiele mit eigener Musik zu gestalten. Dafür müßten wir mit unseren Instrumenten geeignete kurze Musikabläufe herstellen und auf ein Tonband aufnehmen. Zu den Musikstücken müßten wir uns passende Bewegungsübungen überlegen und sammeln. Zwischen den Stücken müßte so viel Zeit bleiben, um eine Übung vormachen und erklären zu können. Die Übungen könnten immer wieder wechseln; sie müßten nur jeweils dem Charakter der Musik angepaßt werden.

Vorüberlegungen zu den einzelnen Phasen
Die Aufwärmphase soll jedem Teilnehmer einen problemlosen Einstieg erleichtern und die gesamte Atmosphäre vorbereiten. Die einzelnen Übungen und Spiele sollten daher leicht und verständlich sein und nur langsam im Schwierigkeitsgrad zunehmen. Jeder entscheidet selbst, wann er aufhört. Partner- und Gemeinschaftsübungen unterstützen die Kontakte unter den Teilnehmern.

Die Bauphase soll jedem die Möglichkeit geben, seinen Schwierigkeitsgrad beim Bau der Instrumente selbst festzusetzen. Die Instrumente können rein funktional (so, daß sie gerade funktionieren) zusammengebaut oder zusätzlich noch liebevoll ausgearbeitet, verziert, bemalt usw. werden. Es sollte gezielt auf gegenseitige Hilfestellung und gegenseitigen Ideenaustausch hingearbeitet werden.

In der Spielphase werden die hergestellten Instrumente ausprobiert. Neben vorbereiteten und erprobten Spielen soll immer wieder genügend Zeit für Experimente zur Verfügung stehen. Gemeinsame Spiele stehen im Vordergrund.

Die Gesprächsphase soll nicht als systematisches Arbeitsgespräch geplant werden. Es kommt uns vielmehr darauf an, Zeit für zwanglose Gespräche, für den Austausch gemeinsamer Erfahrungen, für Verbesserungsvorschläge, für persönliche Kontakte zu haben.

1. Abend

Aufwärmen: Anregungen zu gymnastischen Übungen und Bewegungsspielen sind im Literaturverzeichnis unter „Musik-Rhythmik-Bewegung" enthalten.
Bauen: Schlaghölzer und Schlagstäbe (vgl. Nr. 133)
Jeder Teilnehmer stellt für sich 2 unterschiedlich lange Schlaghölzer (Dachlatten o. ä.) zwischen 30 und 60 cm und 2 Schlagstäbe (Rundstäbe Ø 20 bis 22 mm) zwischen 40 und 60 cm her.

Spielanregungen:
– die Schlaghölzer mit der Stirnseite auf harten Fußboden aufschlagen oder sie wie Xylophonstäbe in der Mitte mit Klöppeln anschlagen, damit rhythmische Abläufe finden und Bewegungen, Gesten, Schrittfolgen dazunehmen;
– alle Spieler im Halbkreis, jeder legt seine beiden Klanghölzer auf die waagerecht vorgestreckten Arme, ein Teilnehmer spielt mit Klöppeln auf den Hölzern;
– die Schlagstöcke rollen, aufschlagen, aneinanderschlagen, reiben, schwingen, damit balancieren, als Hürde benutzen und Bewegungen, Bewegungsgeschichten (Fließband, Maschine, Tanzspiele) finden;
– die Stäbe wie Magnete benutzen;
– 2 Partner, mit einem oder zwei Stäben nur zwischen den Daumen verbunden, suchen nach Bewegungsmöglichkeiten.

2. Abend

Bauen: Flatterfolien (vgl. Nr. 53)

Spielanregungen: Bei diesem Instrument liegt der Schwerpunkt auf Lauf- und Armschwingbewegungen:
– Armschwingen, einarmig, beidarmig, wechselnd;
– die Instrumente untereinander in Bewegung weiterreichen, gemeinsame rhythmische Bewegungsabläufe finden.

3. Abend

Bauen: Stampfrasseln (vgl. Nr. 68)

Spielanregungen:
– durch Stampfen, Schütteln, Drehen, Rollen usw. unterschiedliche Geräusche erzeugen und damit spielen;
– mit den Instrumenten balancieren, sie als Hindernis benutzen;
– Rhythmus und Bewegung, vormachen – nachmachen;
– gemeinsame Bewegungsbilder (als Mühlen, Käfige, Maschinenteile) finden usw.

4. Abend

Bauen: Hand- und Fußbretter (vgl. Nr. 104)

Spielanregungen:
– Laufarten: rutschen, schlurfen, hüpfen, Ski- und Schlittschuhlaufen; langsam – schnell, rhythmisch, gemeinsam und durcheinander,
– auf den Handbrettern Gegenstände weitergeben, rhythmische Partnerspiele mit aneinanderschlagenden Handbrettern,
– Spiele in Mannschaften, die Handbretter als (Tennis-) Schläger benutzen,
– gemeinsame Geräusch- und Bewegungsabläufe finden.

5. Abend

Bauen: Klappkästen (vgl. Nr. 111)

Spielanregungen:
– Kästen im Raum verteilen und als Hindernis benutzen,
– von Kasten zu Kasten springen, sich verfolgen usw.)
– rhythmisch hoch und runter springen, auch ein Bein oben, eins unten,
– rhythmische Abläufe vorhüpfen – nachhüpfen usw.

6. Abend

Bauen: Klimperkleidung, Anziehinstrumente
Dazu Hüte, Gürtel, Handschuhe, Socken, Kleidungsstücke aller Art mitbringen. Geräuschmaterialien: Schellen, Glocken, Dosen, Plastikflaschen, Rasselmaterial usw.

Spielanregungen:
- mit den unterschiedlichen Typen Bewegungsgeschichten erfinden (z.B. ein Bimmelmann trifft seinen Rasselfreund, dazu kommt Frau Glöcklein mit ihrem unruhigen Schäpperkind . . .).

Im Verlauf unserer Arbeit mit psychisch kranken Menschen drängen sich uns immer wieder einige Fragen auf, die mehr und mehr unser Denken und Handeln beeinflussen:
- Reichen unsere auf Freiwilligkeit und gemeinsames Vergnügen ausgerichteten Anregungen bis in den Alltag der Teilnehmer, das heißt, wirken sie bis in den Alltag, bewirken sie irgendeine Veränderung im Sinne einer Therapie?

- Müssen wir in unserer Arbeit nicht mehr auf die täglichen Probleme und Notwendigkeiten jedes Einzelnen eingehen, oder könnte nicht gerade die ungewohnte Besonderheit unserer Abende ein Anreiz für eigene Aktivitäten sein?
Sicherlich kann unsere Arbeit nur ein Glied einer „Therapiekette" sein, und das auch nur bei den Teilnehmern, die sich freiwillig dafür entscheiden. In jedem Falle bedarf es noch einer Reihe weiterer auf die persönliche Situation jedes Einzelnen bezogener Therapiehilfen.
- Wo liegen die Grenzen zwischen einer Bevormundung und einer Mitverantwortlichkeit und zwischen einer notwendigen Hilfestellung und der Chance zur Selbsthilfe?

Auch diese Fragen lassen sich wohl nur in Gesprächen mit den Betroffenen selbst entscheiden. Sicher sind wir uns auf jeden Fall darin, daß ein gegenseitiges Vertrauen die Grundlage für ein gemeinsames Weiterkommen ist.

II. Anregungen für das Instrumentarium

1. Umweltgeräusche

Akustische Umwelterscheinungen können zu geplanten Musikinstrumenten und Musikspielen führen. Bereits als Kind fielen mir einige Erscheinungen auf, die ich später im Zusammenhang mit dem Instrumentenbau und -spiel aufnahm.

- In unserem Ort waren die Straßen noch mit Basaltkopfsteinen gepflastert. Wenn das Pflaster neu verlegt werden mußte, hämmerten die Pflasterer zu mehreren gemeinsam die Steine im Untergrund fest, und zwar nach einem klar wahrnehmbaren rhythmischen Muster. Da jeder Stein etwas anders klingt, entstand ein rhythmisch gegliedertes und akustisch farbiges Ping-Ping-Geflecht.
- Eine andere Faszination ging für mich von vorüberfahrenden Zügen aus. Dort, wo die Schienen noch nicht nahtlos verschweißt sind, kann man das Überfahren der Nahtstellen durch einen Zug deutlich hören. Je nach Abstand der Radachsen ist eine rhythmische Tonfolge zu hören, die wir als Kinder mit dem Sprechgesang der Silben lim.lim.......lim.lim.....lim.lim....nachgespielt haben.
- Fast jeder kennt das Geräusch, das beim Entlangratschen mit einem Stab an einem Lattenzaun entsteht. Durch die stets etwas unterschiedlich dick oder lang ausfallenden Zaunlatten ist eine feine Auf-und-ab-Tonfolge zu hören.
- Dann sind natürlich auch alle Maschinen- und Motorengeräusche ein reichhaltiges Anregungsfeld, und sie werden im Kinderspiel auch häufig ausgenutzt, wenn etwa Autogeräusche mit dem Munde nachgeahmt werden oder ein Fahrrad einen Bierdeckelmotor erhält usw.

Der gesamte akustische Umweltbereich ist letztlich eine unendlich große Fundgrube für musikalische Anregungen. Man kann jedes akustische Ereignis, ob es das Rauschen des Wassers, das Klackern eines Ping-Pong-Balles oder das Quietschen einer Tür ist, in musikalische Prozesse einsetzen, wenn man gelernt hat, diese Geräusche als etwas Besonderes wahrzunehmen, sie einzufangen und für eine musikalische Aussage nutzbar zu machen. Ein anschauliches Beispiel dazu bietet Pink Floyd's „Ummagumma", in dem mehrere Tierstimmen direkt mitspielen.

2. Umweltmaterialien

Als ein weites und reiches Feld für musikalische Anregungen bieten sich sämtliche zur Verfügung stehenden „klingenden" Materialien an, vor allem diejenigen, die leicht und billig zu beschaffen sind. Vorgefertigte Formen wie Maschinenteile, Gefäße, Stanzreste oder Abfallstücke besitzen dabei durch ihre oft zufälligen, ungewohnten und bizarren Formen einen besonders großen Anreiz zur weiteren Verwendung und Gestaltung.

Besondere Schnupperecken für akustische Grundmaterialien sind Schrottplätze, Müllhalden, Werkstätten und Industrieunternehmen aller Art, in denen es Holz-, Metall-, Kunststoff-, Glasabfälle usw. gibt. Anregend wirken auch Sperrgutansammlungen und Haushaltsauflösungen. Für gezielte Anregungen lohnt sich oft ein Gang durch Heimwerker- (Do-it-yourself-) läden, Schlossereien, Haushalts-, Installations- und Klempnergeschäfte. In speziellen Fällen kann ein Besuch in einem Musikladen oder bei einem Instrumentenbauer weiterhelfen. Da fallen zum Beispiel beim Neubezug eines Klaviers oder eines Saiteninstruments Saiten und Wirbel als Abfall an.

Wenn man sich ausgiebiger mit dem Instrumentenbau unserer Art befaßt, lohnt es sich, einen Magazinraum einzurichten, in dem alle zusammengetragenen Materialien übersichtlich geordnet werden. Ein solcher Raum wirkt bereits phantasieanregend und ideenfördernd.

3. (Musik-) Pädagogische Literatur

Mauricio Kagel: Kinderinstrumente.
Kölner Kurse für Neue Musik 8 vom 18. 10. bis 26. 11. 1971. Hrsg. der Broschüre „Kinderinstrumente" Rheinische Musikschule der Stadt Köln.
Die Kinderinstrumente sind in dem Kölner Kurs für „Neue Musik 1971" von Erwachsenen gebaut worden. Die im Zusammenhang mit dem Kurs und mehreren Ausstellungen stehende Broschüre ist eine reichhaltige Ideensammlung mit vielen interessanten Anregungen für Weiterentwicklungen und für den Nachbau von einfachen wie auch von komplizierten Geräusch- und Tonerzeugern.

Margrit Küntzel-Hansen: „Do it yourself"-Instrumente.
In: Musik mit Kindern. Stuttgart 1973
Die Autorin hat eine Reihe einfacher Tonerzeuger zusammengetragen, die vorwiegend für den Elementarbereich gedacht sind, und die auch zum größten Teil mit Kindern hergestellt werden können. Klare Zeichnungen und kurze Beschreibungen regen zum Nachbau an.

Elisabeth Kälin/Dorothe Walther: Musikinstrumente selbst gebastelt.
In der Reihe „Spielen und Basteln" Nr. 21, Blaukreuz-Verlag, Bern
Der Karteikasten enthält Anregungen zum Basteln von Instrumenten mit Kindern. Die verwendeten Mittel sind einfach und vielfältig: Küchengeräte, Bleche, Gläser, Knöpfe usw. Die Anregungen wenden sich an Kindergärtner, Lehrer, Heilpädagogen, Jugendgruppen und Eltern.

Wilhelm Warskulat: Instrumentenbau aus Umweltmaterialien.
Verlag eres Lilienthal/Bremen 1978
Die Instrumentensammlung ist auf dem Hintergrund sozialpädagogischer Projekte entstanden, und sie ist für den Einsatz in pädagogisch-therapeutischen Arbeitsfeldern gedacht. Diesem Ziel entsprechend können alle Instrumente von Laien hergestellt werden, wobei je nach persönlicher Voraussetzung einfachere oder anspruchsvollere Instrumente ausgewählt werden können. Eine Reihe von Bauskizzen und Fotos tragen zur Anschaulichkeit bei.

Alois Lindner: Skulpturinstrumente.
In: Polyästhetische Erziehung. Klänge-Texte-Bilder-Szenen. Hrsg.: Wolfgang Roscher, Verlag M. DuMont Schauberg, Köln 1976
Alois Lindner ist Bildhauer; das spiegelt sich in seinen durchgestalteten Instrumenten und Instrumentenkombinationen. Die Instrumente sind wegen ihrer Vielgestaltigkeit reizvoll und anregend. Die Grundprinzipien sind einfach und überschaubar, doch eine eigene Herstellung erfordert handwerkliches Können und eine gute Werkstatt.

4. Musikwissenschaftliche, volks- und völkerkundliche Literatur

Aus der Fülle der Veröffentlichungen seien nur einige für unseren Zusammenhang wichtige Bücher genannt.

Curt Sachs: Geist und Werden der Musikinstrumente.
Berlin 1929 (Reimer), Nachdruck Hilversum 1965
Es ist immer noch eines der wesentlichen Bücher über die kulturgeschichtlichen Hintergründe von Musik und Musikinstrumenten im Leben der Völker. Mit Beschreibungen, Zeichnungen und Fotos.

Gerassimos Avgerinos: Handbuch der Schlag- und Effektinstrumente.
Frankfurt 1967 (Verlag Das Musikinstrument)
Der Autor hat neben den bekannten und gebräuchlichen Instrumenten auch eine große Anzahl volkstümlicher Geräte und vor allem musikartistischer und in Vergessenheit geratener Instrumente gesammelt. Exakte Beschreibungen und klare Abbildungen zeichnen das Buch aus.

Karl Peinkofer/Fritz Tannigel: Handbuch des Schlagzeugs.
Mainz 1969 (Schott's Söhne)
Zum „Schlagzeug" werden neben den „klassischen" Schlaginstrumenten fast alle Idiophone gerechnet. In das Instrumentarium sind auch viele völkerkundliche Instrumente aufgenommen. In der Reichhaltigkeit und der Auswahl des Instrumentariums deckt sich das Buch weitgehend mit dem des Avgerinos. Die Instrumente sind durch Fotos und ausführliche Bau- und Spielbeschreibungen anschaulich dokumentiert. Notenbeispiele mit dem Einsatz einiger Instrumente vorwiegend im Bereich klassischer Musik ergänzen das Instrumentarium.

Musical Instruments of the World. An Illustrated Encyclopedia by the Diagram Group.
Paddington Press LTD 1976. Deutsche Ausgabe 1979 (Musikinstrumente der Welt)
Das Buch ist eine ausgesprochen reichhaltige und übersichtliche Instrumentenkunde, die durch ihre hervorragenden Darstellungen, Zeichnungen und Fotos und präzisen Beschreibungen in ihrer Anschaulichkeit besticht.

Handbuch der europäischen Volksmusikinstrumente.
Herausgegeben vom Institut für deutsche Volkskunde Berlin. VEB Deutscher Verlag für Musik, Leipzig 1967.
Bisher ist nur der erste Band des Handbuches „Die Volksmusikinstrumente Ungarns" von Bálint Sárosi erschienen. Bereits dieser Band enthält eine Fülle von Anregungen für den Bau von verschiedensten Instrumenten und für das Spielen auf diesen Instrumenten.

Die Veröffentlichungen über den traditionellen Instrumentenbau sind meist ausgesprochene Fachbücher und für unseren Rahmen zu speziell; einige sind unter den entsprechenden Instrumenten des Instrumententeiles erwähnt, wenn sie für Laien verwendbare Beschreibungen über den Bau der Instrumente enthalten.

5. (Kunst-) Ausstellungen

Bernard und François Baschet: Tönende Skulpturen
Ausstellung und Katalog „Plastik + Musik", Werke der Brüder Baschet. Landesmuseum Münster. 28. November 1971 bis 9. Januar 1972
Die zum Teil riesigen Instrumente der Brüder Baschet aus Paris sind technisch und gestalterisch ausgefeilte Plastiken, die teilweise nur mit erheblichen Mitteln, fachmännischer Ausrüstung und exakten Fachkenntnissen herzustellen sind. Die Grundprinzipien ihrer Klangerzeugung sind mechanischer Art und verblüffend einfach: Reiben von Glas-, Metall- und Holzstäben, Anschlagen von Stiften, Stäben, Platten, Zupfen von Zungen usw. Die Instrumente wurden in mehreren deutschen Museen gezeigt und teilweise vorgeführt. Das Publikum durfte auf ihnen spielen.

Mauricio Kagel: Instrumente. Experimentelle Klangerzeuger, akustische Requisiten
Ausstellung und Katalog „Theatrum Instrumentorum", Instrumente, Experimentelle Klangerzeuger, akustische Requisiten und Stumme Objekte aus „Acustica" (1968/70), „Staatstheater" (1967/70), „Zwei-Mann-Orchester" (1971/73). Kölnischer Kunstverein 4. 6. bis 6. 7. 1975
Ausstellung wie Katalog sind eine faszinierende Demonstration Kagel'schen Ideenreichtums, der bei einfachsten akustischen Umwelterscheinungen ins Rollen kommt und bei verzwickt-vertrackt-verhebelten Musikinstrumentenklimbimgeräuschegerätkombinationsmaschinen noch immer nicht aufhört . . .
Kagel's Klangerzeuger fallen durch ihren spielerisch-experimentellen Charakter auf, der geradezu zur akustischen Untersuchung seiner gesamten Umwelt herausfordert und die Umwelt zu einem akustischen Erlebnis werden läßt.

Herbert Biller: Musikobjekte
Ausstellung Juli/August 1978 in München, Mohrstraße 24.
Billers Musikobjekte sind ein Leckerbissen für denjenigen, der sich an der Verbindung individueller bizarr-verspielter Formgebung, sensibler Akustik und liebevoller Materialbehandlung erfreuen kann. Ihrem Wesen nach sind die teils riesigen, teils winzigen Objekte eher meditative Liebhaberstücke als von robusten Kinderhänden täglich strapazierbare Instrumente. Ein häufig wiederkehrendes akustisches Grundprinzip ist das der Drehleier.

Thomas Dubs: Instrumentarium
Ausgestellt auf der Exempla '78 in München.
Der besondere Reiz des Instrumentariums liegt in seiner urig und robust wirkenden handwerklichen Ausführung, denn die Instrumente sind fast nur mit Beil und Dechsel gearbeitet. Die Grundformen der Instrumente lehnen sich überwiegend an traditionelle, vor allem volkstümliche Vorbilder an, sind aber auch teilweise Weiterentwicklungen der Vorbilder (z. B. Xylophon, Schlitztrommel, Reibtrommel, Glocken, Schwirrhölzer, Sansa . . .).

Zufällige Funde
Nur als Hinweise seien einige Instrumente erwähnt, die mir in Ausstellungen zufällig begegnet sind.
Edmund Kieselbach's Klangstrasse (Ausstellung „Szene Rhein-Ruhr '72" in der Essener Grugahalle):

Riesige Kabelrollen wurden mit Klangerzeugern jeglicher Art versehen, mit Ketten, Metallplättchen, hohlen Blechkörpern usw. Die Krachmacher konnten von Besuchern selbst in Bewegung gesetzt werden.

Peter Krahé's Fußbodenklavier und Christian Weiser's Tonmatte regen spontan zu musikalischen Bewegungsspielen an (beide Instrumente in der Ausstellung „Spielen" in der Göttinger Stadthalle vom 18. 7. bis 15. 8. 1971, Katalog Hrsg. Arbeitsgruppe Spielen, Kunsthaus Hamburg 1971).

Harry Kramer's piepsende und quäkende Drahtgestellmaschinen, Jean Tinguely's Knatter- und Rappelmaschinen (meta matics).

Wenn auch Instrumente von derartigem Aufwand und derartigen Ausmaßen normalerweise von Laien nicht herstellbar sind, können doch ihre Grundideen zu vielen weiteren persönlichen Ausformungen anregen.

6. Museen

Zu den bekanntesten mitteleuropäischen Museen mit instrumentenkundlichen Sammlungen und Anregungen gehören (weitere Museen siehe in: Musical Instruments of the World, The Diagram Group, S. 314 f.):

Amsterdam, Koninklijk Instituut voor de Tropen (Tropenmuseum)
Berlin (West), Instrumentenmuseum
Berlin (West), Museum für Völkerkunde
Bremen, Überseemuseum
Brüssel, Instrumentenmuseum
Den Haag, Gemeentemuseum
Hamburg, Völkerkundemuseum
Kopenhagen, Nationalmuseum
Leiden, Rijksmuseum voor Volkenkunde
Leipzig, Instrumentenmuseum
Leipzig, Museum für Völkerkunde
London, British Museum
London, Horniman Museum
London, Victoria Albert Museum
Luzern, Wagnermuseum
München, Deutsches Museum
München Bayerisches Nationalmuseum
München, Stadtmuseum
Nürnberg, Germanisches Nationalmuseum
Paris, Louvre
Paris, Conservatoire de Musique
Paris, Musée de l'Homme
Stuttgart, Lindenmuseum
Stuttgart, Landesmuseum
Tervuren, Mittelafrika-Museum
Wien, Kunsthistorisches Museum
Wien, Völkerkunde Museum

7. Eigenes Experimentieren

Als letzte und vielleicht wichtigste Quelle immer neuer Anregungen sei schließlich noch das eigene Experimentieren und Herstellen genannt. Auf dem Wege eigener Erfahrungen, eigener Tätigkeiten entwickelt sich nämlich oft ein Instrument aus dem anderen.

III. Zum Gestaltungsprozeß

1. Gestaltung und Gestaltungsprozesse als pädagogisches Mittel

Da der Begriff Gestaltung in unserem Zusammenhang von zentraler Bedeutung ist, müssen wir ihn, um ihn in seinen gemeinten Dimensionen zu verstehen, genauer fassen. Eine umschreibende Begriffssammlung soll uns dabei helfen.

Gestalten heißt:

eine Gestalt geben, eine Form geben, konstruieren, komponieren, artikulieren, . . .
klären, gliedern, ordnen, zuordnen, auswählen, entwickeln, vorantreiben, entscheiden, überschaubar machen, . . .
schmücken, verschönern, verfeinern, veredeln, . . .
benutzbar, verfügbar, begreifbar, verständlich machen, . . .
Bei diesen verschiedenen Begriffsebenen können wir zwei gemeinsame Grundzüge feststellen: Gestalten heißt immer „*aktiv teilnehmen*", und gestalten heißt auch immer in irgend einer Weise „*strukturieren*". Beide Grundzüge sind in einem Gestaltungsprozeß enthalten und zwar so, daß sie sich gegenseitig bedingen und damit eine Einheit von Denken (strukturieren) und Handeln (aktiv teilnehmen) bilden. Ein Beispiel mag auf den dialektischen Zusammenhang von Denken und Handeln als wesentliche Voraussetzung von selbstkritischem, urteilsfähigem und kompetentem Handeln hinweisen:
In unseren Kursen gibt es immer wieder Menschen, die unter der Aufgabenstellung Musikinstrumente zu bauen, eine Reihe von Vorstellungen und Ideen entwickeln, die dann aber bei der Verwirklichung der Ideen scheitern, weil sie merken, daß diese gar nicht so recht umsetzbar sind. Sie haben nicht gelernt, ihre Ideen auf dem Boden konkreter Umsetzbarkeit und deren Bedingungen zu entwickeln. Sie planen ohne Bezug zu den Gesetzmäßigkeiten von Funktion, Material und eigenem Können.
Es gibt ebenso Menschen, die von einer anderen Seite her in ihren Umsetzungsprozessen scheitern, weil sie nicht gelernt haben, planmäßig (strukturierend) zu handeln. Sie probieren gern herum, und wenn Schwierigkeiten oder Fehler auftreten, dann

sind sie kaum in der Lage, diese gezielt anzugehen und zu beseitigen.
Beide Fälle sind durch eine einseitige Ausbildung menschlicher Kräfte gekennzeichnet, und in beiden Fällen stolpern die Teilnehmer leicht über ihre einseitige Ausbildung und werden unzufrieden und mutlos. Jedesmal ist eine der beiden Grundbedingungen eines Gestaltungsprozesses verkümmert. Im ersten Fall ist es der aktive handelnde Umgang, im zweiten Fall der strukturierende zielgerichtete Umgang mit eigenen Gedanken und Wünschen.
Mit gezielt eingesetzten Gestaltungsprozessen steht uns ein Mittel zur Verfügung, das „denkende Handeln", das „handelnde Denken" eines Menschen auszubilden und zu fördern. Je mehr man sich in Gestaltungsprozesse einläßt, desto stärker verbinden sich die beiden Faktoren Denken und Handeln. Für unser Beispiel bedeutet das: Wenn man seine Vorstellungen im Umgang mit Materialien entwickelt, damit auf vielfältige Weise umgeht und experimentiert, dann erfährt man, was geht und was nicht geht. Mehr und mehr bestimmen diese Erfahrungen das Denken, und schließlich denkt man nur noch in umsetzbaren, ausführbaren Wegen.

2. Zur Gestaltung von Instrumenten

Die Funktion des Instrumentes

Musikinstrumente sind plastische Gegenstände, die an eine bestimmte Funktion, nämlich die der Tonerzeugung, gebunden sind. Diese Funktion ist der wichtigste Gestaltungsfaktor; sie bestimmt weitgehend die Gestalt des Instrumentes und den Gestaltungsprozeß selbst. Wird die Funktion nicht beachtet, dann „funktioniert" das Instrument nicht.

Beispiele

– Ein Blasinstrument ist an irgendeine Art Röhre oder umschlossenen Luftraum gebunden, damit ein Ton durch eine schwingende Luftsäule entstehen kann.
– Die Saiten eines Saiteninstrumentes müssen mit irgendeiner Art von Resonanzkörper in Verbin-

dung stehen, damit beim Schwingen der Saite ein Ton hörbar wird.

- Eine Trommel muß irgendeine Art von Membran enthalten, die durch ihre Schwingungen einen Ton hervorbringen kann.

Der Tonerzeugung liegen akustische Gesetzmäßigkeiten zugrunde. Die Gesetzmäßigkeiten äußern sich in bestimmten Maßverhältnissen (Proportionen) der tonerzeugenden Bestandteile; werden die Maßverhältnisse über- bzw. unterschritten, dann entstehen keine Töne mehr.

Beispiele

- Das Rohr eines Blasinstrumentes darf im Verhältnis zu seiner Länge weder einen zu großen noch einen zu kleinen Durchmesser haben.
- Die Saiten eines Saiteninstrumentes dürfen im Verhältnis zu ihrer Länge und ihrer Spannung weder zu dick noch zu dünn sein.
- Das Fell einer Trommel bedarf einer bestimmten Spannung, um zu klingen.

Die Spielbarkeit

Ein Musikinstrument muß spielbar sein. Das setzt voraus, daß es stabil, ungefährlich und den anatomischen Voraussetzungen des Spielers angepaßt ist.
Stabil heißt, ein Instrument muß der Altersstufe der Hersteller und Benutzer entsprechen; zu zerbrechliche und komplizierte Materialien werden z. B. unter den Händen von Kleinkindern leicht zerstört.
Ungefährlich bedeutet, daß ein Instrument wegen der Verletzungsgefahr keine gefährlichen Materialien, Ecken, Kanten, Spitzen enthalten darf, es sei denn, diese Teile werden gut geschützt eingebaut.
Anatomische Voraussetzungen sind u.a. die Größe und die Kraft eines Spielers, sein Reaktionsvermögen, sein Hörvermögen, seine Bewegungsmöglichkeiten, seine speziellen Behinderungen usw.
Zur Spielbarkeit gehören auch einige spieltechnische Gesichtspunkte, die vor allem den Gesamtaufbau eines Instrumentes und die Anordnung der einzelnen Klangelemente bei zusammengesetzten Instrumenten betreffen (Panflöte, Xylophon, Trommelspiel). Die einzelnen Töne, bzw. die einzelnen Klangelemente sollten in einer organischen und leicht verständlichen Reihenfolge angeordnet sein, wenn man ein Instrument möglichst vielseitig und differenziert ausnutzen will.

Beispiel

- Nehmen wir ein Trommelspiel. Die einfachste Art einer systematischen Anordnung wäre eine lineare Reihenfolge vom größten zum kleinsten Grundelement, von der größten zur kleinsten Trommel. Daneben gibt es durchaus andere organische Grundanordnungen, wie etwa eine kreis- oder spiralförmige Anordnung, eine Anordnung in mehreren Registern (Reihen), wenn die Trommeln durch unterschiedliche Bespannung unterschiedliche Klangfarben erhalten, eine Anordnung in Gegensätzen nebeneinander usw. Außerdem können die Einzelelemente noch horizontal oder vertikal eingebaut werden, so daß der Spieler von oben nach unten, bzw. von links nach rechts und umgekehrt spielen kann.

Sicher gibt es noch eine Anzahl weiterer Gliederungsmöglichkeiten. Insgesamt ist dabei zu erwähnen, daß eine regelmäßige, übersichtliche Anordnung der Elemente ein systematisches Spielen erleichtert, doch eine im spieltechnischen Sinne unübersichtliche, unregelmäßige Anordnung durchaus andere Reize, zum Beispiel die der spielerischen Überraschung oder die eines optisch und plastisch interessanten Aufbaus, in sich bergen kann.
In diesem Zusammenhang sei noch auf eine Eigenart unseres Instrumentariums besonders hingewiesen. Eine Reihe unserer Instrumente läßt sich genau stimmen, das heißt, die Tonhöhen der Einzeltöne lassen sich regulieren und Tonsystemen mit bestimmten Tonabständen (Ganztonschritt, Halbtonschritt usw.) zuordnen.
Neben der geplanten Stimmung eines Instrumentes gibt es auch die Möglichkeit, die Stimmung dem Zufall zu überlassen und nur auf eine gute Tonqualität und gute Spielbarkeit zu achten. Dadurch entstehen oft ungewohnte, neue, fremdartig und faszinierend klingende Tonreihen, die zu ganz neuem Hören und Spielen von Musik führen können.

Beispiel

- Wir haben uns eine Serie von 15 Querflöten aus den Haltestangen eines Omnibusses hergestellt. Alle Flöten sind unterschiedlich lang. Die Grifflöcher sind einzig und allein unter dem Gesichtspunkt gebohrt, daß der Spieler sie sicher abdecken und greifen kann. Das Ergebnis sind 15 völlig individuelle und charakteristische Tonreihen, die zu unterschiedlichem Spiel geradezu herausfordern.

Das Material

Ein weiterer die Gestaltung beeinflussender Faktor ist das Baumaterial. Seine Beschaffenheit legt den Gestaltungsprozeß auf eine bestimmte Richtung fest.

Beispiele

- Ein Metall- oder Hartplastikrohr kann man kaum biegen, einen Gummischlauch dagegen aufrollen, verknoten, in sich bewegen und verbiegen.
- Aus einem Klumpen Ton kann man eine gerade oder gebogene Röhre bauen, und sie kann figürlich geformt, schlicht und einfach oder reich mit Ornamenten geschmückt sein.

Die Klangfarbe

Ein weiterer Gestaltungsfaktor ist die Klangfarbe eines Instrumentes. Sie hängt unmittelbar mit der Formgebung und dem Material zusammen.

Beispiele

- Wenn man ein Rohr wie eine Trompete anbläst und als Schalltrichter einen sich schnell öffnenden Trichter nimmt, dann entsteht ein fanfarenartiger scharfer Ton; nimmt man einen sich langsam öffnenden Trichter, dann entsteht ein vollerer hornartiger Ton; nimmt man einen eiförmigen Hohlkörper mit einer verhältnismäßig kleinen Öffnung, dann klingt der Ton hohl und gedämpft.
- Bei Saiteninstrumenten kann man die Abhängigkeit der Klangfarbe vom Material durch verschiedene Resonanzböden ausprobieren. Ein Holzboden klingt anders als ein Metall- oder Fellboden.

Die Tonlage

Die Tonlage (Diskant- bzw. Baßinstrument) ist für die Größenverhältnisse eines Instrumentes maßgebend. Als grobe Regel kann gelten, daß lange und große Elemente (Röhren, Saiten, Stäbe) tiefer klingen als entsprechend kürzere und kleinere.

Die Oberfläche

Zur Gesamtgestaltung eines Instrumentes gehört auch die Ausarbeitung seiner Oberfläche, seines optischen Gewandes, auch wenn dieses für das Funktionieren des Instrumentes nicht notwendig ist. Das optische Gewand bestimmt den ersten Eindruck, und es läßt etwas von der Beziehung des Gestalters zum Instrument erkennen. Es zeigt, mit wieviel Konzentration, Sorgfalt, Hingabe und Ausdauer sich der Gestalter seinem Produkt gewidmet hat.

Die Oberfläche kann auf sehr unterschiedliche Weise behandelt werden. Die verarbeiteten Materialien können sichtbar bleiben, oder sie können durch einen schlichten Farbanstrich verdeckt werden. Die Oberfläche kann durch Muster und Figuren je nach Geschmack von sparsamen strengen Ornamenten bis zu einer barocken Fülle gestalteter Geschichten belebt werden.

In jedem Falle empfiehlt es sich, eine Schutzschicht gegen Schmutz, Rost, Fingerabdrücke usw. aufzutragen. Dazu eignen sich transparente oder farbige Lacke, die es von matt bis hochglänzend gibt. Bei Kunststoffoberflächen muß man aufpassen, daß die Lösungsmittel der Lacke sie nicht auflösen (zum Beispiel löst Nitrolack Yoghurtbecher auf). Dann muß man Lacke mit anderen Lösungsmitteln, z.B. Kunstharzlacke, verwenden.

Muster, Ornamente und Figuren können mit dem Pinsel gemalt, mit einer Sprühdose oder Spritzpistole und Schablonen gespritzt, mit Kartoffeln, Kork oder ähnlichen Materialien gestempelt werden, oder sie können aufgeklebt und wie Beschläge aufgeschraubt und genagelt werden. Als Farben eignen sich am besten Tempera-(Plakat-)farben oder Kunstharz-(Abtön-)farben, weil man damit ohne Schwierigkeiten durch Übermalen etwas ändern kann. Da diese Farben eine verhältnismäßig offene Oberfläche haben und deshalb schnell verschmutzen, empfiehlt sich noch ein transparenter Lackanstrich.

3. Die handwerkliche Ausrüstung

Neben der normalen handwerklichen Grundausrüstung (s. Literaturverzeichnis „Zum Umgang mit Werkmaterialien" unter den Autoren Hüning, Klöckner, Maisenbach) werden hier einige Werkzeuge genannt, die beim Herstellen der Musikinstrumente besonders hilfreich sind:

- große Dreikantahle – zum Bohren von Löchern
- Lederzange, Locheisen – zum Lochen von Trommelfellen
- Schublehre – zum Messen von Dicken und Durchmessern
- elektrische Stichsäge – zum Sägen von geraden und kurvigen Teilen
- Seitenschneider – zum Durchtrennen von Stahlsaiten und -drähten

4. Die häufigsten Grundmaterialien

Material:	Woher?
Acrylglas (bruchfestes Kunstglas)	Glasereibedarf
Bambusrohr	Baumarkt, Bastlerbedarf, Gärtnereibedarf
Bleche, s. auch Folien	Installation, Metallwaren, Schmiede
Blumentöpfe	Gärtnerei, Kaufhäuser
Dachlatten, s. auch Hölzer	Holzhandel
Dämpfungsmaterial, s. Filz, Gummi, Schaumstoff	
Fahrräder	Schrottplatz
Federn, Federstahlbänder, Spiralfedern Kunststoffbänder	Metallwaren, Industrieabfall Technischer Bedarf
Federstahldraht, die günstigsten Stärken von 0,3 – 1,0 mm	Metallwaren
Filz	Technischer Bedarf, Stoffe
Fittings (Zwischenstücke für Installationsrohre)	Installation
Folien: Kunststoff- und Plastikfolien Metallfolien Offsetfolien, gebrauchte Einwickelfolie	Technischer Bedarf Metallwaren, Installation Druckerei, Schlachterei
Gefäße, Dosen, Eimer, Kanister . . .	Großküchen, Krankenhäuser . . .
Geigenwirbel, s. Spannwirbel	Instrumentenbauer, Musikgeschäft
Gießharz, Kunstharz, Polyesterharz	Baumarkt, Bastlerbedarf
Glas (-abfall)	Glaserei
Gleitrollen	Metallwaren, Baumarkt
Glocken, Glöckchen	Bastlerbedarf
Grabvasen, s. Steckvasen	
Gummi, Autoschlauchgummi Fahrradschlauchgummi Schaumgummi	Reifenhändler, Autoreparatur Fahrradhändler und Reparatur Polsterei
Hölzer, Latten, Leisten, Sperrholz, Tischlerplatten . . .	Holzhandel
Kalebassen (=Flaschenkürbis)	Dekorationsmaterial, Blumengeschäfte
Kesselmundstücke	Musikalienhandel
Klavierwirbel	Instrumentenbauer, Musikalienhandel

Material:	Woher?
Klebstoffe: Kaltleim oder Weißleim, Sofortkleber, Spezialkleber	Baumarkt . . .
Koffergriffe	Metallwaren
Kollophonium, Kollophoniumstaub	Musikgeschäft, Graphikbedarf
Kugelketten	Metallwaren, Installation
Kugellager	Metallwaren, Technischer Bedarf
Kugeln: Holzkugeln Metallkugeln Plastikkugeln Styroporkugeln	Bastlerbedarf Metallwaren Technischer Bedarf Dekorationsbedarf
Leder, Lederschnüre	Lederbedarf
Lüsterklemmen	Elektrobedarf, Lampengeschäfte
Membranen, s. Folien und Trommelfell	
Metallstäbe, -rohre	Metallwaren, Installation
Möbelrollen	Metallwaren
Moniereisen	Baustellen, Schrottplatz, Eisenwaren
Mundstücke, s. Kesselmundstücke	
Nudelholz	Haushaltswaren
Nutleisten, Rolladenleisten	Schreinerei, Holzhandel
Offsetfolien	Druckerei
Pferdeschwanzhaare	Reitstall, Bauer
Plexiglas (bruchfestes Kunstglas)	Glaserei
Polyesterharz, Kunstharz, Gießharz	Baumarkt, Bastlerbedarf
Poresta, Styropor	Baumarkt, Baugeschäft
Rohr, Metall, Plastik	Installation
Rundstäbe	Holzhandel, Bastlerbedarf
Sandpapier	Baumarkt, Bastlerbedarf, Handwerksbedarf
Schaumgummi	Polsterei

Material:	Woher?
Scharniere	Metallwaren
Schellen	Bastlerbedarf
Schlauchschellen	Metallwaren, Technischer Bedarf
Schrotkugeln	Waffenhandel
Schweine-, Rinderblasen	Schlachterei
Spannwirbel für Musikinstrumente	Instrumentenbauer, Musikalienhandel
Spiralfedern	Metallwaren
Spiralschläuche	Technischer Bedarf, Installation
Stahlfedern	Metallwaren
Steckvasen, Grabvasen	Gärtnereibedarf, Blumengeschäft
Steine, Basalt, Marmor, Onyx, Solnhofer Platten	Steinmetz, Baugeschäft
Stuhlwinkel	Metallwaren
Styropor, Poresta, Styroporkugeln . . .	Baumarkt, Baugeschäft, Dekorationsbedarf
Tambourinschellen	Musikalienhandel, Bastlerbedarf
Tierhaut, s. Trommelfell	
Ton	Ziegelei, Keramikbedarf
Transportrollen	Metallwaren
Trinkhalme, möglichst dicke	Haushaltswaren
Trommelfell, Gummimatten, -tücher Tierhaut (Fell von Ziege, Reh, Rind)	Technischer Bedarf Schlachterei
Unterlegscheiben	Metallwaren
Verpackungsbänder	Abfall an Baustellen
Versandröhren	Papierwaren

IV. Das Instrumentarium

---

1. Zur Systematik des Instrumentariums

Die Einteilung unserer Instrumente orientiert sich an der von Carl Sachs und Erich von Hornbostel aufgestellten Systematik (s. Literaturverzeichnis). Dieses System ist heute allgemein gebräuchlich und geläufig, auch wenn es viele Fragen aufwirft, wie sich zeigen wird. Es geht von einer Einteilung in fünf große Instrumentengruppen aus, die nach der Art ihrer Tonerzeugung klassifiziert werden:
- Blasinstrumente (Aerophone) = durch schwingende Luftsäulen klingende Instrumente;
- Instrumente aus selbstklingenden Materialien (Idiophone),
- Membran-, Fell- oder Trommelinstrumente (Membranophone) = durch schwingende Membranen klingende Instrumente,
- Saiteninstrumente (Chordophone) = durch schwingende Saiten klingende Instrumente,
- Elektronische Musikinstrumente (Elektrophone) = Tonerzeugung durch elektronische Schwingungen.

Die fünfte Gruppe fehlt in unserem Instrumentarium. Sie ist aufgrund meiner zu geringen Erfahrungen auf diesem Gebiet zunächst einmal ausgeklammert, obwohl gerade diese Instrumentengruppe heute für viele Kinder, Jugendliche und Erwachsene ein besonders ansprechendes Experimentierfeld sein dürfte, weil wir täglich mit elektro-akustischen Geräten in Berührung kommen. Die Erweiterung dieser Sammlung durch elektro-akustische Instrumente wäre eine wertvolle Bereicherung.

Die genaue Einteilung der Instrumente innerhalb der Großgruppen ist schwierig, weil es keine konstanten Kriterien für alle Instrumente gibt. Jede Einteilung erweist sich als gleich fraglich, ob sie nun unter den Gesichtspunkten der Funktion, der Spielart, der Bauart, der Materialbeschaffenheit oder der Klangeigenschaften vorgenommen wird. Je komplizierter, je vielfältiger nutzbar ein Instrument wird, desto aussichtsloser wird eine eindimensionale Einordnung. Es bleibt die Möglichkeit einer abgestuften Reihenfolge der wichtigsten Kriterien: Funktion (Hauptfunktion), Spielart (Hauptspielart), Bauart und Baumaterial. Wenn das erste Kriterium zur Einordung nicht mehr ausreicht, dann wird das nächstfolgende als Ordnungsgesichtspunkt herangezogen:

Hauptfunktion: wofür ist das Instrument gebaut, was kann es am besten? Es knarrt, es raschelt, . . .
Hauptspielart: wie muß ich es behandeln, um es zum Klingen zu bringen? Ich kann es stampfen, reiben, schlagen . . .
Bauart: wie ist das Instrument konstruiert, nach welcher Grundform hergestellt? Wie eine Glocke, eine Rahmen- oder Röhrentrommel?
Baumaterial: aus welchem Material sind die tonerzeugenden Elemente hergestellt? Aus Holz, Stein, Metall usw.

Für den praktischen Gebrauch ist das gesamte Instrumentarium noch einmal nach Grundinstrumenten und darauf aufbauenden Variationsreihen geordnet. Die Grundinstrumente sind die einfachste, elementarste Form eines Instrumententyps. In der Variationsreihe wird das Prinzip des Grundinstrumentes beibehalten und nur durch Erweiterung, andere Baumaterialien, andere Bauweisen und möglicherweise durch die Verbindung mit anderen Instrumententypen (z. B. Kombination von Blas- und Saiteninstrument) verändert. Es entstehen damit Variationsreihen mit abgestuften Schwierigkeitsgraden, aus denen sich jeder entsprechend seinen Fähigkeiten ein Instrument als Ausgangspunkt seiner Untersuchungen wählen kann.

Die *Benennungen* der Instrumente sollen nach Möglichkeit einen direkten Hinweis auf ihre wesentlichen Merkmale geben. Sie schließen sich der Gliederung nach Hauptfunktion, Hauptspielart, Bauart und Baumaterial an. Instrumente, die aus mehreren gleichen Einzelinstrumenten zusammengesetzt sind, werden gewöhnlich mit dem Nachwort -spiel bezeichnet (Trommelspiel, Steinspiel etc.).

An dieser Stelle sei auf einige Probleme hingewiesen, die im Zusammenhang mit falschen oder irreführenden Benennungen zu Mißverständnissen führen können. Wir haben unser Instrumentarium zu Beginn „Schrottorchester" genannt, weil es zum großen Teil aus Schrottgrundmaterialien entstanden ist.

Es stellte sich bald heraus, daß für einige Benutzer der Instrumente, und zwar durchweg für diejenigen, die bei der Herstellung nicht beteiligt waren, der Name „Schrottorchester" allzu wörtlich genommen wurde, und die Instrumente beim wilden Spielen wieder zu echtem Schrott wurden, obwohl man ihnen ihre Herkunft nach der Gestaltung nicht mehr ansah. Zweimal bekamen wir nach dem Ausleihen des „Schrottorchesters" nur noch Wannen voller Schrott zurück.

Ebenso problematisch ist eine Bezeichnung wie „Wegwerfinstrumente". Sie drückt geradezu deutlich die Beziehungslosigkeit des Spielers zum Instrument aus und weist ihm bereits den Weg in die Mülltonne.

---

2. Blasinstrumente (Aerophone)

Der Ton wird durch eine schwingende Luftsäule erzeugt. Eine Luftsäule kann auf unterschiedliche Arten in Schwingungen versetzt werden. Nach den Anblastechniken unterscheiden wir mehrere Gruppen von Blasinstrumenten.

Familien

Flöteninstrumente: Der Ton wird erzeugt, indem ein Luftstrom gegen eine scharfe Kante geblasen wird, wo er sich periodisch bricht. Die Luftsäule des Instrumentes wird dadurch zum Schwingen angeregt.

Rohrblattinstrumente: Der Ton wird durch in Schwingungen versetzte Zungen (Rohrblätter) erzeugt. Es gibt Instrumente mit einfachem Rohrblatt (z. B. Klarinette) und mit doppeltem Rohrblatt (z. B. Oboe).

Kesselmundstückinstrumente (Trompeteninstrumente): Der Ton wird durch die vibrierenden Lippen des Spielers erzeugt. Kesselmundstücke erleichtern die Tonerzeugung.

Freie Aerophone: Die Luftsäule ist nicht durch Röhren oder Gefäße begrenzt.

Flöteninstrumente

Grundinformationen

1. Erzeugen von Tönen:
– durch Anblasen einer möglichst scharfen oder dünnen Kante, die den Luftstrom teilt. Der Luftstrom kann durch einen Luftkanal (wie z. B. bei einer Schnabelflöte oder Orgelpfeife) oder nur durch die Mund- und Lippenstellung geformt (wie z. B. bei Panflöten oder Querflöten) auf die Kante gelenkt werden. Er sollte senkrecht auf die Kante treffen.

2. Verändern der Klangfarbe:
– Durch Verändern des Verhältnisses von Länge zur Weite des Rohres. Je enger das Rohr, um so schärfer und obertonreicher der Ton, und je weiter das Rohr, um so weicher und obertonärmer

der Ton, gleiche Rohrlänge vorausgesetzt;
– durch die Rohr- bzw. Gefäßform. Je geschlossener das Rohr oder Gefäß, um so weicher und obertonärmer der Ton.

3. Stimmen der Flöten:
– durch die Rohrlänge, bzw. durch die Gefäßgröße. Je länger das Rohr und je größer das Gefäß, um so tiefer der Ton und umgekehrt;
– durch den Abstand der Grifflöcher vom Rohrende. Je näher das Griffloch am Rohrende, desto tiefer der Ton, und je näher das Griffloch am Labium, desto höher der Ton. Bei Gefäßflöten ist es gleich, an welcher Stelle die Grifflöcher eingebohrt sind.
– Durch Verändern der Grifflochgröße. Je größer das Loch, um so höher der Ton.

1 Flötenrohr

Ein an beiden Enden offenes Plastik- oder Metallrohr wird in Wasser getaucht und über die obere Kante angeblasen. Durch unterschiedlich tiefes Eintauchen entstehen unterschiedliche Töne.

2 Keramik-Flötenröhrchen

Ziemlich trockener Modellierton wird wie ein Kuchenteig ausgewalzt und um ein Stäbchen gewikkelt. Die Nähte werden gut verstrichen. Ein Ende wird zugedrückt und mit einem Umhängeloch versehen. Man bläst über das offene Ende des Röhrchens.

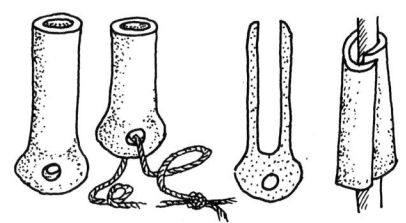

3 Blasflaschen

Man kann mit Flaschen aller Arten und Größen Töne erzeugen, indem man über die Öffnung bläst. Gleiche Flaschen werden, wenn sie unterschiedlich klingen sollen, unterschiedlich hoch mit Wasser gefüllt. Wenn man die Flaschen an mehrere Spieler verteilt, ist ein mehrstimmiges Spiel möglich.

4 Reagenzglas-Panflöte

Die einzelnen Reagenzgläser (Tablettenröhrchen) werden unterschiedlich hoch mit Wasser oder einer hart werdenden Flüssigkeit (Wachs, Gießharz) gefüllt und abgestimmt. Die Einzelgläser können mit Klebestreifen oder Schnüren zu einem Instrument zusammengefaßt werden.

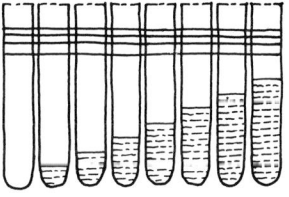

5 Plastikrohr-Panflöte

Unterschiedlich lange Hartplastikröhrchen (Ø 10 – 20 mm) werden an einem Ende durch Korken verschlossen. Sie können durch entsprechend tiefes Hineindrücken der Korken feingestimmt werden.

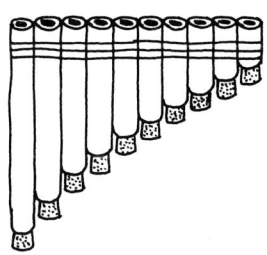

6 Bambusrohr-Panflöte

Das untere Ende jedes Röhrchens ist durch einen Wachstumsknoten verschlossen. Die Röhrchen sind in ihrer Größe aufeinander abgestimmt.

7 Keramik-Panflöte

Modellierton wird zu einer Platte gewalzt oder geschnitten. Die Röhrchen werden mit einem Stab (Bohrnadel, Bleistift, Pinselstiel etc.) in die Platte gebohrt.

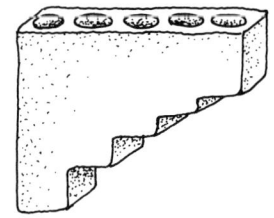

8 Schnabellose Längsflöte (Andenflöte)

Ein Ende eines einfachen Rohres (aus Metall, Kunststoff, Bambus, Ton usw.) wird als Blasende, das andere als Griffende benutzt. Mit einiger Übung kann man auf dem einfachen Ende blasen (1); Kerben (2–4) erleichtern das Spielen. Sie werden in das Rohr geschnitten oder geschliffen. Beim Blasen verschließt die Unterlippe den größten Teil des Rohres; sie ersetzt damit den „Block" einer Blockflöte. Der Luftstrom muß genau auf die Kante des Rohres oder die dünn ausgearbeitete Kante der Kerben treffen. Um mehrere Töne zu bekommen, werden Grifflöcher gebohrt. Man kann die Flöte stimmen, indem man mit der Bohrung des untersten Griffloches beginnt, und zwar mit einem kleinen Bohrloch. Je größer man das Loch bohrt, desto höher wird der Ton. Man kann die Stimmung auch dem Zufall überlassen und nur auf gute Greifbarkeit der Löcher achten.

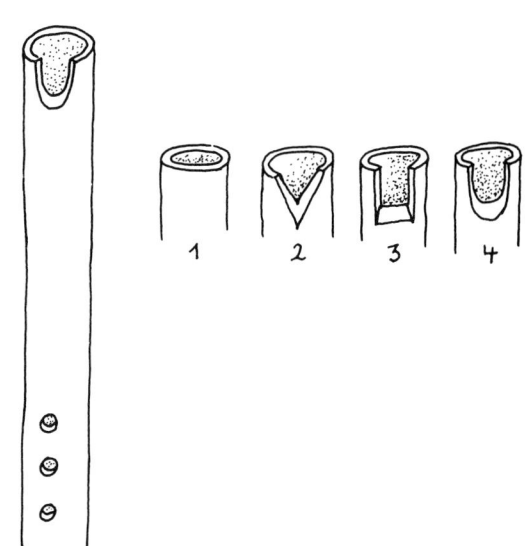

9 Weidenpfeife

In ein gerade gewachsenes Stück frischen Weidenholzes (Kastanie, Eberesche etc.) wird als erstes die Kernfläche und das Labium geschnitten. Durch vorsichtiges Beklopfen wird dann die Rinde gelöst und abgezogen. Nun wird der Kern fertiggeschnitten und mit einer Spalte versehen und wieder in das Rindenröhrchen eingesetzt. Das restliche Holz dient als Stempel und kann während des Spielens hin- und hergeschoben werden, so daß Gleittöne entstehen (1). Es ist auch möglich, unterschiedliche Töne durch eingebohrte Grifflöcher (2) zu bekommen. Das ist der Grundtyp unserer Blockflöte.

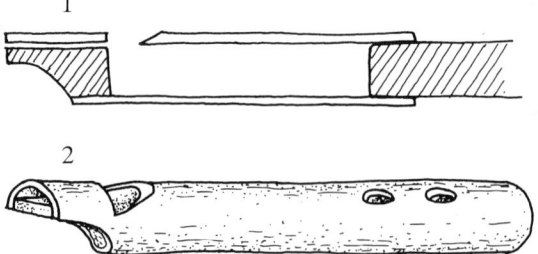

10 Orgelpfeife, eintönig

Die Pfeife besteht aus einer Röhre mit 2 Kammern (1+2). Die Luft wird durch ein Loch (a) in Kammer (1) geblasen (einfacheres Anblasen durch ein Röhrchen oder ein Stück Schlauch). Der aus dem Spalt (b) austretende Luftstrom wird durch die exakt ausgearbeitete Kante des Deckbrettes (c) geteilt, so daß ein Ton entsteht. Je größer die Kammer (2) desto tiefer der Ton. Verschließt man das offene Ende der Kammer (2), dann klingt der Ton um eine Oktave tiefer. Die gut gehobelten Bretter sollten verleimt werden, damit keine luftdurchlässigen Fugen entstehen.

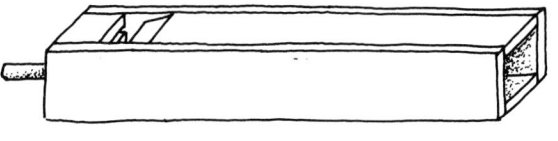

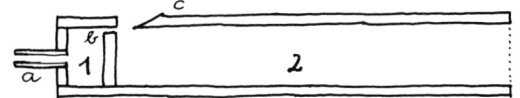

11 Orgelpfeife, mehrtönig

Um auf einer Orgelpfeife mehrere Töne spielen zu können, kann man Grifflöcher in die Röhre bohren. Bei kleineren Pfeifen genügen Löcher, die man mit den Fingern abdecken kann (1), bei größeren muß man größere Löcher bohren, die nur noch durch Hilfsklappen und Hebelarme zu öffnen und zu schließen sind (2). Die Klappen sind runde Sperrholzscheiben, die zum besseren Schließen mit Gummi, Filz oder weichem Leder unterklebt werden. Das Holzgestänge ist in seinem Drehpunkt (a) mit einem Nagel zwischen 2 Holzklötzchen befestigt. 2 Leitstifte (b) verhindern das Verrutschen der Klappen. Eine U-förmig gebogene Feder aus Federstahldraht (c) wird mit ihren Enden in vorgebohrte Löcher in den Drehpunktklötzchen so befestigt, daß sie die Klappe zudrückt.

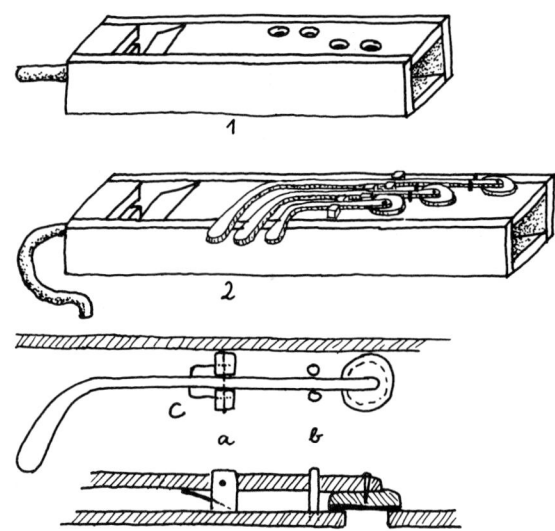

12 Tonpfeife, Tonflöte

Zunächst wird ein Rohr aus Ton wie bei Instrument Nr. 2 hergestellt. Aus dem Rohr wird ein u-förmiger Ausschnitt herausgeschnitten (2). Der U-Bogen wird zu einer dünnen sauberen Kante ausgearbeitet. Für das Mundstück mit Kernspaltung wird eine kurze Walze etwa mit dem inneren Durchmesser des Rohres gedreht und mit einem Schraubenzieher durchbohrt (3). Die Form eines Schraubenziehers ist für die Ausformung der Kernspalte besonders geeignet, weil sie von einer runden Öffnung zu einem flachen Spalt übergeht. Die Walze (3) wird so in die Tonröhre (2) eingesetzt, daß der geblasene Luftstrom durch die dünne Kante geteilt wird (4).

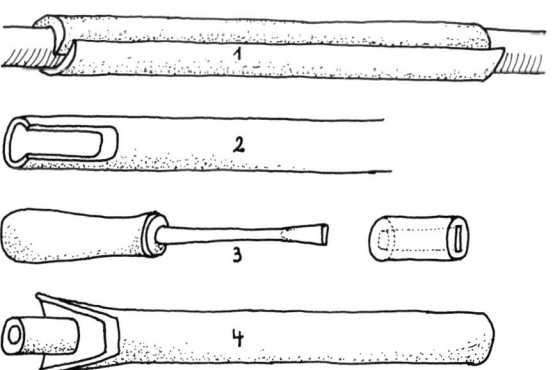

Die Walze wird schließlich durch Verstreichen des Tones fest mit dem Rohr verbunden (5). Die Enden der Pfeifen können offen oder geschlossen sein. Ist das Rohr lang genug, dann kann man auch Grifflöcher einbohren und man erhält eine Tonflöte mit mehreren Tönen (6).

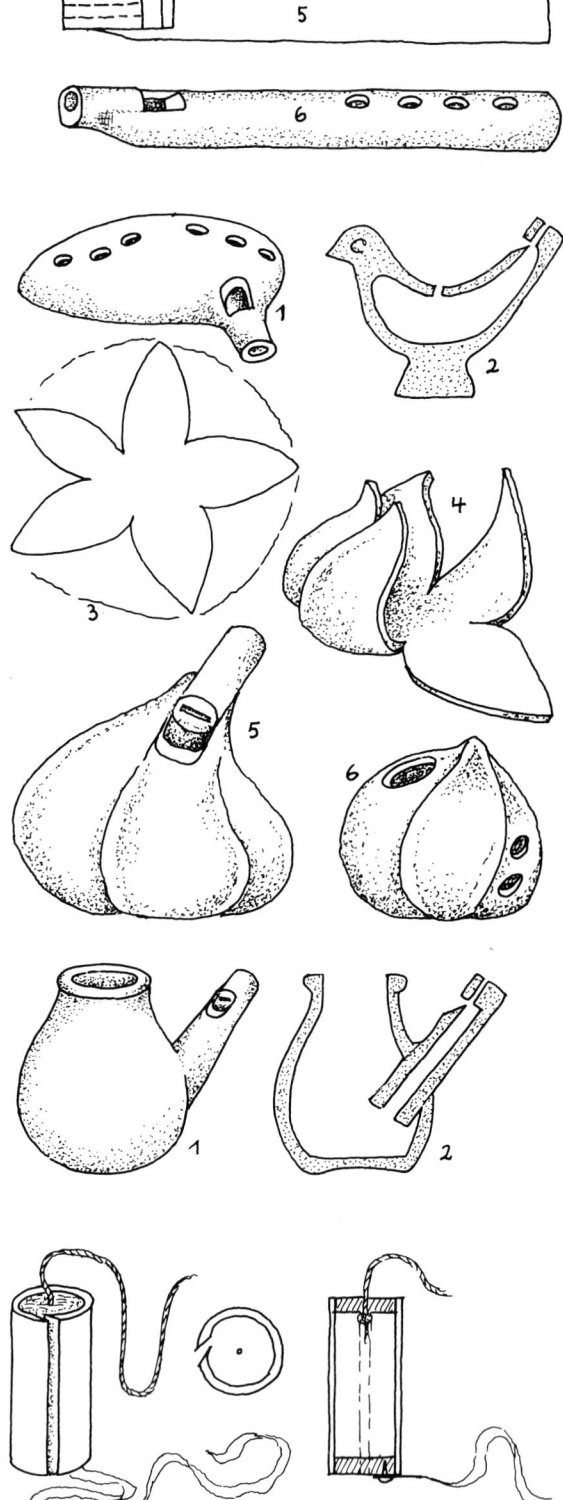

13 Gefäßflöte, Okarina

Die handelsüblichen Gefäßflöten sind aus Ton oder Porzellan. Sie werden üblicherweise auf einer Drehscheibe hergestellt und oft zu einfachen Figuren weitermodelliert (1, 2). Da die Form des Gefäßes keinen Einfluß auf die Töne hat, kann man die Gefäße auch frei aufbauen. Eine einfache Art, Gefäße herzustellen ist folgende: Ziemlich trockener Modellierton wird dünn ausgewalzt. Nach Art eines Schnittmusterbogens wird ein „aufgeklapptes" Gefäß ausgeschnitten (3) und zu einem Hohlgefäß zusammengefaltet (4). Genau wie bei der Tonflöte Nr. 12 wird nun die Walze mit der Kernspalte hergestellt und an das Gefäß angebaut, so daß der Luftstrom an einer dünnen Kante des Gefäßes geteilt wird (5). Die Grifflöcher können sich nach der bequemsten Lage der Finger richten. Vergrößern eines Griffloches bewirkt Höherwerden des Tones.

(6) Mit etwas Übung ist es auch möglich, anstatt durch das Anblasrohr und das Labium die Töne durch das Anblasen eines einfachen Loches zu erzeugen (vgl. Nr. 17).

14 Wasserpfeife

Das Gefäß kann in beliebiger Weise aus Ton aufgebaut werden. Eine Pfeife, wie Nr. 12 hergestellt, wird entsprechend (2) in das Gefäß einmodelliert. Wenn das Gefäß bis kurz über die Röhrchenmündung mit Wasser gefüllt wird, entstehen beim Blasen vogelgezwitscherartige Töne.

15 Schwirrvogel

Ein etwa 5–7 cm langes Stück Plastikrohr (Ø um 20 mm) wird mit einem schrägen Sägeschnitt der Länge nach aufgetrennt (2). An beiden Enden wird eine passende Holzscheibe oder ein Korken eingeleimt. An einem Ende wird eine Schnur befestigt, am anderen ein langer Plastikfolienschwanz. An der Schnur wird das Instrument herumgeschleudert, so daß Pfeif- und Schwirrgeräusche entstehen.

16 Brummkreisel

Ein etwa 8–10 cm langes (Ø 50–70 mm) Kunststoffrohr wird mit einem schrägen Sägeschnitt aufgetrennt. Zwei Holzscheiben verschließen die Enden. Durch die Mitte der Scheiben wird ein Rundstab als Achse geleimt. Der Kreisel wird mit einer um den oberen Teil der Achse gewickelten Schnur, an der ein Halteknebel befestigt ist, und einem Halteholz in Schwung gebracht.

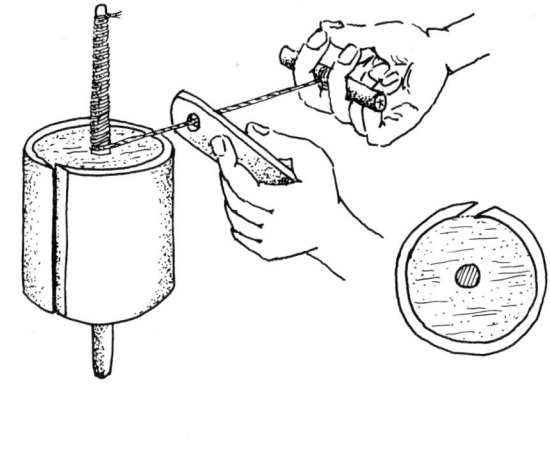

17 Querflöte

Ein Ende eines Rohres (aus Metall, Hartplastik, Bambus, Ton . . . Ø um 20 mm) wird durch einen Korken verschlossen. In die Nähe dieses Loches wird das Anblasloch gebohrt. Seine Kanten müssen sauber gearbeitet oder ausgefeilt werden. Vom anderen Ende aufwärts werden die Grifflöcher gebohrt (vgl. Nr. 8).

18 Luftpumpe

Wenn man den Nippel einer (Metall-) Luftpumpe abschraubt und das Loch sauber ausfeilt, kann man darauf wie auf einer Querflöte spielen. Durch das Hin- und Herschieben des Griffes entstehen verschiedene Töne, denn damit wird die Luftsäule der Flöte verlängert, bzw. verkürzt. Durch ein stufenloses Hin- und Hergleiten entstehen Heul- oder Gleittöne. Bohrt man in das geschlossene Ende der Pumpe ein kleines Loch, dann kann man darauf noch zusätzlich trillern.

Rohrblattinstrumente

---

19 Bambus-Klarinette

In das durch einen Wachstumsknoten geschlossene Ende eines Bambusrohres wird mit einem scharfen Messer vorsichtig ein Span in Form einer Zunge geschnitten. Zum Blasen nimmt man das Rohr so weit in den Mund, daß sich die Zunge im Mundraum frei bewegen kann. Je dünner die Zunge geschnitzt oder geschliffen wird, desto leichter bläst sich das Instrument. Durch das Einbohren von mehreren Grifflöchern erhält man mehrere Töne.

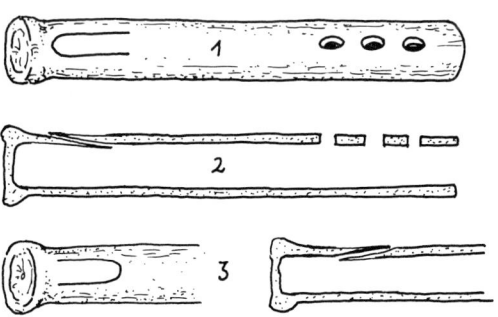

20 Rohr-Klarinette

Ein Ende eines Rohres (aus Metall, Hart-plastik, Bambus, Ø 10–20 mm) wird durch einge-leimten Korken oder Holz verschlossen und wie in Abb. (1) abgeschliffen. Auf die entstandene Öff-nung wird eine Rohrblattzunge (auch aus Plastik) mit einem Bindfaden so verbunden, daß das vordere Ende frei schwingen kann (2). Durch verschiedene Trichterformen erhält man unterschiedliche Klang-farben (3, 4). Bei etwas Übung lassen sich Klarinet-ten auch aus Ton herstellen (5, 6). Wichtig ist dabei, daß das Blatt sauber auf der Kante der Blasöffnung aufliegt.

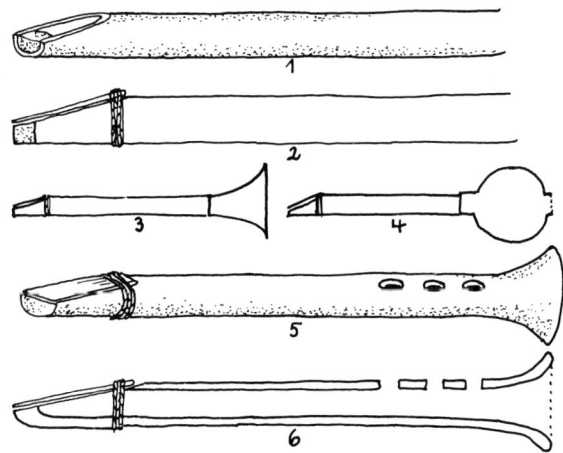

21 Löwenzahnbrummer

Aus den hohlen Stengeln des Löwenzahnes kann man leicht Brummer herstellen, indem man kleine Röhrchen herausschneidet und diese an ei-nem Ende zusammendrückt. Auf dem zusammenge-drückten Ende wird geblasen. Durch unterschiedlich lange und dicke Röhrchen entstehen unterschiedli-che Töne. Mit mehreren Brummern gleichzeitig im Mund kann man ganze Akkorde spielen. Leider halten die Brummer nicht lange, aber aus frischen Weidenzweigen oder Trinkhalmen kann man sich haltbarere Brummer herstellen.

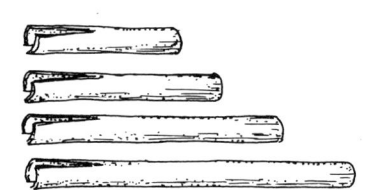

22 Trinkhalm-Schalmei

Wenn man ein Ende eines möglichst dicken Trinkhalmes zusammendrückt und wie in Abb. (1) beschneidet, erhält man ein „doppeltes Rohrblatt" und kann darauf blasen. Wenn man vorsichtig Griff-löcher in das untere Ende brennt oder bohrt, erhält man mehrere Töne (2).

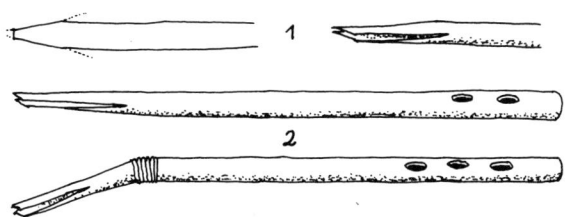

23 Rohr-Schalmei

Auf ein Rohr (aus Metall, Hartplastik, Bambus etc.) wird mithilfe eines Korkens ein Trink-halmbrummer als Stimme gesteckt. Durch das Ein-bohren von Grifflöchern erhält man mehrere Töne (1). Die Klangfarbe verändert sich, wenn man an dem Rohr verschiedene Aufsätze (Steckvasen, Pla-stikflaschen etc.) befestigt.

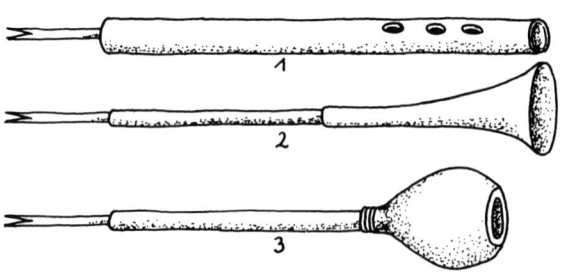

24 Rindenschalmei

Wenn man die frischen Zweige einer Weide (Eberesche usw.) vorsichtig beklopft, löst sich die Rinde, und man kann sie abziehen. Der Trichter wird hergestellt, indem man einen Spiralschnitt rings um den Zweig schneidet und die Rinde in einem Stück abschält (2). Diese wird dann zu dem Trichter zusammengerollt und am Ende durch ein Stöckchen zusammengehalten. Die Stimme wird wie ein Löwenzahnbrummer aus einem abgezogenen Röhrchen eines dünnen Weidenzweiges hergestellt und in dem Trichter befestigt.

25 Hupen

Gesammelte Einfach- und Mehrfachhupen werden auf einer Stange befestigt.

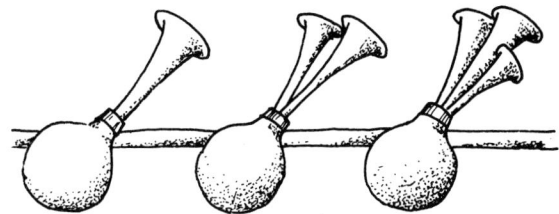

Kesselmundstückinstrumente (Trompeteninstrumente)

Grundinformationen

1. Erzeugen von Naturtönen:

Wenn man in ein Rohr oder einen Schlauch bläst wie in eine Trompete, das heißt, so die Lippen spannt, daß sie beim Blasen vibrieren, dann entsteht ein Ton. Dieser Ton heißt „Naturton". Je länger das Rohr ist, desto mehr Naturtöne lassen sich durch unterschiedliche Lippenspannung erzeugen. Kesselmundstücke erleichtern das Anblasen. Als Regel kann gelten, daß enge und tiefe Mundstücke die Ansprache der hohen Töne erleichtern und weite flache die der tiefen Töne. Man kann die Mundstükke kaufen oder auch selbst aus Ton herstellen (s. Nr. 27).

2. Verändern der Tonhöhe:

- durch Verändern der Lippenspannung und der Stärke des Luftstromes, je schärfer der Luftstrom und je straffer die Lippenspannung, um so höher der (Natur-) Ton;
- durch Verlängern oder Verkürzen des Rohres; je länger das Rohr, um so tiefer der Ton;
- durch zusätzliche Grifflöcher im Rohr; damit lassen sich Zwischentöne zwischen den Naturtönen erzeugen.

3. Verändern der Klangfarbe:

- durch verschieden geformte Stürzen (= Schalltrichter): bei einem sich schnell öffnenden Trichter entsteht ein verhältnismäßig scharfer Ton, bei einem sich langsam öffnenden Trichter ein weicherer, hornartiger Ton und bei einem Hohlkörper ein hohl und gedämpft klingender Ton;
- durch Mirlitonlöcher, die durch feine Membranen verschlossen werden (s. Nr. 212–214).

4. Stimmen der Instrumente:

- durch Verlängern oder Verkürzen des Rohres,
- durch Vergrößern oder Verkleinern der Grifflöcher. Je größer ein Loch, um so höher der Ton.

Grundmaterialien

Rohre aus Metall, Kunststoff, Keramik . . .
Schläuche aus Plastik und Gummi . . .

26 Gebrauchsfertige Trompetengeräte

Einige Gebrauchsgegenstände eignen sich bereits ohne jede Veränderung als Trompeten, wenn man sie entsprechend anbläst, wie z.B. Trichter verschiedener Größen, Gießkannen, Schläuche, Röhren . . .

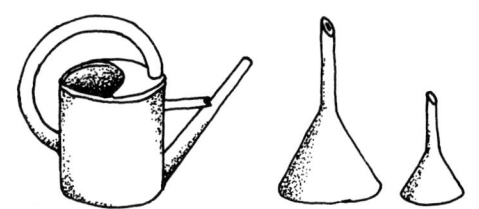

27 Längstrompeten

(1) Einfaches Rohr oder Schlauch
(2) Rohr mit Grifflöchern an einem Ende
(3) Rohr mit Mundstück und Schalltrichter
(4) Aus Schlauch, Mundstück und Trichter zusammengebautes Instrument.
(5–9) Herstellung von Kesselmundstücken aus Ton: In eine Tonwalze werden mit einer Holzkugel oder kegelförmigen Gegenständen Mulden gedrückt. Von der anderen Seite der Walze wird mit einem Stäbchen (Rundstab, Pinselstiel, Stricknadel usw.) ein Kanal gebohrt.
(10–16) Verschiedene Trichterformen: Trichter einer Kindertrompete, Steckvase, Autoscheinwerfer, Trichter, Konservendose, Plastikflasche, übergestülpte Dose.

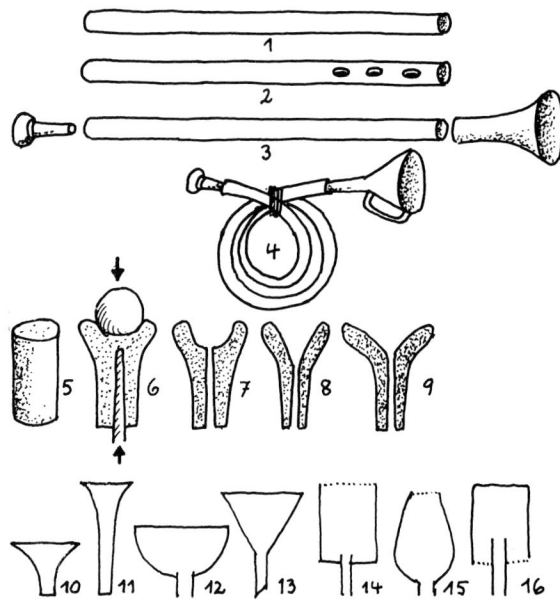

28 Keramik-Längstrompeten

Größere und vielgestaltige Keramikinstrumente lassen sich am besten mit der Wulsttechnik aufbauen: Mit den Händen werden „Würste" gedreht, übereinandergelegt und miteinander verbunden und verstrichen, für eine gute Haltbarkeit möglichst innen und außen (1). Unterschiedliche Formen ergeben unterschiedliche Klangfarben. Die Trompeten (6, 7) haben je ein Mirlitonloch. Über dieses Loch wird eine dünne Plastikfolie geklebt. Während des Blasens vibriert die Folie, und der Ton wird verstärkt und erhält eine näselnde Klangfarbe. Die Mundstücke sind sofort mitgeformt und eingebaut. Vorgesehene Grifflöcher dürfen nicht zu nahe am Anblasloch liegen, da sonst keine schwingende Luftsäule mehr entstehen kann.

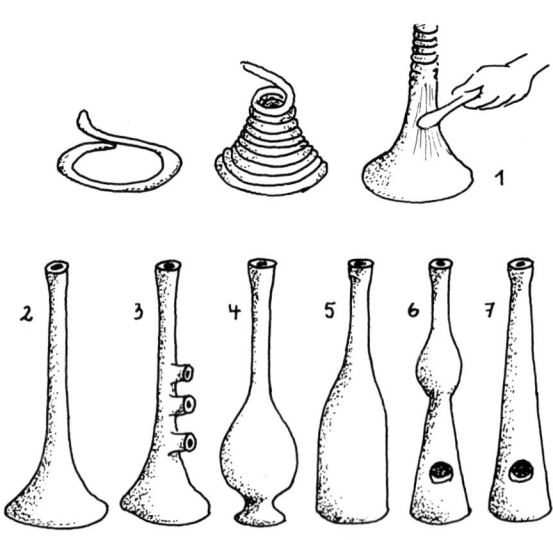

29 Doppel-Trompeten

Geradezu ideale Bausätze für Blasinstrumente verschiedener Art sind die handelsüblichen Leitungsrohre aus Metall oder Kunststoff mit den dazugehörigen Versatzstücken. Sie regen zum Spielen und Experimentieren an und sind ständig veränderbar. Sie können auch fest verlötet oder verklebt werden. Daß durch Gestaltungsspiele auch akustisch interessante Instrumente entstehen können, zeigen die abgebildeten Doppeltrompeten. Bläst man auf den Instrumenten, dann entsteht eine bestimmte Naturtonreihe. Hält man den Trichter, der dem Mundstück am nächsten liegt, mit einer Handfläche zu, dann entsteht durch die Verlängerung der schwingenden Luftsäule eine zweite, tieferliegende Naturtonreihe. Aus dem Wechselspiel der beiden Reihen ergeben sich neue Tonfolgen. Weitere akustische Veränderungen ergeben sich, wenn man noch Mirlitonlöcher in die Rohre einbaut (2).

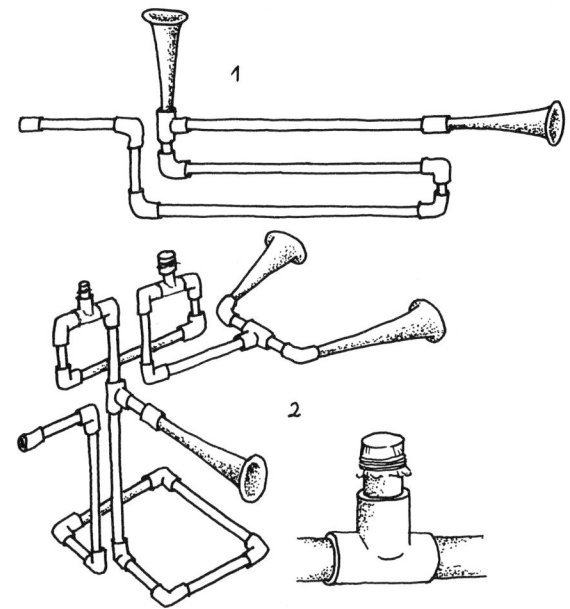

30 Mehrfachtrompete

Die Mehrfachtrompete ist aus mehreren Einzeltrompeten unterschiedlicher Länge zusammengesetzt, die in einem gemeinsamen Holzblock zusammmgefaßt sind. Eine Einzeltrompete besteht aus einem Stück Hartplastikrohr (Ø 20 mm), zwei entsprechenden Muffen und einer unten aufgeschnittenen Steckvase. Wenn man die Einzeltrompeten an mehrere Spieler verteilt, ist ein mehrstimmiges Spiel möglich.

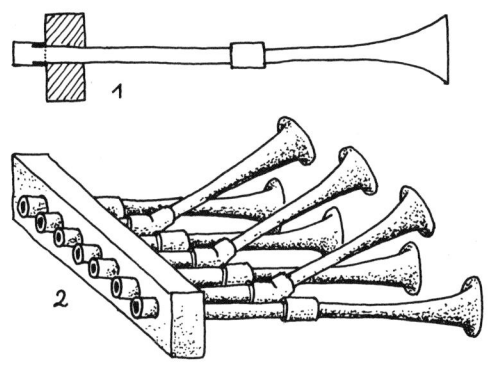

31 Vielfachtrompetenspiel

Das Instrument ist aus mehreren Einzeltrompeten zusammengesetzt und kann von mehreren Spielern gleichzeitig gespielt werden. Eine Einzeltrompete besteht aus einem Mundstück, einem Plastikschlauch und einem Schalltrichter (Steckvase). Alle Schläuche sind verschieden lang. Die Einzeltrompeten werden auf einer runden Holzscheibe befestigt und die Schläuche nach unten geführt (2). Die Scheibe wird auf einem Ständer verleimt, der aus einer Fußscheibe und einem Rundstab besteht.

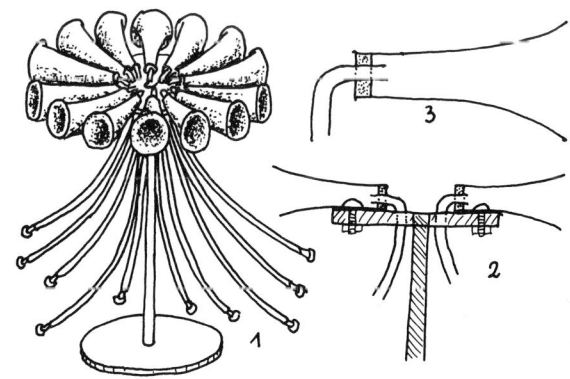

32 Blastrichter

Mehrere unterschiedlich lange Schläuche werden in einer Holzscheibe befestigt. Die Holzscheibe wird im Boden eines Trichters (Teil eines Drogerieverkaufsständers) verleimt. Der Trichter kann noch zusätzlich auf einen Ständer (vgl. Nr. 31) montiert werden.

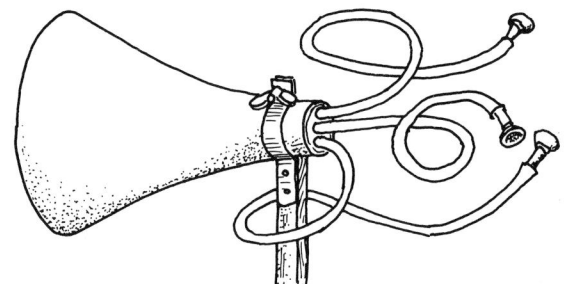

33 Blaskanne

In eine Kanne (Faß, Kanister . . .) werden je nach Anzahl der Spieler Löcher für Schläuche gebohrt. Die Schläuche sind unterschiedlich lang und werden durch Mundstücke angeblasen.

34 Blasrohre

Die einzelnen Blasrohre werden aus einem Plastikrohr (Ofenrohr), einem Schalltrichter (Drogerieverkaufsständer) und den Plastikschläuchen mit Mundstücken hergestellt. Die Schläuche werden in Holzscheiben und diese wiederum in den Rohren befestigt. Die Rohre werden an einem Ständer mit Halterungen möglichst so befestigt, daß sie drehbar bleiben, um die Blasrichtung verändern zu können. Abb. (2) zeigt einen Vorschlag für seine Haltevorrichtung: zwei aneinandergeschweißte Metallringe.

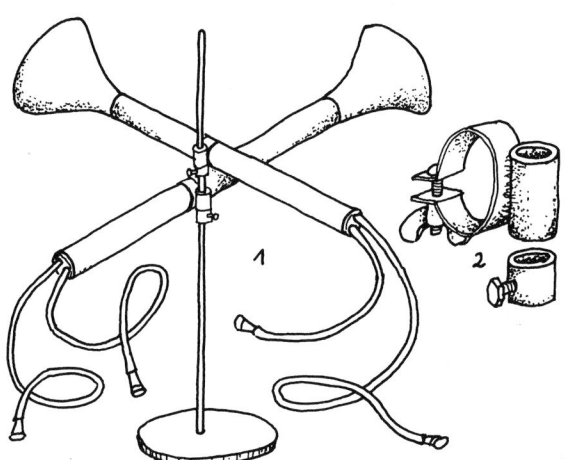

35 Blaswagen

Auf einem Grundbrett wird eine Sitzbank als Röhre aufgeleimt (1). Die Röhre wird durch ein diagonal eingeleimtes Brett in 2 Trichter geteilt. In jeden Trichter führen mehrere Schläuche, die mit Mundstücken versehen sind. Unter das Grundbrett werden Rollen geschraubt (2).

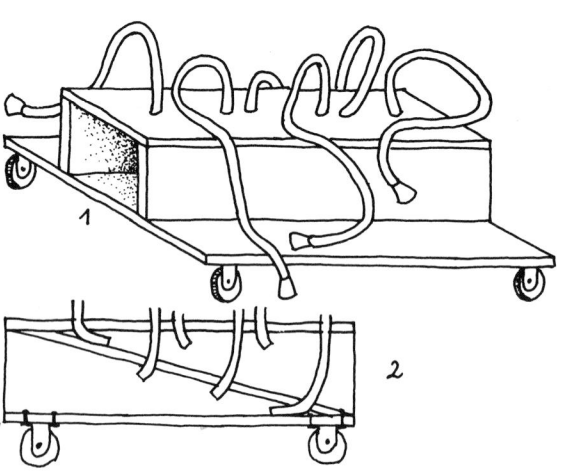

Instrumente: Keramiktrompete (Nr. 28),
Doppeltrompete (Nr. 29),
Kleines Xylophon (Nr. 138),
Manualsansa (Nr. 172),
Röhrentrommel und -trommel-Spiel (Nr. 199),
einsaitige Dosenlaute (Nr. 245),
Gleitlaute (Nr. 256).

Der Blaswagen in Abb. (3) ist aus 2 ausrangierten Kindergartenbänken und einem großen Trichter vom Schrottplatz zusammengebaut. Die Bänke sind mit Stuhlwinkeln auf dem fahrbaren Grundbrett festgeschraubt.

Man kann in die Schläuche flüstern, sprechen, singen, blasen . . .

36 Quertrompeten

Das Anblasloch einer Trompete muß nicht unbedingt an einem Ende eines Rohres sein. Es kann auch wie bei der Querflöte in den Mantel einer Röhre gebohrt sein. Normalerweise ist dann das naheliegende Ende verschlossen; das muß aber nicht sein. Wenn das Anblasloch so liegt, daß beide Enden zur Tonerzeugung lang genug sind (2), dann entstehen durch wechselseitiges Zuhalten während des Blasens zwei unterschiedliche Töne. Mehrere Töne kann man auch durch entsprechend gebohrte Grifflöcher erhalten (vgl. Nr. 8).

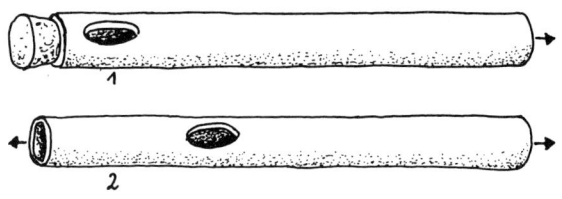

37 Keramik-Quertrompeten

Den Längstrompeten (vgl. Nr. 28) entsprechend kann man auch Quertrompeten aus Ton herstellen. Herstellung und Gesetzmäßigkeiten bleiben gleich.

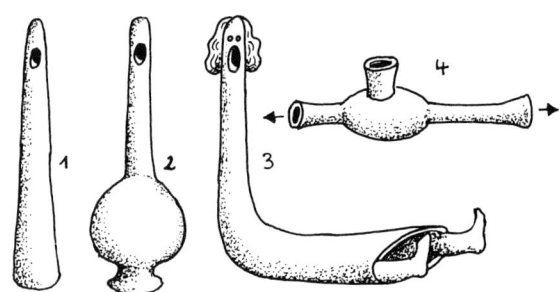

Freie Aerophone

---

38 Grasfieper

Scharfkantiges Gras (Papier-, Folienstreifen) wird zwischen Daumen und Daumenballen beider Hände gespannt und durch den entstehenden Spalt angeblasen. Die Fiepgeräusche können durch Verändern der Handstellung in ihrer Klangfarbe verändert werden.

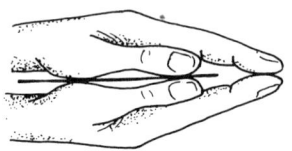

39 Brummknopf

Ein großer Knopf (eine Holzscheibe) wird auf eine elastische Schnur (Baumwollfaden) aufgefädelt. Die Schnur wird zu einer Schlaufe zusammengeknotet. Durch Drehen des Knopfes, wie in der Abbildung angedeutet, entsteht ein Brummton.

40 Schwirrhölzer

Verschiedenartig geformte Holzbrettchen, die teilweise an ihren Kanten dünngeschliffen sind, werden an eine Schnur gebunden und im Kreise herumgeschleudert. Dabei entstehen Schwirrtöne. Hier kann man mit unterschiedlichen Formen experimentieren und sich die besten Schwirrer aussuchen.

41 Quietschballon

Die Öffnung eines aufgeblasenen Luftballons wird mit den Fingern auseinandergezogen. Die Luft entweicht mit Quietsch- und Schnorchelgeräuschen.

42 Spiralschläuche

Wenn man in Spiralschläuche hineinbläst oder sie herumschleudert, entstehen Pfeiftöne. Je fester man bläst oder schleudert, desto höhere Töne entstehen. Alle Töne zusammen bilden eine Naturtonreihe. Von der Tonerzeugung her gehören Spiralschläuche in die Nähe der Flöten.

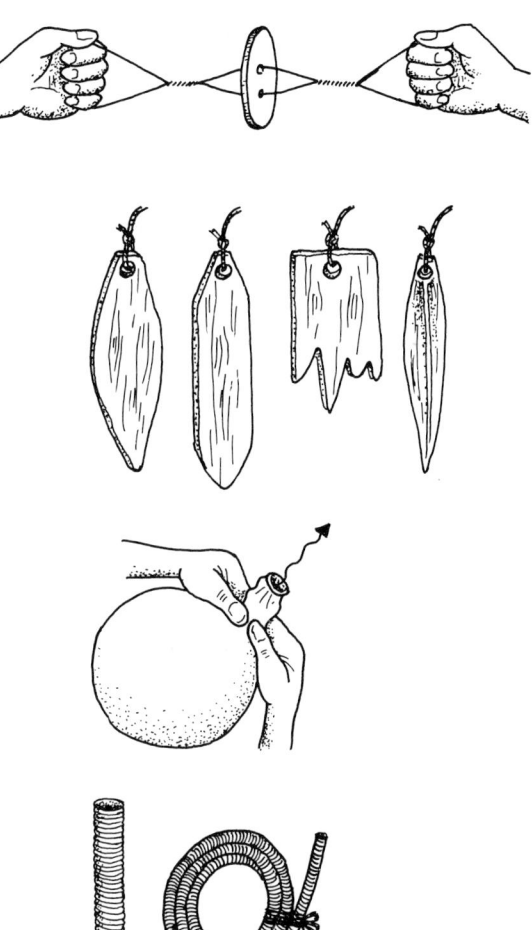

---

3. Instrumente aus selbstklingenden Materialien (Idiophone)

Hierzu gehören Instrumente, deren Klangmaterial ohne Verwendung von angeblasenen Luftsäulen Membranen, Saiten u. a. in Schwingungen versetzt wird und vernehmbar klingt. Wir zählen dazu eine Reihe unterschiedlicher Instrumentenfamilien.

Familien

Stampf- und Aufschlaginstrumente
Raschel und Rasselinstrumente
Knall-, Knarr- und Quietschinstrumente
Schrap- und Ratschinstrumente
Klappern
Metallfolien, Bleche, Gongs
Glocken
Klingende Steine (Steinspiele) und klingende Gläser (Glasspiele)
Klingende Hölzer (Holzspiele/Xylophone)
Klingende Metalle (Metallspiele/Metallophone)
Zupfzungeninstrumente
Kugelspiele

Mirlitontrompeten (Nr. 212) und Stabreibtrommel (Nr. 209)

*Keramiktrompeten
(Nr. 28 und 37)*

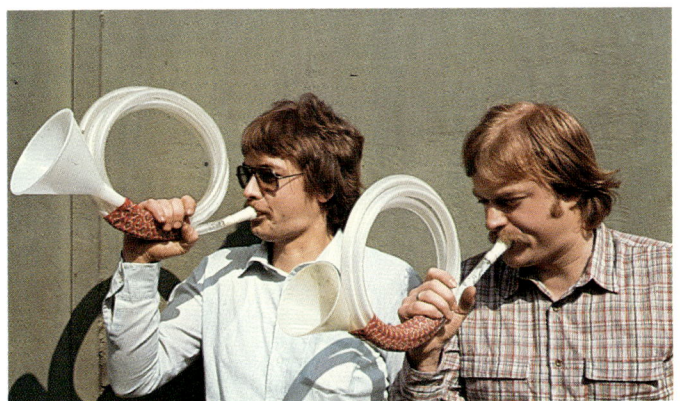

Längstrompeten aus Schläuchen (Nr. 27)

Längstrompete aus Kupferrohr (Nr. 27)

Mehrtönige Orgelpfeifen (Nr. 11)

Tonflöte (Nr. 12),
Gefäßflöten (Nr. 13)

69

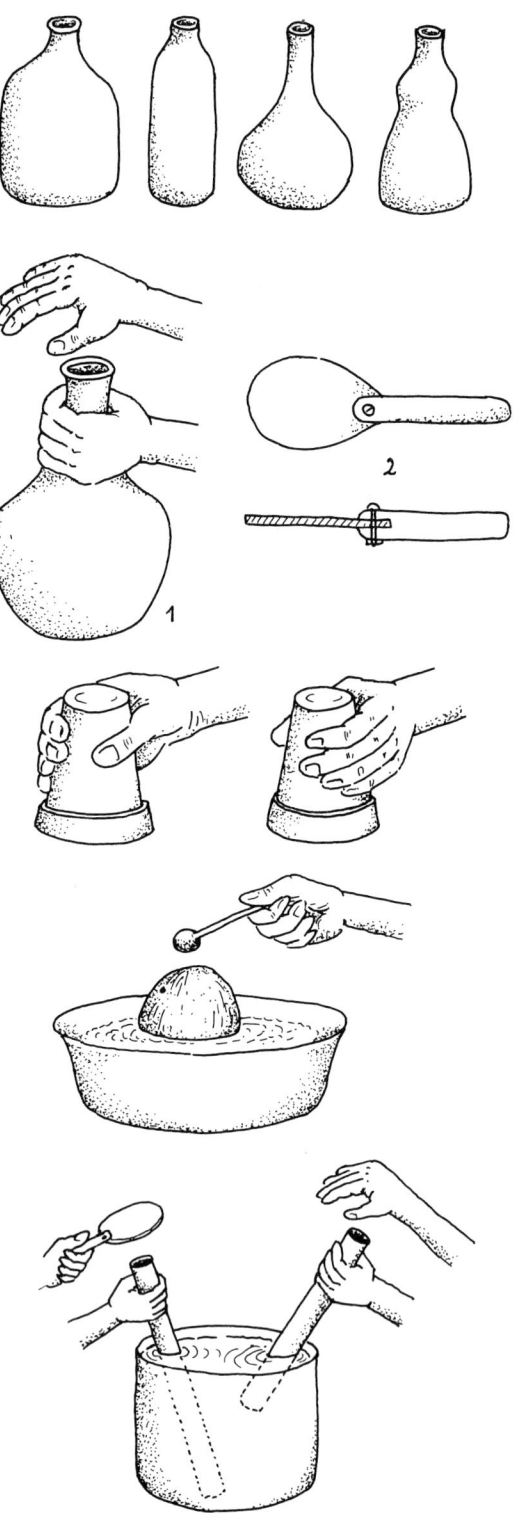

43 Stampfgefäße
Stabile Gefäße aus Plastik, Holz, Metall (Kalebassen, Bambusröhren) werden auf einem harten Untergrund aufgeschlagen. Es entstehen je nach Größe der Gefäße hohle und unterschiedlich tiefe Töne.

44 Schlaggefäße
Dazu eignen sich alle Gefäße mit nicht zu weiter Öffnung. Der flache Handteller schlägt auf die Öffnung, so daß er sie möglichst voll abdeckt. Anstelle des Handtellers kann man sich auch Patschen aus Gummi (Autoschlauch), Leder, dickem Weichplastik u.a. herstellen (2).

45 Pferdegetrappel
2 Yoghurtbecher oder 2 halbe Kokosnußschalen werden mit der Öffnung auf einen harten Untergrund (Tisch, Fußboden) geschlagen.

46 Wassertrommel
Eine halbe Kokosnuß (Kalebasse, Plastikgefäß, Eimer, Schüssel, Becher, Blechdose) wird in eine mit Wasser gefüllte Schüssel mehr oder weniger tief eingetaucht und mit einem Holzstab oder Schlägel (s. Nr. 191) angeschlagen. Die Tauchtiefe reguliert die Tonhöhe, allerdings muß die Luft durch Schräghalten des Gefäßes oder ein kleines Loch im Oberteil entweichen können.

47 Wasser-Schlagröhren
An beiden Enden offene Röhren (Metall, Kunststoff, Ø um 50 mm) werden mehr oder weniger tief in Wasser getaucht. Mit dem Handteller oder einer Patsche (s. Nr. 44) wird auf das offene Ende geschlagen. Die Tauchtiefe reguliert die Tonhöhe. In die Röhren kann man auch sprechen, singen, schreien und sie zusätzlich ins Wasser halten.

48 Schlagröhrenspiel

Unterschiedlich lange und unten geschlossene Röhren (Kunststoff, Metall, Bambus) werden zwischen 2 Holmen (Rundstäben) an dämpfenden Schnüren (Bindfaden, Perlonschnur) der Größe nach aufgehängt. Sie werden mit Patschen (s. Nr. 44, 47) gespielt.

Eine kleine Variante besteht aus unten geschlossenen Bambusröhren, die alle auf eine Perlonschnur aufgereiht sind. Zwischen jeder Röhre ist eine Abstandsperle aufgefädelt.

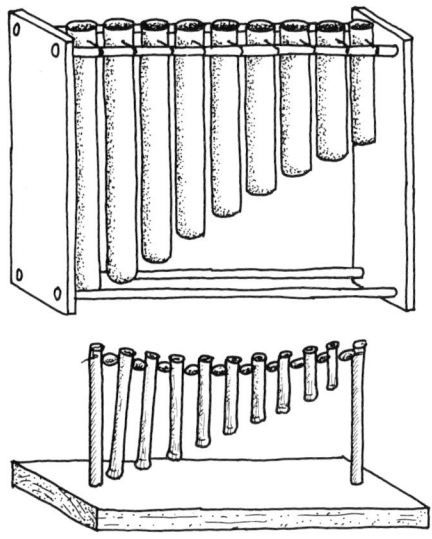

Rascheln und Rasseln

Grundmaterialien

Steine, Kies, Sand, Erbsen, Bohnen, Linsen, Reis, Obststeine, Perlen, Kugeln, Nägel, Muttern, Metallspäne, Granulate, Kunststoffabfälle, Holzreste, Kokosnußschalen, Plättchen, Scheiben, Ringe, Röhren, Schlüssel, Offsetfolien, Muscheln, Schneckenhäuser, Kronkorken, Laub, Styropor, Knisterpapiere und alle geräuscherzeugenden ungefährlichen Materialien.

49 Raschelsäckchen

Aus Stoff werden Säckchen genäht, und diese werden mit allen möglichen Geräuschmaterialien gefüllt. Die Säckchen sind besonders für elementare Spiele zum Ertasten und Hören unterschiedlicher Materialien geeignet.

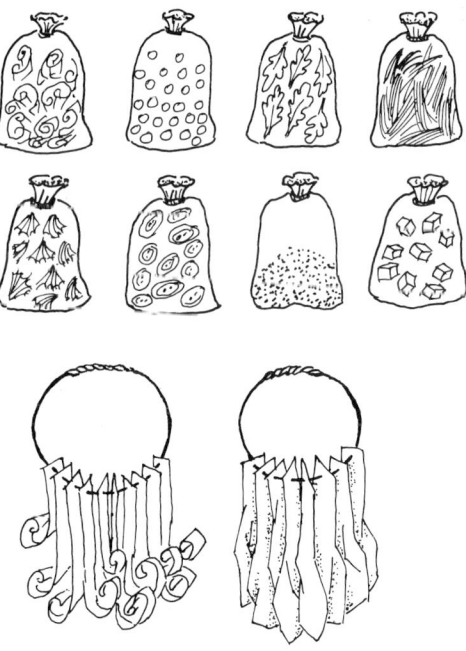

50 Ringrascheln

Die Raschel in Abb. (1) ist aus längeren Offsetfolienstreifen, die über eine Tischkante gezogen wurden und sich dadurch einrollen, hergestellt. Bei der Raschel in Abb. (2) sind kleinere und breitere Offsetfolienstücke geknickt worden.

Holzblockspiel (Nr. 150)

Tischxylophon (Nr. 148)

Manualsansa (Nr. 172)

Kasten-Metallspiel (Nr. 163)

*Kullertürme
(Nr. 186 und 187),
Spieluhrenturm
(Nr. 174)*

73

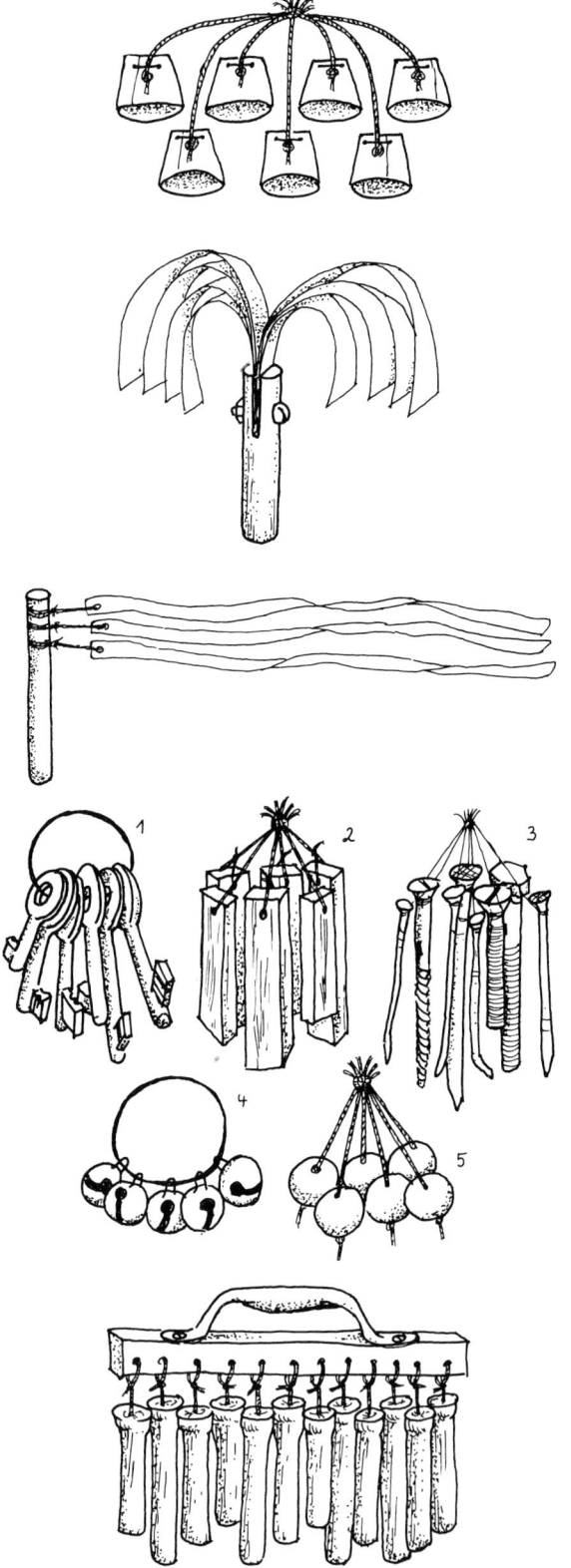

51 Bundraschel

Offsetfolienstreifen werden zu Röhrchen gedreht; diese werden an einem Ende mit einem Schnellhefter zusammengezwickt. Ein am Ende mit einem Knoten versehener Bindfaden wird mit der Klammer als Aufhänger befestigt.

52 Stielraschel

Offsetfolienstreifen werden zu einem Strauß gebündelt und im Sägeschlitz eines Handgriffes (aufgesägter Rundstab) festgeklemmt. Eine Mutterschraube zieht den Schlitz fest zusammen.

53 Flatterfolien

Folienstreifen (Offset-, Plastikfolien, Papierstreifen) werden an einem Stab befestigt und durch die Luft geschwenkt.

54 Bundrasseln

Aus den vielen Möglichkeiten greifen wir einige heraus: (1) Schlüsselbund, (2) Hölzer, (3) Nägel und Schrauben, (4) Schellen, (5) Holzkugeln.

55 Bambusrassel

Unterschiedlich lange Bambusröhrchen werden mit der Öffnung nach unten an einer Holzleiste aufgehängt. Als Haltegriff kann an die Holzleiste ein Koffergriff oder ähnliches angeschraubt werden.

56 Röhrenbundrassel

Durch unterschiedlich lange Röhrchen (aus Metall, Bambus) werden kleine Löcher gebohrt. Mit Bindfaden werden die Röhrchen am Holzgriff (Rundstab) befestigt.

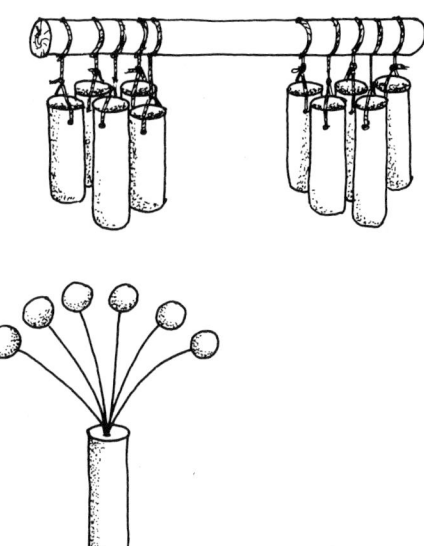

57 Kugelrassel

Die Kugeln (aus Holz, Plastik; Tischtennisbälle) werden durchbohrt und auf Federstahldraht verleimt, zu einem Strauß zusammengefaßt und in einem Holzgriff (Rundstab) befestigt.

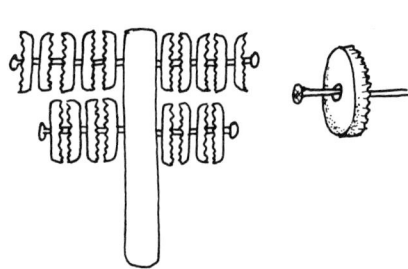

58 Kronkorkenrassel

Die Kronkorken werden in der Mitte durchbohrt und in den hölzernen Griff (Rundstab) genagelt.

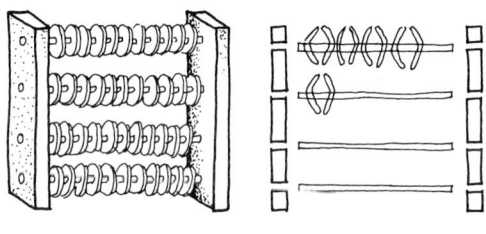

59 Gitterrassel

Die Rasselmaterialien (Kokosnußschalen, Dosendeckel, Holz- und Metallscheiben, Kugeln) werden durchbohrt und locker auf den Rundstäben aufgereiht. Die Rundstäbe werden in den entsprechend vorgebohrten Löchern der Seitenholme verleimt.

60 Rahmenrassel

Die Grundkonstruktion besteht aus einem eckigen Holzrahmen. Der Rahmen wird wie in Abb. (2) zersägt, und für die Rasseln werden Einschnitte herausgesägt und -gestemmt. Die Rasselmaterialien (Dosendeckel, Metall-, Holzscheiben, Kugeln . . .) werden auf Rundstäben aufgereiht und in den entsprechend vorgebohrten Löchern des Rahmens eingeleimt.

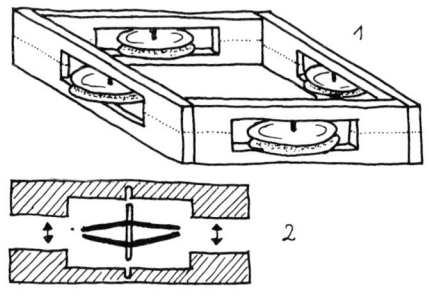

Keramiktrommeln und -pauken
(Nr. 201, 202)

Trommelhocker (Nr. 195)

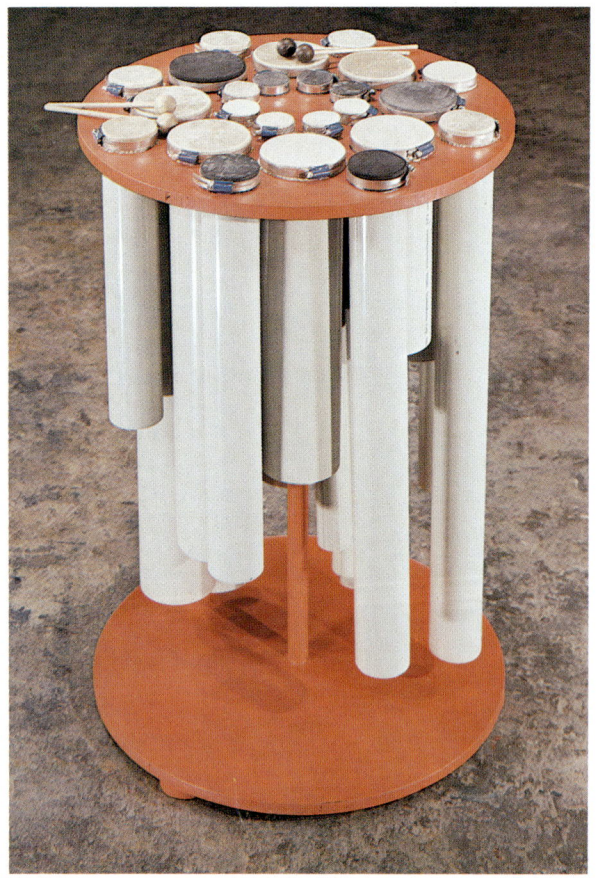

Röhrentrommelspiel
(Nr. 199)

Faßharfe (Nr. 239)

Gleitlaute (Nr. 256)

Tischlaute (Nr. 249)

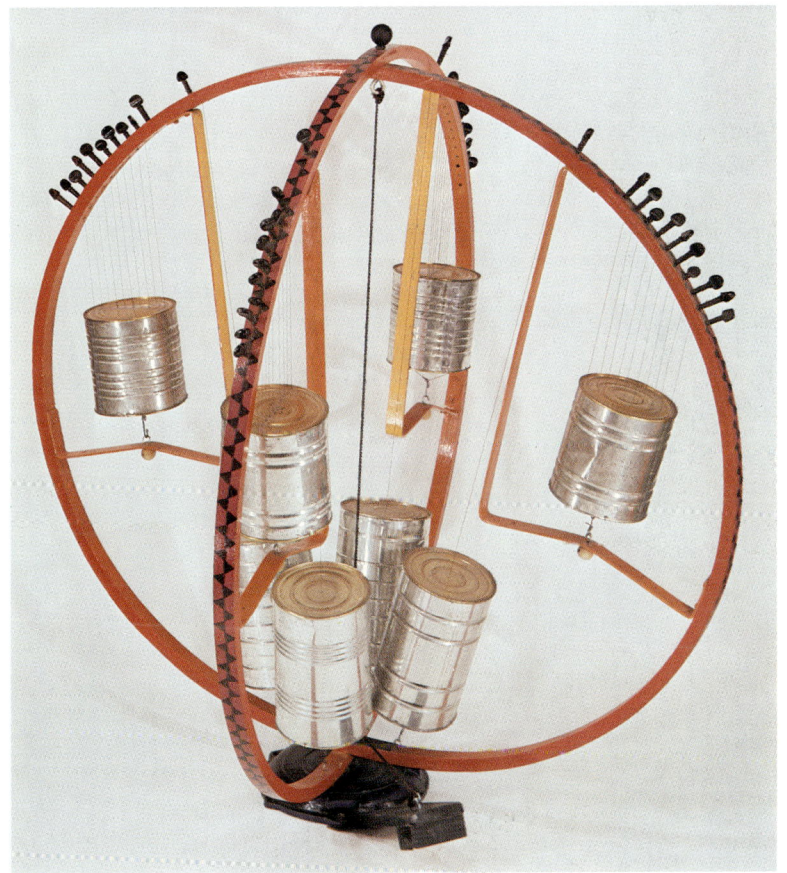

Ringdosenspiel (Nr. 243)

77

61 Muschelrassel

In jede Muschel werden 2 Löcher gebohrt und daran zu einem Vorhang zusammengebunden.

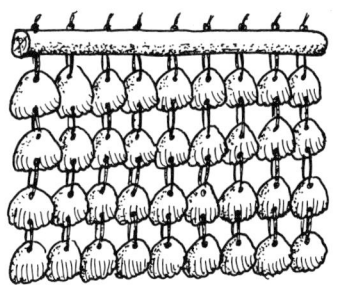

62 Rasselvorhänge

Die mit verschiedenen Rasselmaterialien (Perlen, Kugeln, Plättchen, Scheiben, Kronkorken) versehenen Fäden werden an einer Holzleiste zu einem Vorhang zusammengefaßt (vgl. die Fliegenvorhänge südlicher Länder).

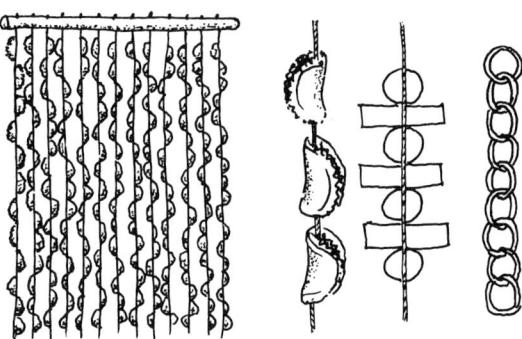

63 Gefäßrasseln

In (verschließbare) Gefäße aller Art werden Rasselmaterialien gefüllt. Unsere Beispiele zeigen (1) Milchdose, (2) Filmdose, (3) zusammengeleimte Kokosnuß, (4) Plastikflasche.

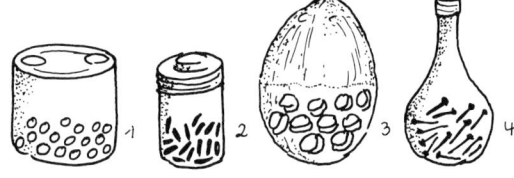

64 Röhrenrassel

Ein an beiden Enden verschlossenes Rohr (aus Metall, Kunststoff, Bambus, Pappe) ist mit Rasselmaterialien gefüllt.

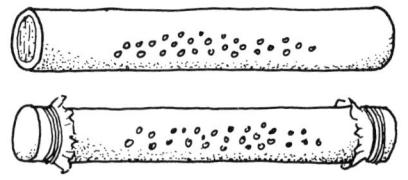

65 Stielgefäßrasseln

An einer Reihe von Gefäßen lassen sich Haltegriffe anbringen. (1) Plastikflasche mit passendem Rundstabgriff, (2) Milchdose und Kokosnuß mit durchgestecktem Rundstab und aufgeleimten Holzscheiben, (3) Milchdose mit Rahmengriff.

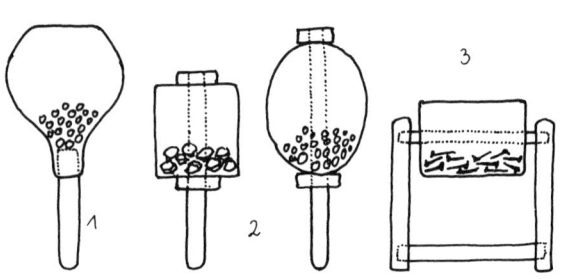

66 Siebrassel
Zwei Siebe werden zu einem Gefäß verbunden, das mit Rasselmaterialien (Schellen, Steinchen) gefüllt wird.

67 Doppelgefäßrasseln
Jeweils 2 gleiche Gefäße werden zusammengeklebt oder -geschraubt. Dazu eignen sich besonders Gefäße mit flachem Rand. Unsere Beispiele: (1) Yoghurtbecher, (2) Papp- oder Plastikteller, (3) Blechteller, (4) Topfdeckel.

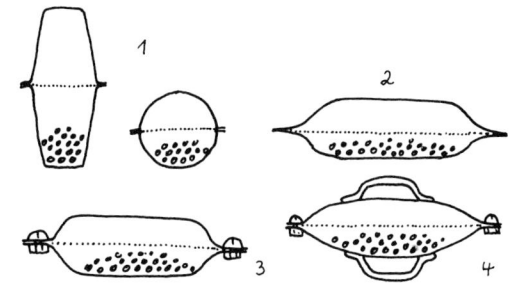

68 Stampfrasseln
Verschiedene Gefäßrasseln können an einem längeren Rundstab wie in Nr. 65 beschrieben befestigt werden. Unsere Beispiele:

(1) 2 durchbohrte Plastikteller sind zwischen 2 Holzscheiben auf dem Stab festgeleimt,

(2) mehrere Rasseln auf einem Stab,

(3) eckige oder runde kleine Holzkäfige, hergestellt aus den Holzgrundbrettern und eingeleimten Rundstäben, erhalten eine Öffnung, durch die man Kugeln (Tischtennisbälle, Holz-, Plastikkugeln) hineinstecken kann.

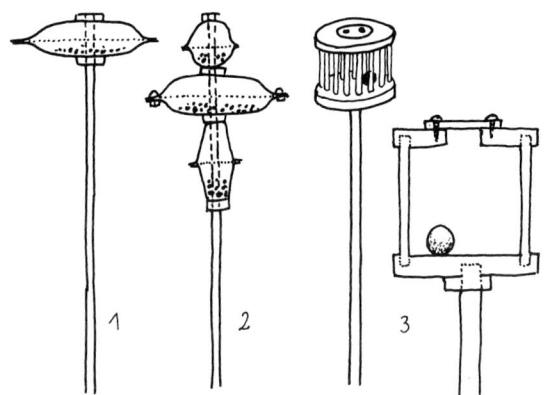

69 Rasselwalze
Eine Röhre (aus Kunststoff, Pappe, Leichtmetall) wird mit Rasselmaterialien gefüllt und durch 2 Holzscheiben verschlossen. Durch die Mitte der Holzscheiben wird eine Achse (Rundstab) eingebaut, wenn vorhanden in Kugellagern.

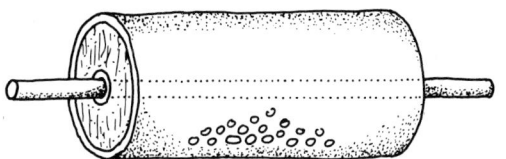

Musikbogen-Schublade (Nr. 221), Bogenharfe (Nr. 233)
Drehbare Wirbelsäule (Nr. 254)

70 Rasselspiele

(1) Blechdosen sind mithilfe von Holz- oder Metallscheiben auf Sprungfedern einer alten Matratze festgeschraubt. Mehrere Dosen sind auf einem Grundbrett befestigt.

(2) Die Dosen werden mithilfe von Gummis und Schraubhaken in einem Holzrahmen aufgehängt.

(3) Stielrasseln, deren Stiele durchbohrt sind, werden auf einer Holz- oder Metallachse mit Abstandscheiben so aufgereiht, daß sie leicht drehbar sind. Die Achse wird in ein standfestes Holzgestell geleimt.

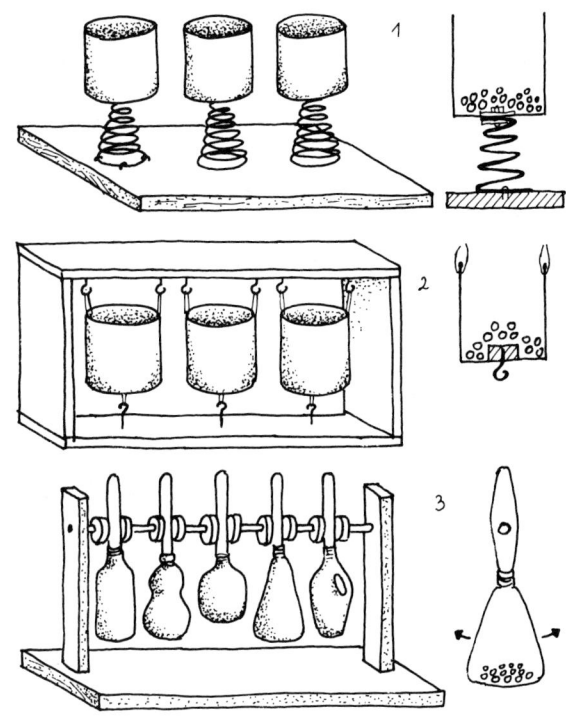

Knall-, Knarr-, Quietsch- und Reibinstrumente

---

71 Pferdepeitsche

An einem Peitschenstock wird eine Lederschnur befestigt. Am Ende der Lederschnur wird noch ein kurzes Stück Bindfaden als „Knalleffekt" angebunden.

72 Luftballonknall

Ein aufgeblasener Luftballon wird zerstochen.

73 Kartoffelknallrohr

Man braucht ein möglichst dünnwandiges und an beiden Enden offenes Röhrchen. Am besten eignet sich ein Stück Gänsefederkiel, weil dieser dünnwandig ist und etwas konisch zuläuft. Und ein Stäbchen, das leicht beweglich in das Röhrchen paßt. Mit dem etwas weiteren Ende pickt man dann in eine Kartoffelscheibe, so daß ein Pfropf im Röhrchen bleibt. Diesen schiebt man mit dem Stäbchen bis gut über die Mitte, pickt noch einmal am gleichen Ende einen Pfropf ins Rohr und drückt diesen schnell dem ersten hinterher. Der erste Pfropf schießt dann mit einem Knall aus dem Rohr.

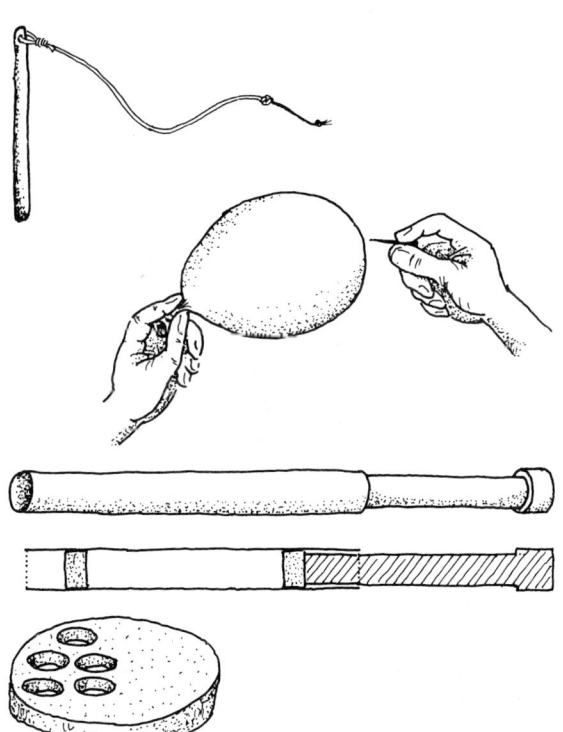

74 Plöpflasche

Man steckt den Daumen oder einen anderen Finger in die Öffnung einer Flasche und schnakkelt ihn ruckartig heraus. Dadurch entsteht ein Plöpton.

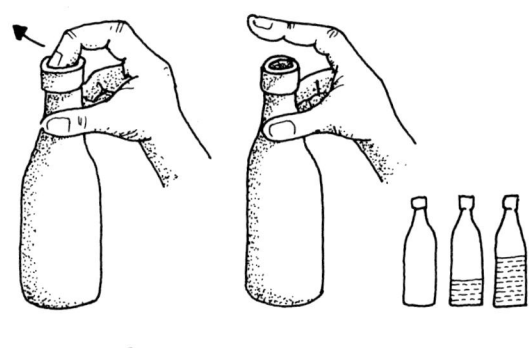

75 Flopstock

An einem Spazierstock oder an einem anderen Stab wird ein Badezimmersaugnapf befestigt. Auf glattem Untergrund entstehen Floptöne, wenn man den Flopstock aufdrückt und ruckartig hochzieht.

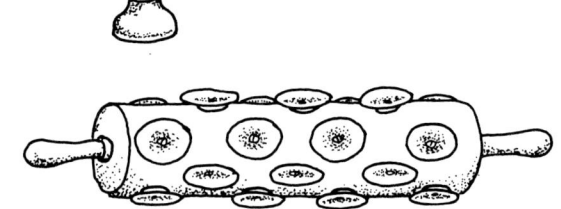

76 Saugnapfrolle

Auf eine hölzerne Nudelrolle werden Saugnäpfe (Aufhängevorrichtungen für das Badezimmer) aufgeschraubt. Beim Rollen über glatten Untergrund (Glas, Resopal) entstehen Schnalzgeräusche.

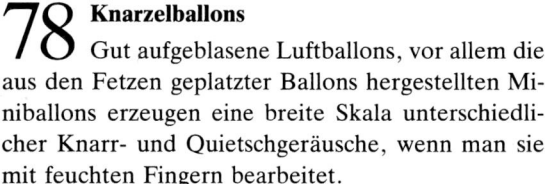

77 Styroporquietscher

Beim Reiben mit Styropor (Poresta) auf einer entfetteten Glasscheibe (mit Pril abgewaschen) entstehen Quietschgeräusche.

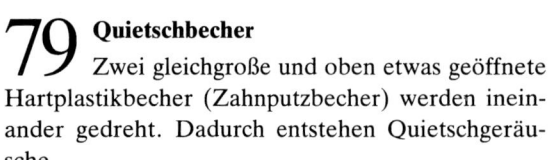

78 Knarzelballons

Gut aufgeblasene Luftballons, vor allem die aus den Fetzen geplatzter Ballons hergestellten Miniballons erzeugen eine breite Skala unterschiedlicher Knarr- und Quietschgeräusche, wenn man sie mit feuchten Fingern bearbeitet.

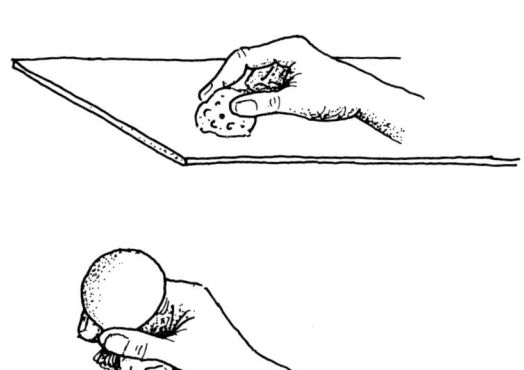

79 Quietschbecher

Zwei gleichgroße und oben etwas geöffnete Hartplastikbecher (Zahnputzbecher) werden ineinander gedreht. Dadurch entstehen Quietschgeräusche.

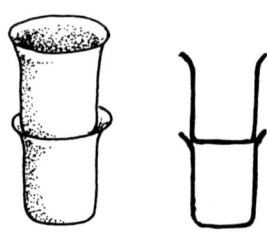

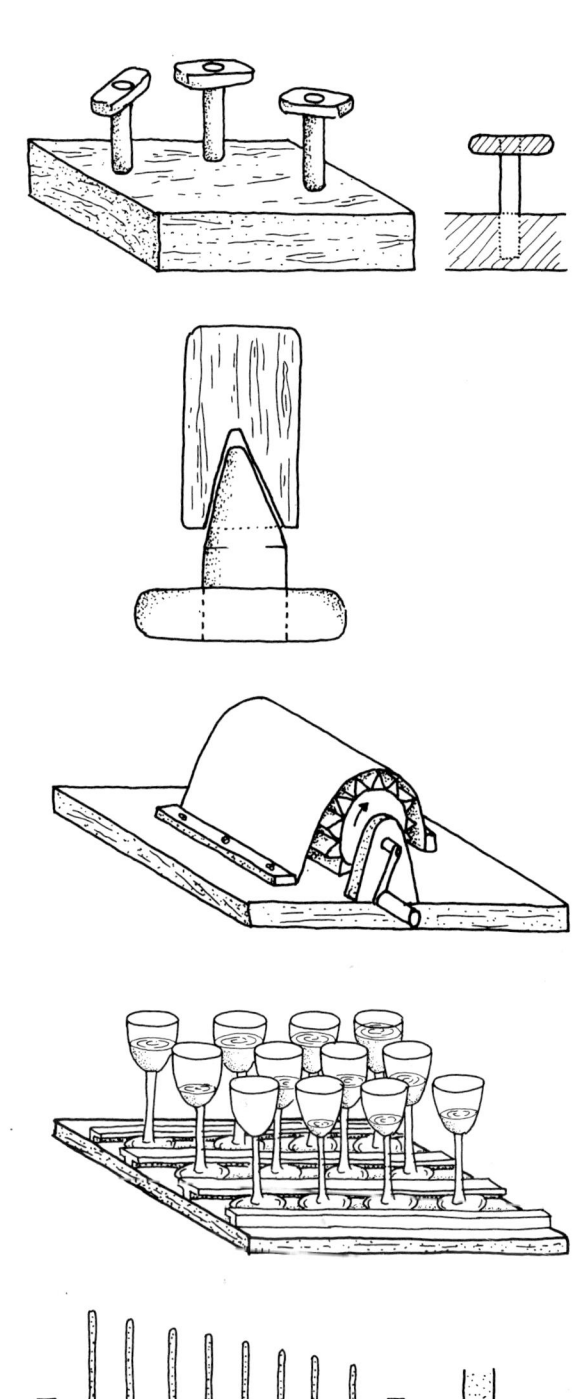

80 Knarzelblock

In einen Holzblock werden für entsprechende Rundstäbe Löcher gebohrt. Die Rundstäbe werden an den oben angebrachten Griffen in den Löchern gedreht. Dadurch entstehen Knarrgeräusche, die durch Befeuchten der Rundstäbe oder Einreiben mit Kollophonium verbessert werden können.

81 Grille

Aus einem Stück Holz wird mit einem Kegelbohrer ein Hohlraum ausgebohrt. In diesem Hohlraum wird ein genau passender Holz- oder Metallkegel, der mit einem Griff versehen ist, hin- und hergedreht. Dabei entstehen Geräusche, die an das Zirpen einer Grille erinnern. Die Reibung wird durch Kollophonium verstärkt.

82 Windmaschine

Auf eine Holzwalze (Nudelholz) werden dreieckige Leisten geleimt. Die Walze wird drehbar in Holzwangen eingesetzt und mit einem Griff versehen. Ein Seidentuch wird mit einer Seite auf dem Grundbrett befestigt; das andere Ende hängt, durch eine Holzleiste beschwert, über die Walze. Beim Drehen entstehen Windgeräusche.

83 Gläserspiel, Glasharfe, Verrophon

Dünnwandige Gläser werden auf einem Grundbrett befestigt (hier: durch gefälzte Leisten, wenn entsprechende Füße vorhanden sind). Wenn man mit entfetteten Fingern über den oberen Rand eines Glases streicht, beginnt es zu klingen (entfetten durch Essigwasser). Mit Wasser kann man die Gläser aufeinander abstimmen. Je mehr Wasser im Glas, desto tiefer der Ton.

84 Reibstabspiel, Metallharfe

Verschieden lange Stäbe (aus Stahl, Holz, Fiberglas) werden der Größe nach in eine Haltevorrichtung (Metalleiste mit Flügelschrauben) geklemmt und mit Kollophoniumstaub bepuderten Händen oder Lederhandschuhen gerieben. Dabei entstehen ätherische Töne.

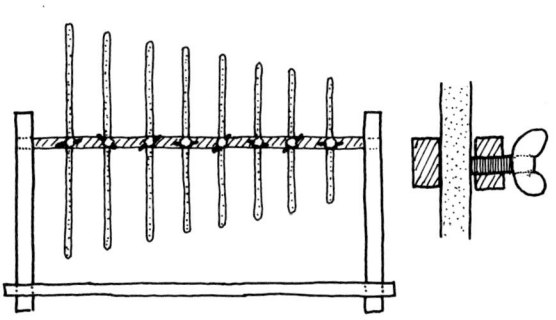

85 Nagelgeige

In die Decke eines hölzernen Resonanzbodens werden Nägel geschlagen oder unterschiedlich lange Federstahldrähte eingebohrt und befestigt. Die Nägel werden mit einem Bogen (s. Nr. 217) gestrichen.

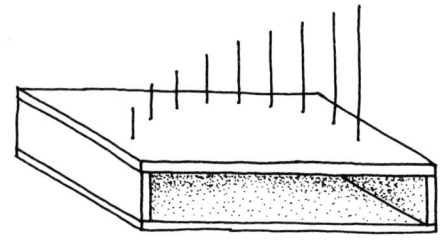

86 Singende Säge

Eine Fuchsschwanzsäge von mindestens 80 cm Länge wird mit dem Griff zwischen den Knien S-förmig gebogen und auf dem Rücken mit einem (Geigen-)Bogen gestrichen. Die Tonhöhe ist von der Stärke der Krümmung abhängig. Durch leichtes Vibrieren der abbiegenden Hand entstehen schluchzend-metallische Töne. Man kann die Säge auch mit Schlägeln anschlagen.

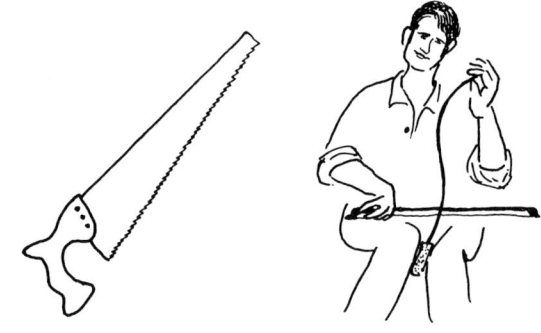

Schrap- und Ratschinstrumente

Grundmaterialien

Gitter, Siebe, Bauzäune, Roste, lamellenartig gebaute Gegenstände, Heizungsrillen, Ketten, Zahnleisten, Spiralfedern, Speichenräder, Zahnräder, Feilen, Raspeln, Sägen, Sandpapiere

87 Gebrauchsfertige Schraper

Einige Gebrauchsgegenstände eignen sich ohne Veränderung als Schrapinstrumente: (1) Waschbrett, (2) Dia-Magazin, (3) Lattenzaun, (4) Schraube oder Gewindestange, (5) Kamm und Bürste.

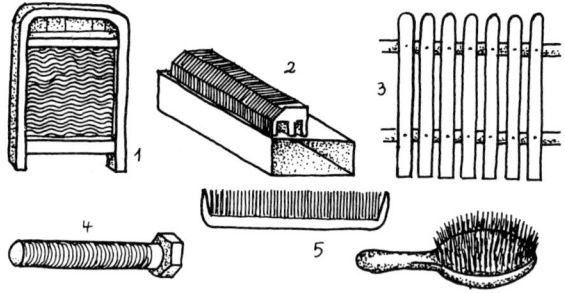

88 Sandpapierbretter

Auf mit Griffen versehenen Holzbrettchen wird Sandpapier geleimt. Beim Gegeneinanderreiben entstehen Schabgeräusche.

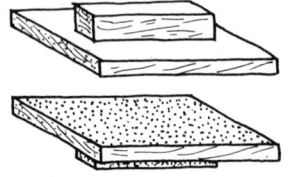

89 Stabschraper

(1) Holzstab mit eingesägten, -geschnittenen oder -gebrannten Kerben.

(2) Holz mit eingeschlagener Nagelreihe. Beim Schrapen klingen große Nägel tiefer als kleine.

(3) Auf dem Rücken einer Zahnleiste sind Tambourinschellen (Dosendeckel, Metall- oder Holzscheiben) befestigt, die beim „Sägen" zusätzliche Geräusche erzeugen.

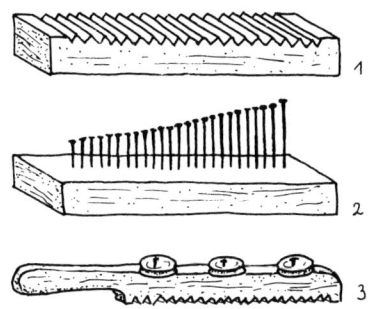

90 Gefäßschraper

(1) Schublade mit aufgeleimten Schrapleisten.

(2) Schublade mit aufgenagelten Nagelbahnen.

(3) Bambusinternodium mit eingebohrtem Schlitz und eingefeilten Kerben.

(4) Tongefäß in Wulsttechnik aufgebaut, dessen Wülste außen nicht miteinander verstrichen sind.

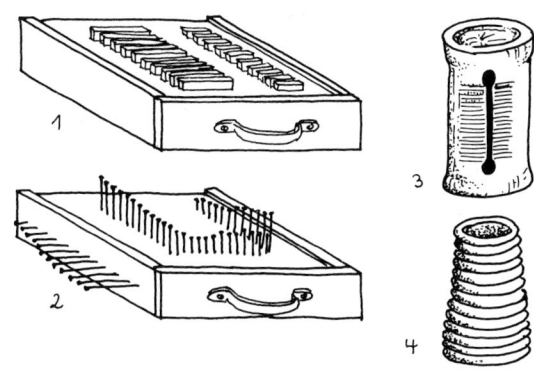

91 Spiralfederrahmen

Gut klingende Metallfedern werden als Schraper mithilfe von stabilen Gummis und Schraubhaken in einen Holzrahmen gehängt.

92 Spiralfederschraper

(1) Spiralfedern werden auf einen Holzzylinder geklemmt und auf einem Resonanzkasten verleimt.

(2) Eine Spiralfeder ist liegend auf einer Kiste befestigt.

(3) Eine Spiralfeder ist auf einer Dose (Eimer etc.) angebracht.

(4) Spiralfedern sind über eine Schublade gespannt.

(5) Spiralfedern sind über den Metalldeckel eines Waschkessels gespannt.

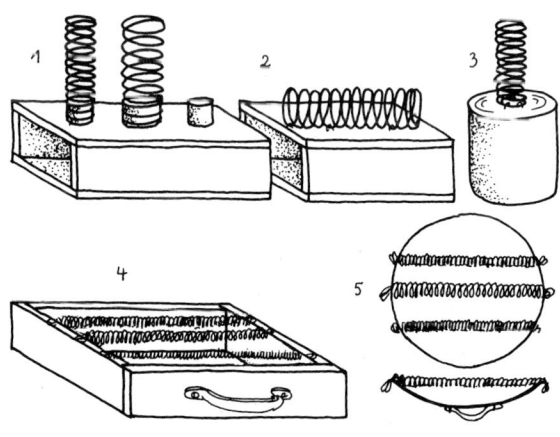

93 Kettenschraper

Über hölzerne, metallene oder sonstige Resonanzkörper (mit Kanten) werden mit Griffen versehene Kugelketten (oder andere Ketten) hin- und hergezogen. Unsere Beispiele: (1) Holzkiste; (2) Blechdose, etwas zerbeult.

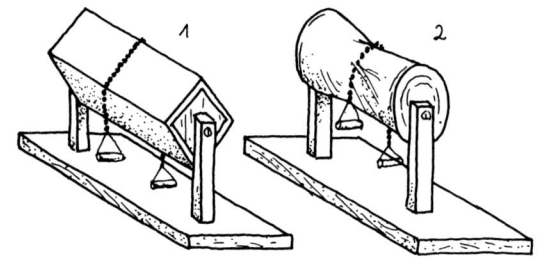

94 Sanduhrschraper

Zwischen den 2 an stabilen Gummis aufgehängten Holzscheiben sind Kugelketten gespannt. Die Ketten werden durch 2 aufeinandergeschweißte Autoscheinwerfer gebündelt. Die Scheinwerfer lassen sich auf und ab bewegen und erzeugen dabei Schrapgeräusche. Das Instrument ist im Ständer einer alten Stehlampe eingebaut.

95 Spanratsche

Dünne und elastische Holzleisten werden an einem Ende zusammengeleimt und am anderen Ende gemeinsam schräg abgeschliffen. Es ist auch möglich, ein Brett so in Späne aufzusägen, daß sie noch an einem Steg zusammenhalten.

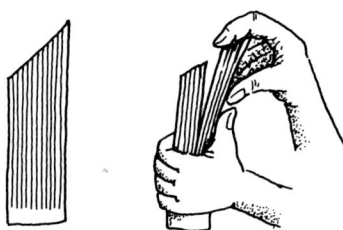

96 Quirlratsche

Ein L-förmiges Holzklötzchen mit der in einem Sägeschnitt eingeklemmten Schnellhefterzunge dreht sich um den Quirl. Unter dem Klötzchen ist eine Holzscheibe als Führung auf dem Stiel verleimt.

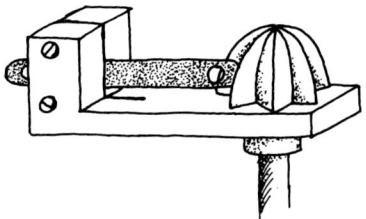

97 Drehratsche

Ein Zahnrad ist fest auf seiner Achse, die an einer Seite als Griff dient, verleimt. Um das Zahnrad dreht sich ein U-förmiges Holz, auf dem eine Zunge (Federstahl, Schnellhefterzunge, Holzspan) befestigt ist. Die Zunge reicht bis in das Zahnrad und erzeugt dadurch beim Drehen Geräusche.

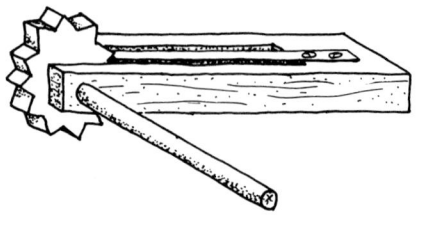

98 Rollratsche

Sie ist der Drehratsche ähnlich. Ein Laufrad mit zusätzlichem Zahnrad ist in einem Gabelgriff befestigt. Beim Rollen ratscht die an der Gabel angebrachte Zunge am Zahnrad.

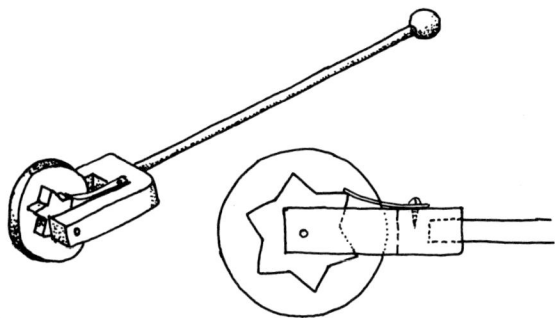

99 Radratsche

Das Vorderteil eines Fahrrades wird in einem Holzfuß befestigt. An der Gabel wird ein Holzklotz angeschraubt (2). Auf diesem wird mit Flügelschrauben und einem Brettchen eine Klemmvorrichtung für die Ratschzungen angebracht. Die Zungen werden in die Speichen geschoben. Auf der Felge sind zum Drehen Holzkugeln als Griffe angeschraubt.

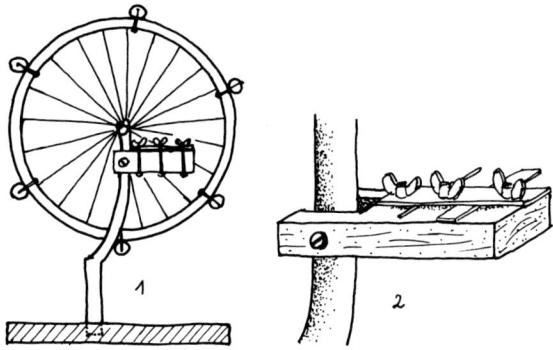

100 Nagelräder, Glücksräder

(1) Bei diesem Rad dreht sich der Bügel mit der Ratschzunge, während das Rad steht. Die Achse des Bügels ist mitten im Rad in einem Kugellager befestigt. Die Zunge (Metall- oder Kunststoffstreifen) wird in einem Sägeschlitz mithilfe von Flügelschrauben festgeklemmt. Sie ratscht über eingeschlagene U-Krampen.

(2) Bei diesem Beispiel dreht sich das Rad. Die Achse des Rades ist auf einem Grundbrett eingeleimt und im Rad in einem Kugellager befestigt. Die Zunge wird in einem Klötzchen auf dem Grundbrett eingeklemmt. Sie ratscht an den eingeschlagenen Nägeln entlang. Die am Rande eingeleimten Holzkugeln sind als Griffe zum besseren Drehen des Rades gedacht.

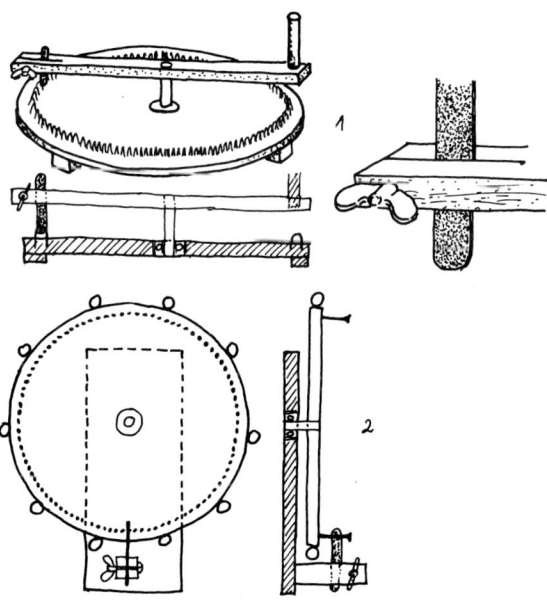

101 Knattermühle, Gewehrfeuer

Auf einem Grundbrett wird eine Holzwalze (Nudelholz) mit eingeleimten Nasen (aus Rundhölzern) befestigt. Holzspäne, Kunststoffbänder oder Federstahlbänder sind in einer Klemmvorrichtung auf dem Grundbrett befestigt und reichen mit ihren Enden bis in den Nasenbereich. Beim Drehen der Walze werden die Enden der Zungen angehoben und knallen auf das unter ihnen auf dem Grundbrett angeleimte Kantholz.

102 Kurbelwalze

Eine Holzwalze (Rundholz, Nudelholz) wird so in dem Grundgestell befestigt, daß man sie drehen kann. Auf der Walze sind Nagel-, Sandpapier-, Gitterbahnen angebracht. In diese Bahnen können Taster (Griffe mit Ratschzungen) geschoben werden, so daß beim Drehen unterschiedliche Geräusche entstehen. Die Taster werden von Druckfedern zurückgedrückt.

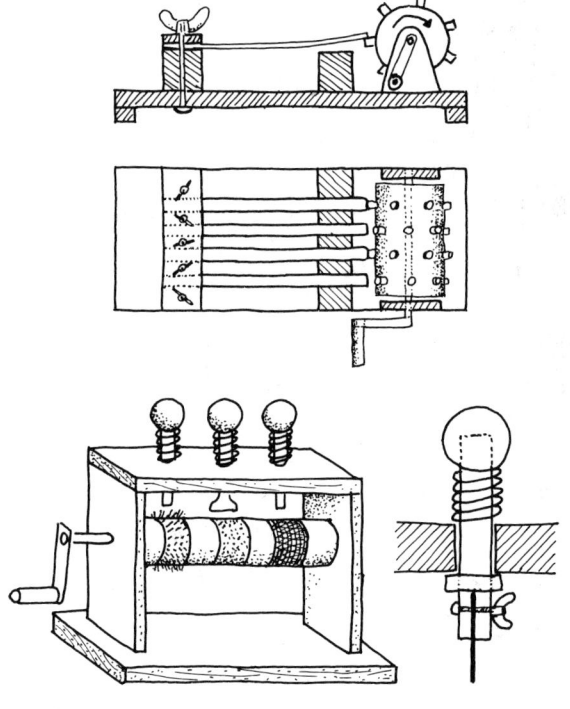

Klappern

---

103 Einfache Klappern

(1) 2 flache Steine (Kiesel),
(2) 2 (Hart-) Holzstäbe,
(3) 2 Brettchen,
(4) 2 Topfdeckel.

104 Hand- und Fußbretter

Die in geeigneter Größe zugeschnittenen Brettchen werden mit Riemen aus Autoschlauchgummi versehen. Die Fußbrettchen sollten vorne und hinten etwas rundgefeilt werden.

105 Wippebretter

Unter die Mitte eines Brettchens wird eine halbrunde oder dreieckige Leiste geleimt. Die Brettenden schlagen auf dem Untergrund auf. Sie können auch noch mit Beschlägen versehen werden.

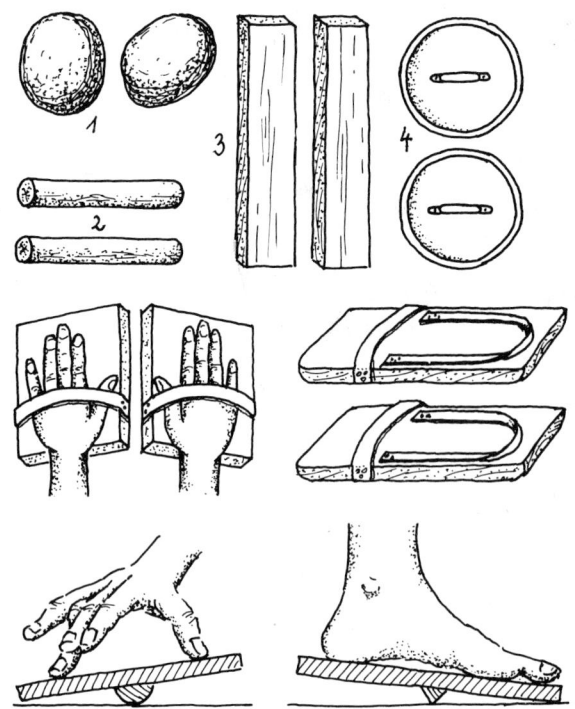

106 Federstabklapper

(1) Eine halbe Nußschale wird mit mehreren Lagen Garn umwickelt. Durch die Garnlagen wird ein Holzstäbchen (Streichholz) geschoben und damit das Garn so eingedreht, daß das Stäbchen federnd auf dem Rand aufliegt. Gegenüber dem Auflagepunkt ist eine Kerbe aus der Schale gebrochen. Drückt man das Stäbchen mit einem Finger in die Kerbe und läßt es los, dann schnellt es mit einem Klappergeräusch auf die Kante zurück.
(2) Das ist eine robustere Variante aus einem Holzkasten, umwickelten Gummi und einem Holzstab.

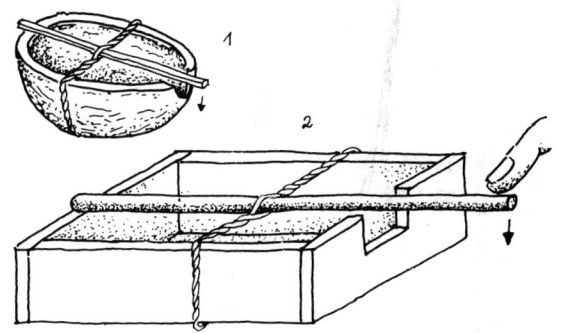

107 Peitschen, Patschen

Zwei Holzbretter werden mit einem Scharnier so verbunden, daß sie beim Zusammenklappen fest aufeinander liegen. Zum Anfassen werden Koffergriffe im unteren Teil der Bretter angeschraubt (1).
In Beispiel (2) wird an eines der Bretter ein Griff gearbeitet, während das andere Brett mit einem Federstahlband an das Griffbrett geschraubt ist. Diese Art der Peitsche kann man mit einer Hand spielen.

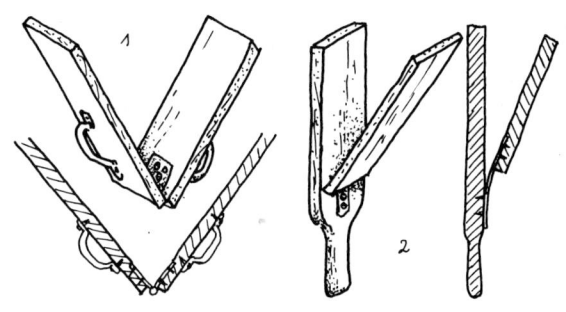

108 Klacketten

(1) Die beiden beweglichen Brettchen sind mit Federstahlbändern am Mittelbrett angeschraubt.
(2) Die kleinen Brettchen sind ausgehöhlt, und das Mittelbrett wurde zu einem Griff ausgearbeitet.
(3) Das Griffbrett ist ausgehöhlt (ausgestemmt). Die Holzkugeln sind an Federstahldrähten verleimt.
(4) Am Fuß einer unten geschlossenen Bambusröhre sind wie in (3) Holzkugeln befestigt.

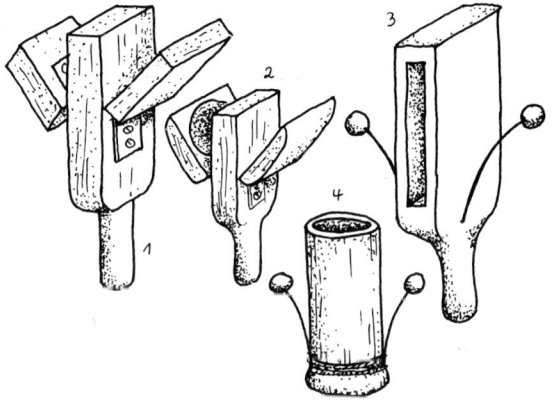

109 Klacker

In ein dickeres Rundholz wird von der Stirnseite her ein Loch gebohrt. Der quer durchgesteckte Rundstab mit den beiden aufgeleimten Holzkugeln muß leicht beweglich sein. Wenn der Sägeschlitz die Röhre ungleich teilt, entstehen 2 unterschiedliche Töne.

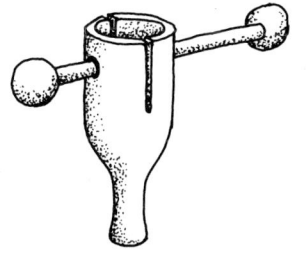

110 Kastagnettenspiel

Auf einem Grundbrett werden 2 oder mehrere Brettchen (Schalen) so angebracht, daß sie etwas wippen. Dafür werden sie mithilfe eines Gummibandes so befestigt, daß sie in die Ausgangslage zurückschnellen, wenn man sie herunterdrückt und wieder losläßt. Zur Verbesserung der Töne werden entweder die Schalen oder das Grundbrett unter den Schalen etwas ausgehöhlt.

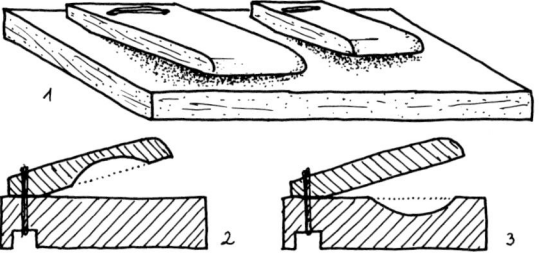

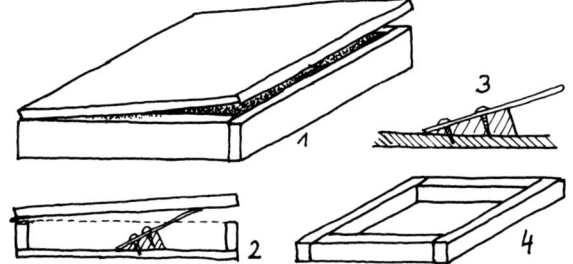

111 Klappkasten

Ein Holzkasten, dessen Deckel mit Scharnieren befestigt ist, wird durch eine Bandfeder (Federstahl- oder Kunststoffband) stets etwas offen gehalten. Springt man auf den Kasten, dann wird er mit einem lauten „klapp" geschlossen. Die einfachste Art der Herstellung ist ein Dachlattenrahmen und 2 Deckplatten (4).

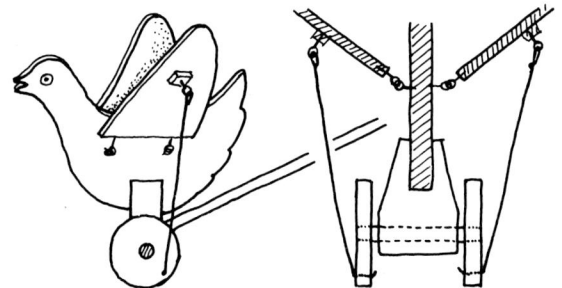

112 Klappvogel oder andere Lebewesen

Beim Schieben des Vogels schlagen die Flügel aneinander. Die Flügelgelenke bestehen aus Ringschrauben, die Verbindungsstangen von Rädern zu Flügeln aus starrem Draht, Flügel aus dünnem Sperrholz, Räder und Körper aus dickerem Sperrholz oder Tischlerplatten. Die hölzerne Radachse ist mit den Rädern fest verleimt.

Metallfolien, Bleche, Gongs

---

113 Wabbelbleche

Beim Wippen und Schütteln dünnerer Bleche entstehen Töne, die an Wind und Wasser erinnern.

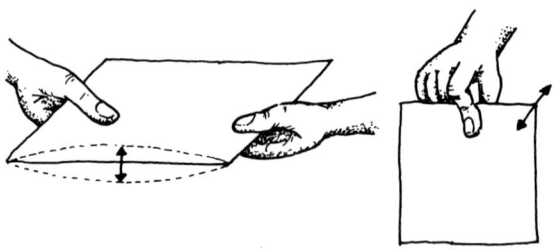

114 Schüttel- oder Trommelfolien

In Abb. (1) sind auf einem Grundbrett 4 Rundstäbe eingeleimt und dazwischen ist eine große Offsetfolie mithilfe von Gummibändern gespannt.
In Abb. (2) werden mehrere Offsetfolien mithilfe von Schraubhaken und Gummibändern zwischen dem Grundgestell gespannt.
Man kann die Instrumente schütteln, mit Fingern und Schlägeln auf den Folien trommeln . . .

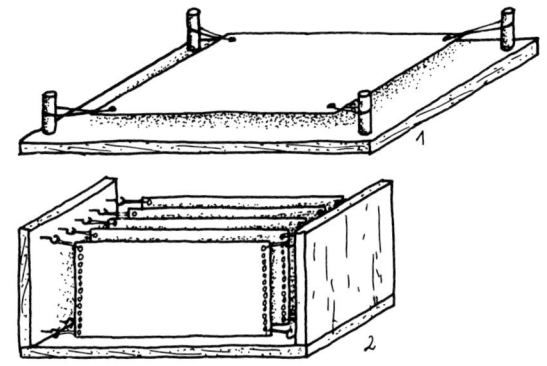

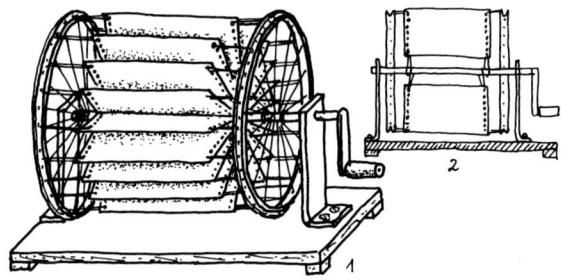

115 Folienrad

Zwei Räder eines Fahrrades werden auf einer Achse starr befestigt und in ein Grundgestell gehängt. Die Achse wird mit einer Kurbel versehen. Zwischen die Räder werden mithilfe von Gummibändern Offsetfolien gespannt (2). Während des Drehens entstehen Windgeräusche, und wenn man die Finger oder ein Stäbchen zwischen die Folien schiebt, entstehen auch Knatter- und andere Geräusche.

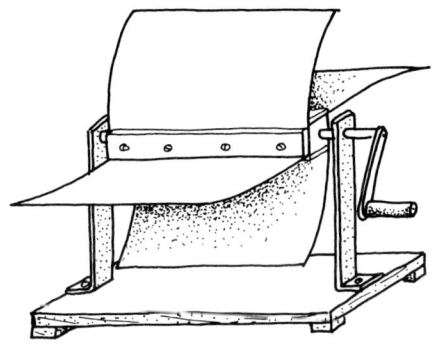

116 Donnerrad

In ein Vierkantholz werden von den Stirnseiten her Rundstäbe eingebohrt und -geleimt. Auf die Seiten des Vierkantholzes werden mithilfe von Holzleisten dünne Bleche geschraubt, die beim Drehen und Anschlagen Donnergeräusche erzeugen. Das Grundgestell besteht aus dem Grundbrett und 2 Achsenhalterungen.

117 Donnerblechspiel

Die Grundrahmen sind aus gehobelten Dachlatten zusammengeleimt. 2 Scharniere verbinden die beiden Rahmen. Gut klingende Bleche werden mithilfe von Schraubhaken in die Rahmen gehängt. Durch Einhängen von Nägeln, Drahtringen usw. kann man zusätzlich zum Donnern feine Sirrgeräusche erzeugen. Die Bleche werden durch Schlägel angeschlagen (s. Nr. 191).

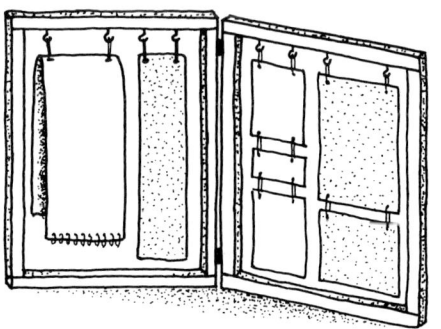

118 Gebrauchsfertige Gongs

(1) Ofenblech, (2) Kuchenblech, (3) Topfdeckel, (4) Bratpfanne, (5) Waschkesseldeckel: Der Deckel liegt auf einem Stück Filz und wird durch einen Nagel auf dem Ständer gehalten.

Alle Gongs werden mit Schlägeln angeschlagen (s. Nr. 191). Zusätzliche Sirrgeräusche können durch in vorgebohrte Löcher eingehängte Nägel, Drahtringe usw. erzeugt werden.

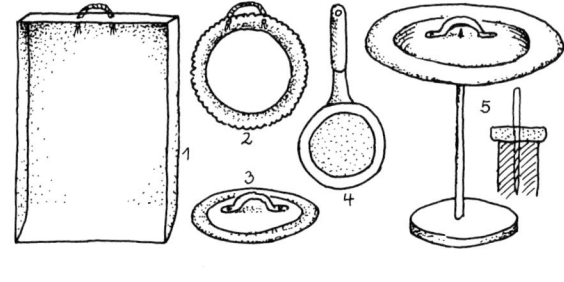

119 Deckelgongspiel

Verschieden große Deckel von Waschkesseldeckeln bis zu Topfdeckeln werden im Zentrum durchbohrt und auf Knoten der gemeinsamen Aufhängeschnur am Ständer befestigt. Der Ständer muß schwer genug sein, um nicht zu kippen.

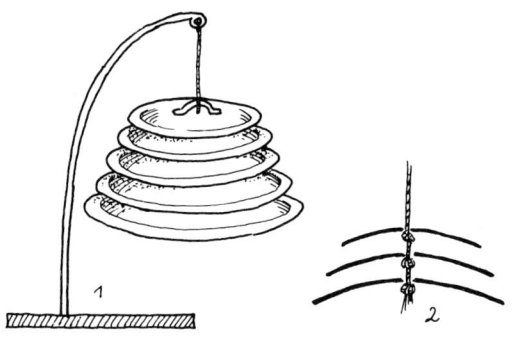

Glocken

Das sind hohle Körper, die beim Anschlagen des Mantels klingen.

Keramik: Schüsseln, Tassen, Becher, Blumentöpfe
Holz: Kokosnüsse, Bambusröhren . . .

Grundmaterialien

Metall: Röhren, Gefäße, Klingeln. . .
Glas: Trinkgläser, Gefäße . . .

120 Klingelstab

In Abb. (1) sind unterschiedlich klingende Fahrradklingeln auf Rundstäben befestigt.
In Abb. (2) sind die Klingeln an einem Spazierstock angeschraubt.

121 Schüsselspiel

Unterschiedlich klingende Schüsseln (aus Porzellan, Glas) werden auf eine schalldämpfende Unterlage (Schaumgummi, Styropor, Filz) gestellt und mit Schlägeln angeschlagen (s. Nr. 191). Die Feinabstimmung kann man mit Wasser vornehmen: Je mehr Wasser in der Schüssel ist, desto tiefer ist der Ton.

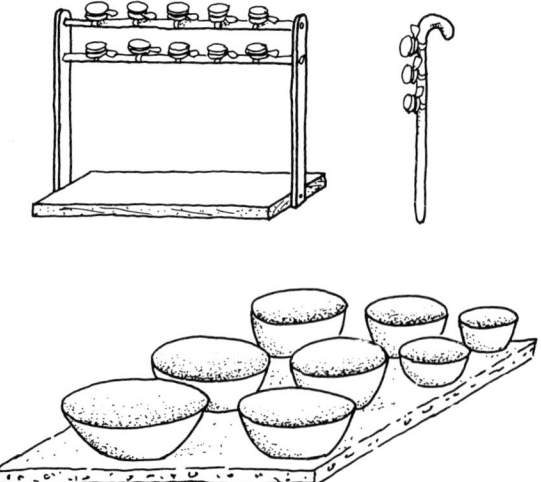

122 Blumentopf-Glockenspiel

In ein einfaches Holzgestell sind Blumentöpfe gehängt, und zwar mithilfe von dickeren Knoten (oder Perlen, Holzkugeln). Das Stimmen erfolgt durch Ausprobieren und Auswählen.

123 Glas-Glockenspiel

In dem Holzgestell hängen unterschiedlich klingende Gläser. In das Aufhängebrett wird für jedes Glas ein Loch gebohrt und ein Zugang eingesägt. Um das Loch wird ein Schaumstoffring geklebt (2).

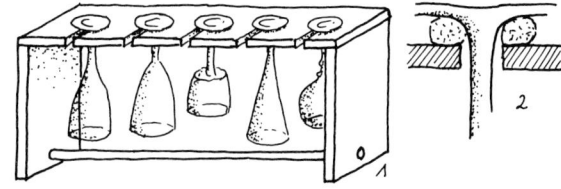

124 Porzellan-Glockenspiel

In ein Holzgestell werden kleine Porzellangefäße (Schmelztiegelchen für chemische Labors) gehängt. Um sie aufhängen zu können, werden am Boden der Gefäße kleine Schlaufen angeklebt (2). Die Gefäße können mit verschiedenen Schlägeln angeschlagen werden.

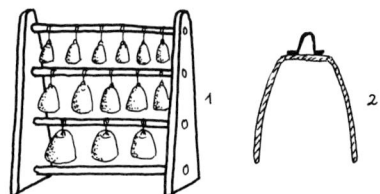

125 Holzglocken

(1) Holzglocke aus einer halben Kokosnußschale und einer Holzkugel als Klöppel.
(2) Holzglocke mit Griff (aus einem Rundstab) einer Ringschraube mit Unterlegscheibe und einer Holzkugel als Klöppel.
(3) Holzglocke aus einer Bambusröhre.

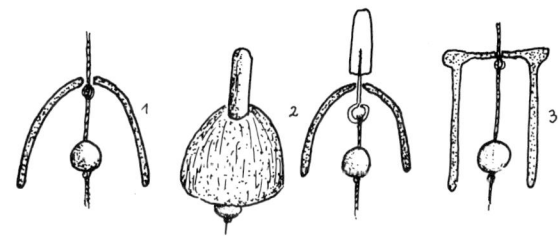

126 Metallröhrenglocken

Zum Aufhängen der Röhrenglocken werden Löcher in den Mantel gebohrt. Als Klöppel kann man Holz- oder Metallkugeln benutzen.

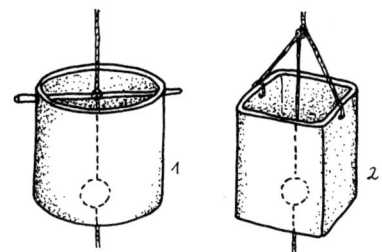

127 Metallröhren-Glockenspiel

(1) Gut klingende Metallröhren werden an einem Rad (vom Fahrrad) aufgehängt und mit einem Klöppel, der in der Mitte des Rades befestigt ist, angeschlagen.

(2) Aufeinander abgestimmte Metallröhren sind in einem Holzgestell aufgehängt. Damit die einzelnen Röhren nicht verrutschen, werden für die Aufhänge-schnüre Kerben gesägt oder Löcher gebohrt. Die Röhren werden mit Schlägeln angeschlagen (s. Nr. 191).

128 Keramikglocken, Keramikglockenspiel

Keramikglocken können auf der Scheibe gedreht oder frei aufgebaut werden (aus Wulsten). Die Wulste müssen sorgfältig verstrichen werden, damit keine Risse entstehen. Die Glocken können nur einmal (im Rohbrand) oder auch zweimal (im Glasurbrand) gebrannt werden. Die Abb. (1–3) zeigen verschiedene Glockenformen. In Abb. (4) sind mehrere Glocken zu einem Glockenspiel auf einer Schnur aufgereiht.

129 Glocken- und Schellenbänder

(1) An einem Band sind Glocken (aus Keramik, Metall) befestigt. Am oberen Ende des Bandes ist ein Stück Gummiband befestigt, damit das Band beim Ziehen elastisch federt.

(2) Ausgesuchte und abgestimmte Schellenglocken werden an den Bändern befestigt. Jedes Band hat seinen Schellenton oder -klang.

130 Glockenstab

Am Ende eines Rundstabes ist eine Holzscheibe aufgeleimt. Am Rande der Holzscheibe sind ringsum Löcher gebohrt, in denen die Glocken aufgehängt werden.

Es gibt Steine, die beim Anschlagen mit einem harten Gegenstand (z. B. Metallschlägel, Hammer) gut klingen. Es sind vor allem harte Steine wie Basalt, Granit, Marmorsorten, Onyx, Solnhofer Platten.

Auch Glas in Form von Scherben, Abfallstreifen, Flaschen usw. läßt sich für Musikinstrumente verwenden.

131 Steinspiele

(1) Steine werden an Schnüren aufgehängt und angeschlagen.

(2) Steine werden über eine hölzerne Resonanzkiste gelegt, wobei die Ränder der Kiste mit Gummi, Filz oder Schaumstoff beklebt sind, um nur den Eigenton der Steine zu vernehmen. Zwischen den Steinen sind Nägel oder Rundhölzchen als Abstandhalter in den Rand eingelassen.

(3) Die Steine liegen auf Gummibändern (aus einem Autoschlauch), die über einen halben Baumstamm genagelt sind.

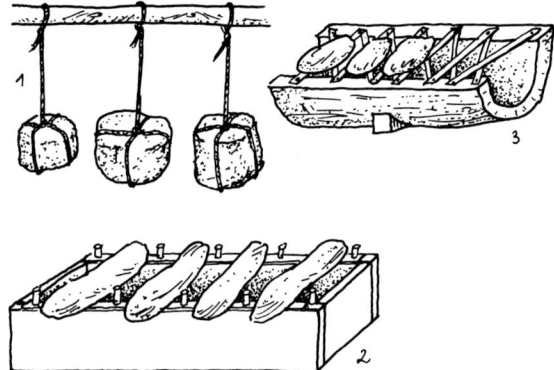

132 Glasspiele

(1) Glasscheiben und -abfälle werden mit Aufhängeösen versehen (z. B. Schnur + Klebstoff) und in einen Rahmen gehängt. Beim Bewegen der Gläser entsteht durch gegenseitige Berührung ein feines Glasgeklingel.

(2) Flaschen werden mit Wasser aufeinander abgestimmt, aufgehängt und angeschlagen.

(3) Reststreifen dickeren Glases werden über eine trapezförmige Kiste (aus Holz, Pappe) gelegt. Die Kanten der Kiste sind mit dämpfendem Material beklebt (Schaumstoff, Gummi, Filz). Zwischen den Glasstreifen sind mit Ventilgummi überzogene Abstandsnägel eingeschlagen. Um besonders gut zu klingen, müssen die Enden der Streifen etwa ein Fünftel über den Kistenrand stehen.

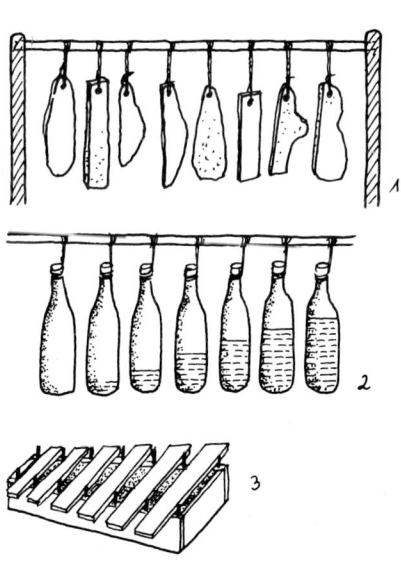

Grundinformationen

1. Die Hölzer klingen am besten, wenn sie nur in ihren Schwingungsknotenpunkten aufliegen oder aufgehängt werden. Die Schwingungsknotenpunkte befinden sich etwa 1/5 (22 %) von jedem Ende entfernt. Man findet diese Stellen, indem man den Klangstab über 2 gespannte Schnüre legt, ihn mit etwas Sand oder Sägemehl bestreut und ihn in der Mitte anschlägt. Der Sand wandert langsam auf die Schwingungsknotenpunkte zu und markiert somit die Stellen für die Auflage bzw. Aufhängung.

2. Wenn man nur die Eigentöne des Klangholzes ohne Beigeräusche des Gestelles, des Resonanzkastens usw. hören will, dann muß man die Klanghölzer auf dämpfende Materialien legen (Filz, Gummi, Schaumstoff).

3. Je gleichmäßiger das Holz gewachsen ist, desto reiner klingt es. Hartholz klingt härter und klarer als Weichholz.

4. Durch geeignete Resonanzkörper kann man die Holztöne verstärken. Die beste Resonanz entsteht, wenn der durch das Anschlagen hervorgerufene Eigenton des Holzes gleich dem Anblaston des Resonanzkörpers ist (wie beim Anblasen einer Flasche, s. Nr. 3). Bei Resonanzkästen probiert man die Resonanz am besten durch Heben, bzw. Senken, des Bodens aus.

5. Das Stimmen der Klanghölzer geschieht durch Verkürzen: je kürzer das Holz desto höher der Ton, und durch Verändern der Dicke eines Klangholzes: je dünner das Klangholz desto tiefer der Ton.

133 Stampfhölzer, Schlaghölzer, Schlagstäbe
Verschiedenartige Hölzer (Hartholz, Weichholz, Stäbe, Latten) werden mit der Stirnseite auf einem harten Grund aufgeschlagen oder mit einem Schlägel in der Mitte angeschlagen.

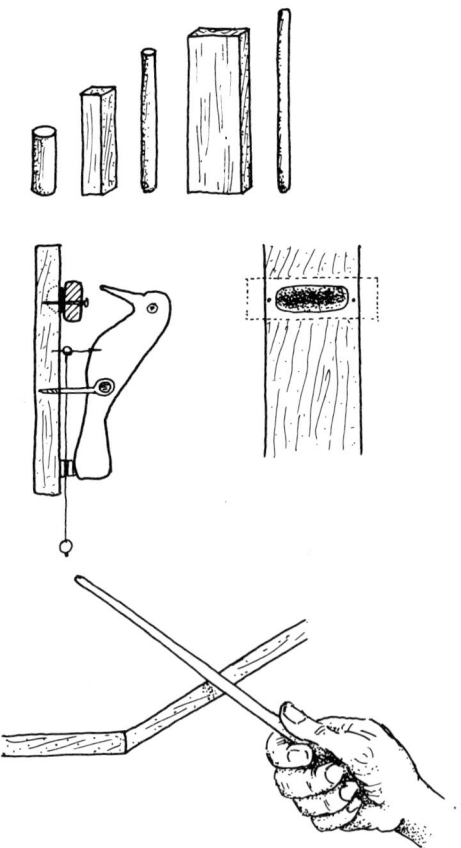

134 Klopfspecht
Ein aus Holz gesägter Specht ist mithilfe einer Holzachse und Ringschrauben so an einem Grundbrett befestigt, daß er mit seinem Schnabel auf ein Klangholz hackt, wenn man an einer Schnur zieht, die am Bauch des Spechtes angebracht ist. Das Grundbrett unter dem Klangholz ist zu einem Hohlraum ausgestemmt.

135 Schlagstock
Wenn man mit einem Stab (aus Holz, Kunststoff, Metall; Stricknadeln, Federhalter) auf eine Kante schlägt und dabei auf- und abwandert, entstehen unterschiedliche Töne.

136 Schlagbrett
Ein Brett wird in seinen Schwingungsknoten aufgehängt und mit Schlägeln (s. Nr. 191) angeschlagen.

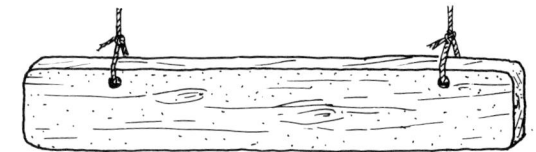

137 Arm- und Beinxylophon
Die Klanghölzer werden über die etwas ausgebreiteten Arme oder Beine gelegt und mit Schlägeln angeschlagen.

138 Kleines Xylophon
Auf einem Grundbrett werden 2 Holme trapezförmig aufgeleimt. Danach wird die Länge der Klanghölzer errechnet. Ein Fünftel ihrer Gesamtlänge steht an jedem Ende über die Holmen. Auf die Holmen werden zur Dämpfung Gummi-, Filz- oder Schaumstoffstreifen geklebt. Die Klanghölzer werden mit ventilgummi-ummantelten Nägeln beweglich auf den Holmen befestigt.

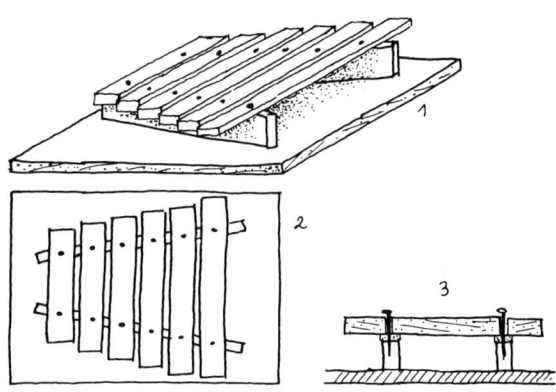

139 Gitterxylophon
Bereits ein einfacher Holzzaun kann ein Musikinstrument sein (vgl. Nr. 87). Wenn man die Latten in ihren Schwingungsknotenpunkten etwas beweglich und mit einer dämpfenden Unterlegscheibe (z.B. Gummiring) befestigt, dann klingen die Latten besser. Noch interessanter als ein gerader Zaun ist für Kinder ein Kurvenzaun, an dem sie in Schlangenlinien entlanglaufen und -ratschen und in den einzelnen Nischen spielen können (3). Regelrechte Tonleitern erhält man, wenn man die Holme trapezfömig anbringt und die Klanghölzer so darauf befestigt, daß ihre Enden etwa 1/5 über die Holmen stehen(4).

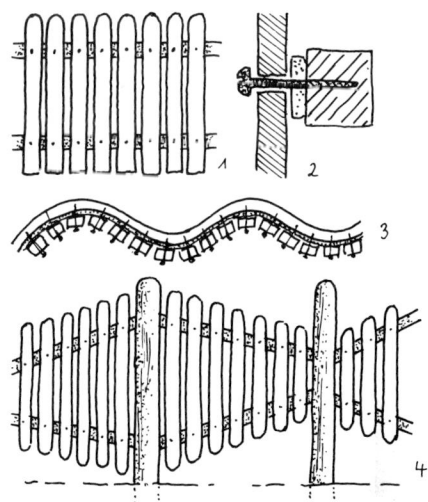

140 Hängeradxylophon
An ein Rad (eines Fahrrades) werden unterschiedlich klingende Hölzer gehängt und mit einem Klöppel (Holzkugel) angeschlagen.

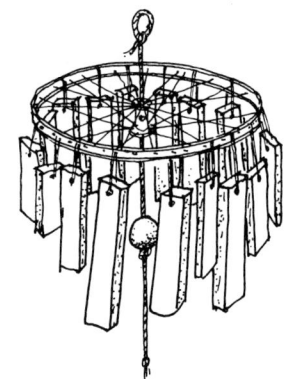

141 Rührxylophon
Zwei Holzscheiben sind mit einem Rundstab zu einem Ständer verbunden. An den Rand der oberen Scheibe werden die Klanghölzer in einem ihrer Schwingungsknotenpunkte angeschraubt. Zwischen Scheibe und Hölzer wird dämpfendes Material (Gummi, Filz) gelegt. Die Klanghölzer werden mit einem Holzschlägel angeschlagen.

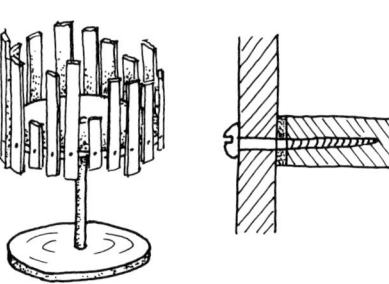

142 Quartettxylophon
Bei diesem Instrument hängen die Klanghölzer in einem ihrer Schwingungsknotenpunkte locker an den Schrauben. Zur besseren Dämpfung können über die Schrauben noch Ventilgummischläuche gezogen werden.

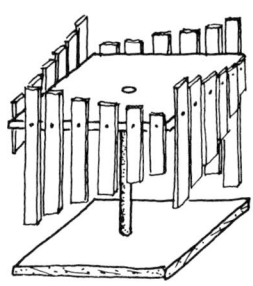

143 Drehxylophon
Zwei Holzscheiben werden sich einander zuneigend auf einer Achse befestigt. Entsprechend lange Klangstäbe werden auf den Radkanten auf dämpfenden Unterlagen (Filz, Gummi) angeschraubt oder -gebunden.

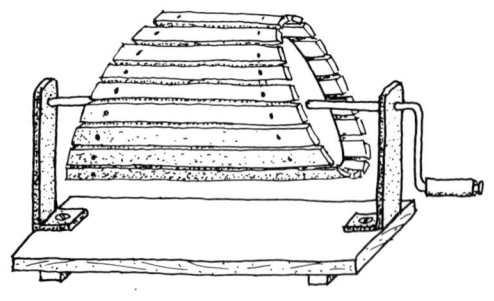

144 Hölzerne Mühle

Eine Holzwalze (Nudelholz) mit Achse wird so auf einem Grundbrett befestigt, daß man sie mithilfe einer Kurbel drehen kann. In die Walze sind Löcher gebohrt, in die man Holzstifte (Rundstäbe) stecken kann. Diese Stifte heben beim Drehen Schlägel hoch, die dann auf Klanghölzer schlagen. Der Zusammenbau der Klanghölzer entspricht Nr. 138.

145 Pultxylophon

Das Pult besteht aus einer einseitig geschlossenen Holzröhre und dem Ständer. An allen 4 Seiten der Röhre werden Ringschrauben eingeschraubt und Rundstäbe eingeleimt, zwischen denen die Schnüre zur Auflage der Klanghölzer gespannt werden (2). Die Klanghölzer werden auf der Auflageschnur festgebunden.
Abb. 3 zeigt eine Variation. Die Einzelpulte bestehen aus Holzplatten und bilden einen Resonanzraum, der an der Holzröhre angeleimt ist. Zusätzlich ist der Aufhängeboden für den Ständer in den Unterteil der Röhre verlegt und die Oberseite durch ein Trommelfell verschlossen (vgl. Nr. 195, 3).

146 Stepxylophon

Der Unterbau besteht aus einem trapezförmigen Rahmen. Die Klangstäbe, die der Stabilität wegen möglichst aus astfreiem Hartholz sein sollten, werden so bemessen, daß sie in ihren Schwingungsknotenpunkten aufliegen (s. Nr. 138 und Grundinformation 1). Dämpfende Auflage aus Gummistreifen (aus Autoschläuchen).

147 Treppenxylophon

Ähnlich wie Nr. 146. Zwei Seiten des Rahmens bestehen aus stufenförmig geschnittenen Wangen.

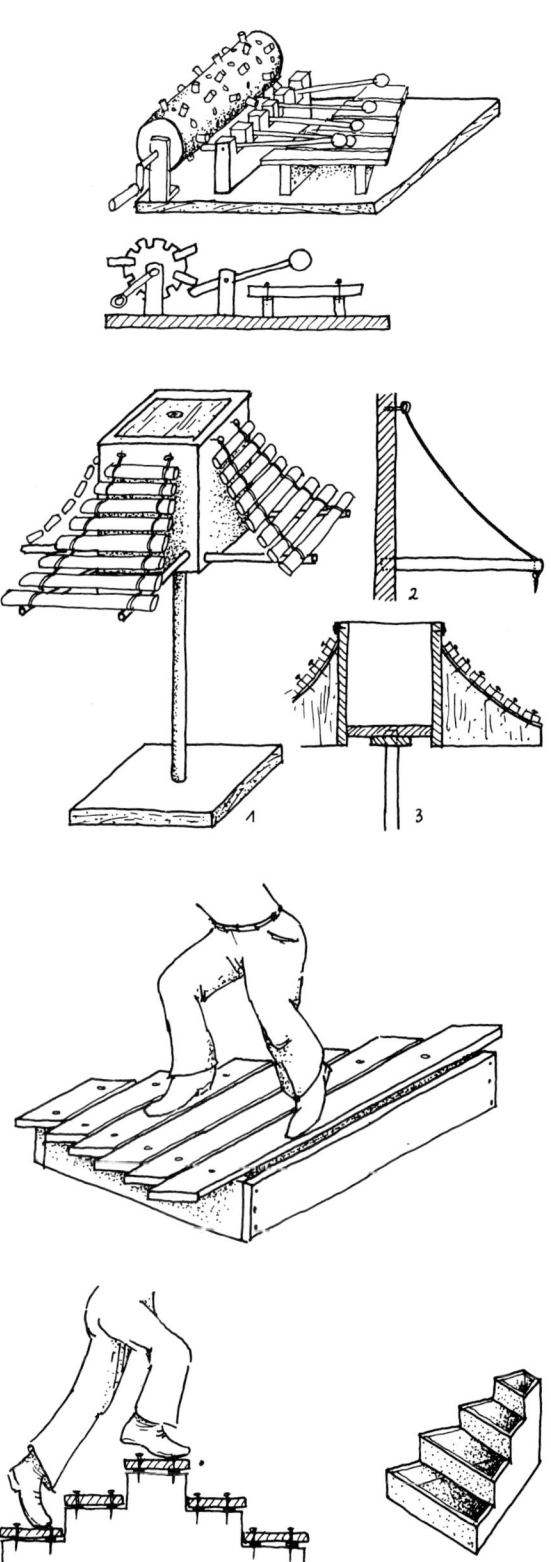

148 Tischxylophon

Über einem trapezförmigen Holzrahmen liegen auf dämpfenden Schaumstoffstreifen (Filz, Gummi) die Klangstäbe (gehobelte Dachlatten). Sie stehen an beiden Enden etwa 1/5 über den Rahmen. Die Resonatoren (= Klangverstärker) sind auf die Klangstäbe abgestimmte Plastikmilchflaschen, die sich durch Ineinanderstecken mehrerer Flaschen leicht verlängern, bzw. verkürzen lassen. Sind Stab- und Flaschenton gleich (vgl. Grundinformation 4), dann verstärkt sich der Ton. Die Resonatoren hängen an Extraleisten mitten unter den Klangstäben und bei weiterer Verstärkung auch unter ihren Enden. Anstatt der Milchflaschen kann man auch Plastikröhren verwenden. Wenn man dann noch das untere Ende mit einer dünnen Plastikfolie zuklebt, entstehen Mirlitoneffekte (vgl. Nr. 212 ff.).

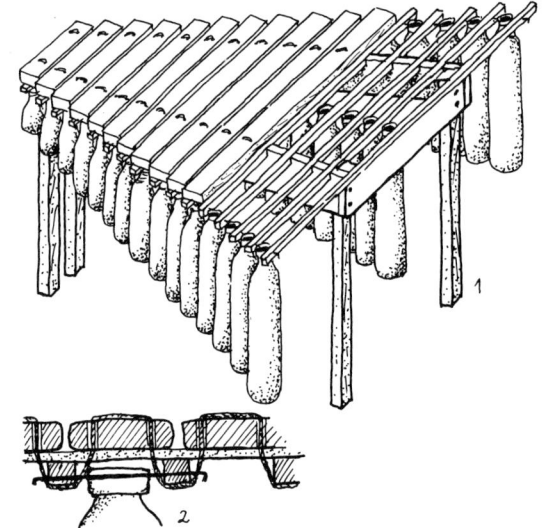

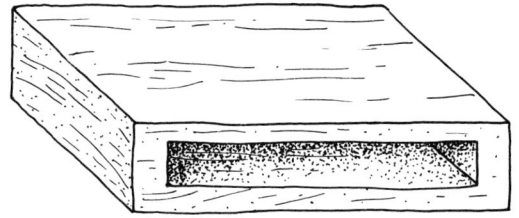

149 Holzblock

In rechteckige Holzstücke werden schmale Schlitze gestemmt oder gebohrt (erst Loch an Loch bohren, dann die Zwischenstege mit einem Stecheisen herausschneiden). Je dünner die Holzdecke, desto tiefer der Ton. Durch Abhobeln oder -schleifen kann man somit die Blöcke (tiefer) stimmen. Die Blöcke werden mit Schlägeln angeschlagen (s. Nr. 191).

150 Holzblockspiele

Auf einem Standblock aus massivem Holz sind mithilfe eines Rundstabes mehrere unterschiedlich klingende Holzblöcke beweglich übereinandergesetzt. Zwischen den Holzblöcken liegen als Dämpfung Gummischeiben (1).

In Abb. (2) sind an beiden Seiten eines Brettes mithilfe von Rundstäben Holzblöcke stufenförmig angebracht (3). Unter den Blöcken hängt zusätzlich ein Schlagbrett (s. Nr. 136).

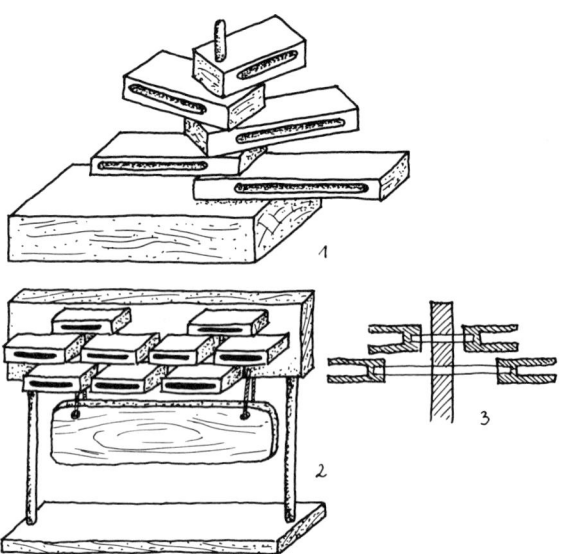

In Abb. (4) sind die Holzblöcke in 3 Registern aufgehängt. Die abgestimmten Holzblöcke werden auf einer stabilen Schnur aufgereiht. Zwischen den Blöcken sind Abstandsscheiben aus Plastikschlauch mitaufgefädelt. Die beiden Wangen des Gestells werden durch eingeleimte Rundstäbe zusammengehalten.

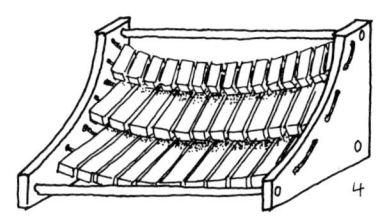

151 Bambusrohr-Xylophon

Bambusröhrensegmente, die an einem Ende geschlossen sind, werden wie die Sprossen einer Strickleiter an Schnüren aufgehängt. Durch Veränderung der Aufschnittgrößen werden die Röhren aufeinander abgestimmt.

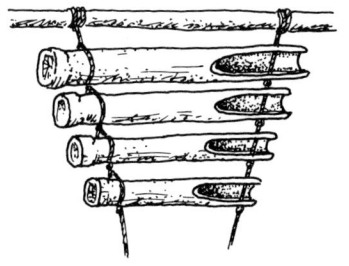

152 Zungenröhre, Talking drum

In die Seitenwände einer aus massiven Holzbrettern zusammengeleimten Röhre werden durch Sägeschnitte unterschiedlich lange Zungen eingeschnitten. Die Zungen werden mit Schlägeln angeschlagen; sie können durch unterschiedlich lange Sägeschlitze und unterschiedlich dünnes Ausarbeiten (stemmen, schleifen) abgestimmt werden.

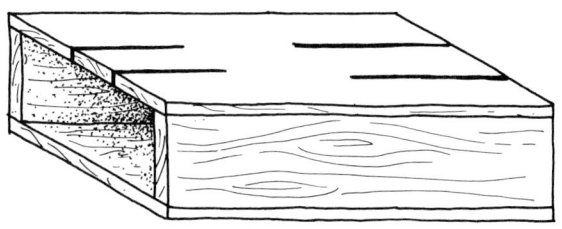

153 Holzzungenkästen

In die massivhölzernen Decken von Holzkästen werden mit einer Stichsäge Zungen gesägt. Durch unterschiedliche Zungengrößen und -dicken entstehen unterschiedliche Töne. Die Zungen werden mit Schlägeln angeschlagen.

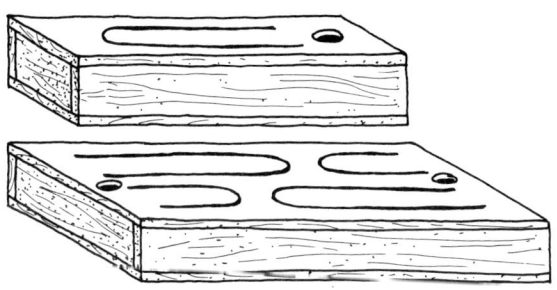

Klingende Metalle, Metallspiele (Metallophone)

Grundinformation

Die Grundinformationen für klingende Hölzer treffen im wesentlichen auch für klingende Metalle, für ihre Aufhängung, Auflage, Dämpfung, Resonanz und Stimmung zu.

Grundmaterialien

Metallstäbe, -röhren, -platten, -bänder, -ringe, Moniereisen, Metallfedern.

154 Klirrscheiben, Scherben, Geklirr

Wenn man Metallscheiben auf harten Untergrund fallen läßt, geben sie klirrende Geräusche von sich. Unterschiedlich große und dicke Scheiben erzeugen unterschiedliche Geräusche.

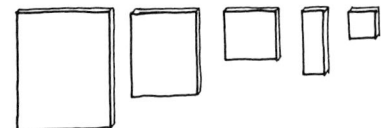

155 Klangräder

Beim Auseinandernehmen von Autos und Maschinen aller Art fanden wir immer wieder Teile, die beim Anschlagen besonders gut klingen. Einige Beispiele: (1) Laufrad einer Waschmaschine. Wenn man das Rad während des Anschlagens dreht, „verleiern" die Töne.
(2, 3) Bremstrommeln aus Autorädern. Damit sie gut klingen, werden sie aufgehängt oder auf eine dämpfende Unterlage (Schaumstoff, Gummi) gelegt.

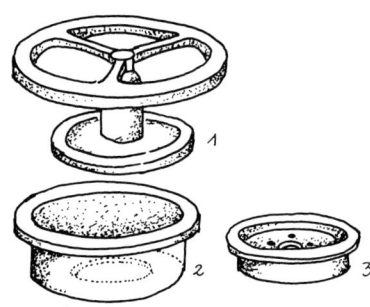

156 Triangel

Ein massiver Metallstab (Moniereisen) wird zu einem Dreieck gebogen. Die Enden berühren sich nicht. Wenn man Metallringe über einen Schenkel des Triangels schiebt, dann erzeugen sie während des Anschlagens feine Sirrgeräusche.

157 Nagelrahmen

In einen aus Leisten und Rundstäben zusammengeleimten Rahmen werden Nägel und Schrauben gehängt. Beim Schütteln des Rahmens entstehen feine metallglöckchenartige Klänge.

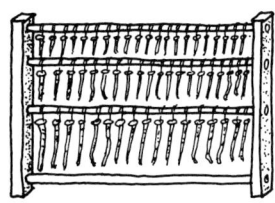

158 Hängerad-Metallspiel

Gut klingende Metallteile (vom Schrottplatz) werden an einem Rad aufgehängt (vom Fahrrad) und mit einem Klöppel (Metallkugel an einer Schnur), der in der Mitte des Rades hängt, angeschlagen.

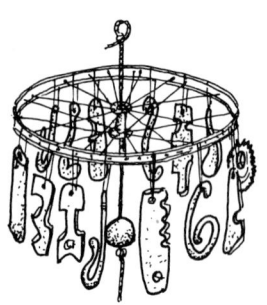

159 Sammelrahmen-Metallspiel

Gut klingende Metallteile sind in einem aus Dachlatten zusammengeleimten Holzgestell aufgehängt. In diesem Rahmen hängen: Spiralfedern, selbstgebogene verschieden große Triangeln, Platten, selbstgeschmiedete Eisen (Moniereisen).

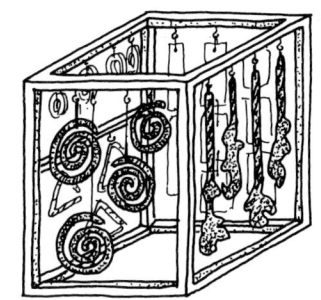

160 Metallophonwagen

Gut klingende größere Metallteile (Röhren) sind auf einem stabilen Wagen, der aus einer Tischlerplatte und stabilen Möbelrollen besteht, angeordnet. Die Metallteile liegen auf dämpfenden Leisten (Holzleisten mit Teppichbodenresten beklebt).

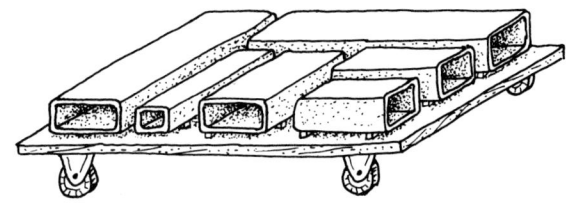

161 Strickleiter-Metallspiel

Aufeinander abgestimmte Metallstäbe werden zu einer Strickleiter zusammengebunden. Diese wird zwischen den Ringschrauben des Grundgestells aufgehängt.

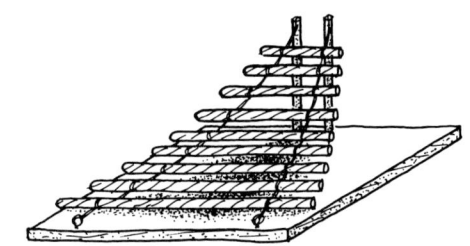

162 Waschtrommel-Metallspiel

Eine leere Waschmitteltrommel (oder jeder stabile und in der Größe geeignete Pappkarton) dient als Resonanzkörper für darübergelegte Metallstäbe (Moniereisenabfälle, Röhren).

163 Kasten-Metallspiel

Der Resonanzkasten besteht aus einer trapezförmig gebauten Holzkiste mit Boden und Beinen aus Kanthölzern. Die Metallstäbe liegen auf einer dämpfenden Unterlage (Filz, Gummi) und sind voneinander durch ventilgummiüberzogene Nägel getrennt.

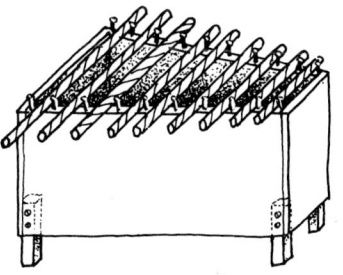

164 Metallplattenspiel

In die Öffnung einer Holzröhre wird eine Metallplatte mithilfe von Gummiband oder Schnur gehängt (1). Ein passender Boden wird von unten her so weit in die Röhre geschoben, bis beim Anschlagen der Platte die beste Resonanz gefunden ist.

Abb. (2) zeigt mehrere Röhren, die zu einem Spiel zusammengesetzt sind.

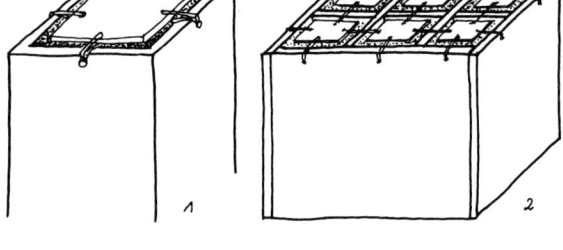

165 Dosenmühle

Zwei Räder werden auf einer Achse mit Kurbel starr befestigt. Zwischen den Rädern werden Blechdosen mithilfe von Zugfedern gespannt. Am offenen Dosenende werden die Zugfedern in einem Drahtkreuz befestigt, am Boden mithilfe von Ringschrauben und einem Holzklötzchen (2).

In Abb. (3) ist als eine mögliche Variation ein Klangholz zwischen den Dosen gespannt. Dosen und Klanghölzer werden mit Schlägeln aller Art angeschlagen (s. Nr. 191).

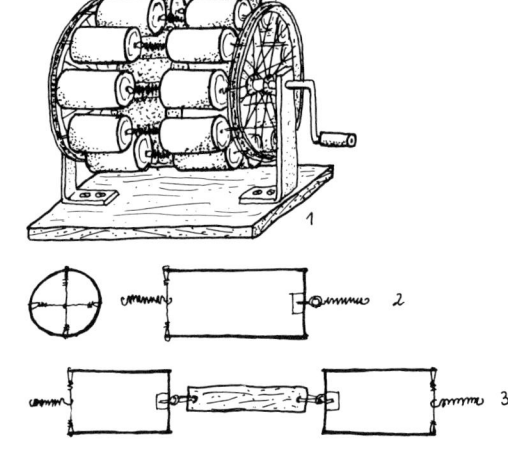

166 Metallstabspiel

Unterschiedlich lange Metallstäbe werden in den entsprechend vorgebohrten Löchern eines Massivholzbrettes eingeleimt. Um den Stäben genügend Halt zu geben, ist auf das Massivholzbrett noch eine Holzleiste aufgeleimt. In die Vorderseite des Kastens sind Schallöcher gebohrt.

Die Metallstäbe werden mit Schlägeln angeschlagen.

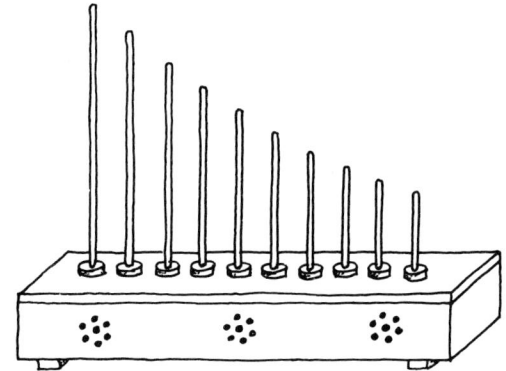

167 Zirrstäbe

Glatte und möglichst rostfreie Metallstäbe werden in einem Fuß (Zahnrad, Holzplatte) befestigt. Die Geräuschverursacher sind Drahtspiralen mit einem Dorn als Ende, die locker über die Stäbe passen. Durch das Gewicht der Dornen rutschen die Spiralen nicht auf einmal herunter, sondern federn unter einem feinen Zirrgeräusch die Stäbe herab. Mit aufgesetzten Gewichten kann man die Geschwindigkeit regeln (Holzkugeln, Scheiben, Glokken, Schellen).

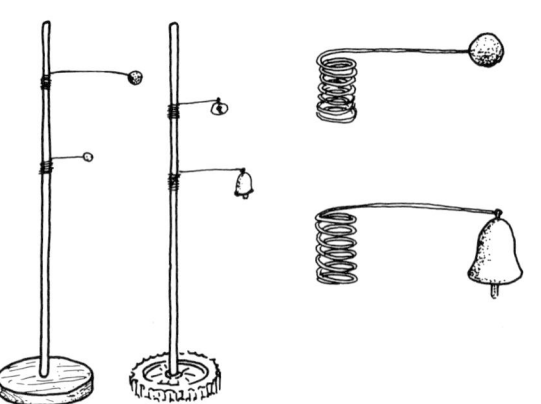

Dazu gehören Instrumente, deren Töne durch das Anzupfen von eingespannten elastischen Zungen erzeugt werden, wie z.B. Maultrommeln, Sansas und Spieluhren.

Grundmaterialien

Holz-, Bambusspäne, Federstahldraht verschiedener Stärken, Stahlbänder, Kunststoffstäbe und -bänder, Lineale, Stricknadeln, Laubharkenzinken, Regenschirmspeichen

Grundinformationen

1. Die Länge der frei schwingenden Zunge bestimmt die Tonhöhe: je länger das Ende, um so tiefer der Ton.
2. Man kann die Tonhöhe auch durch Anbringen von Gewichten am freischwingenden Ende der Zunge verändern: je schwerer das Gewicht, um so tiefer der Ton. Als Gewicht eignen sich: Klemmgewichte wie Lüsterklemmen, Holzkugeln, Perlen oder Wachs, Kaugummi, Fensterkitt, elastische Klebemassen
3. Die Klangfarbe ändert sich, wenn das schwingende Ende unterschiedlich lang auf dem Resonanzboden aufliegt: Je länger die Zunge aufliegt, um so mehr schnarrt der Ton.

168 Gleitzungen

Eine Zunge (Stricknadel, Federstahldraht) ist auf einem Resonanzkörper (Tisch, Holzbrett) unter einem Steg so befestigt, daß man sie darunter hin- und herschieben kann. Der Steg kann durch Flügelschrauben entsprechend festgestellt werden. Das hintere Zungenende ist zu einem Griff gebogen. Beim Anzupfen und gleichzeitigen Hin- und Herschieben der Zunge entstehen Gleittöne.

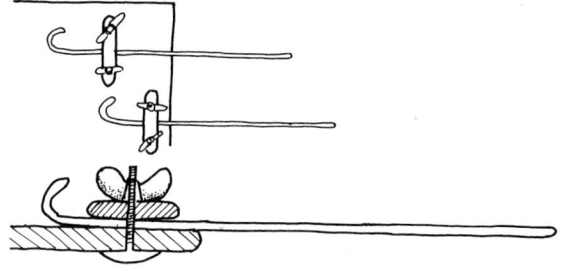

169 Sansadose

Zwischen dem Boden einer großen Konservendose (Marmeladeneimer) und einem Metallband werden mithilfe von Mutterschrauben Metallzungen eingeklemmt und aufeinander abgestimmt.

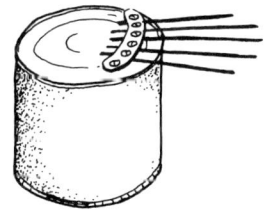

170 Sansakasten

Auf der Decke eines Holzkastens sind 2 Dreieckleisten als Stege aufgeleimt. Über die Stege werden Zungen gelegt, die mithilfe einer Metall- oder Holzleiste und Flügelschrauben eingespannt werden, um zu klingen. Das Instrument eignet sich für zwei Spieler.

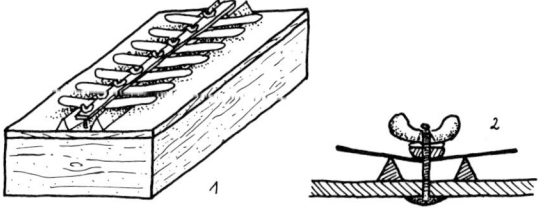

171 Holzblocksansa

Die Zungen werden auf einem Holzblock (s. Nr. 149) mithilfe einer Leiste und Mutterschrauben eingespannt. Unter den Holzblock ist als Schutz ein Stück Plexiglas (Kunststoff, Sperrholz) geschraubt.

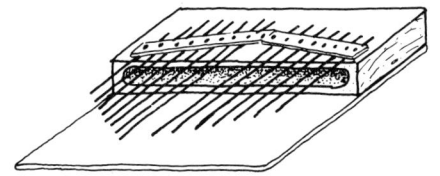

172 Manualsansa

(1) Zwei gleichgroße dünne Sperrholzplatten sind mit Kanthölzern zu einem Kasten zusammengeleimt. Auf der Oberseite sind Zupfzungen mithilfe von Flügelschrauben unter einer Leiste festgeklemmt. Wenn alle Zungen etwa die gleiche Klangfarbe haben sollen, müssen ihre frei schwingenden Enden im selben Verhältnis auf der Sperrholzplatte aufliegen, das heißt, die Klemmleiste muß schräg aufgeschraubt werden.(2) Ähnlich wie (1), nur dreimanualig gebaut.

Die Instrumente (3) und (4) sind aus alten Tischen hergestellt und für mehrere Spieler geeignet. Bei (3) ist wegen den überstehenden Zungen ein Sperrholzbrett als Verletzungsschutz angeschraubt. (4) enthält zusätzlich ein Vielfachtrompetenspiel (s. Nr. 31), so daß jeder Spieler 2 Instrumente gleichzeitig spielen kann.

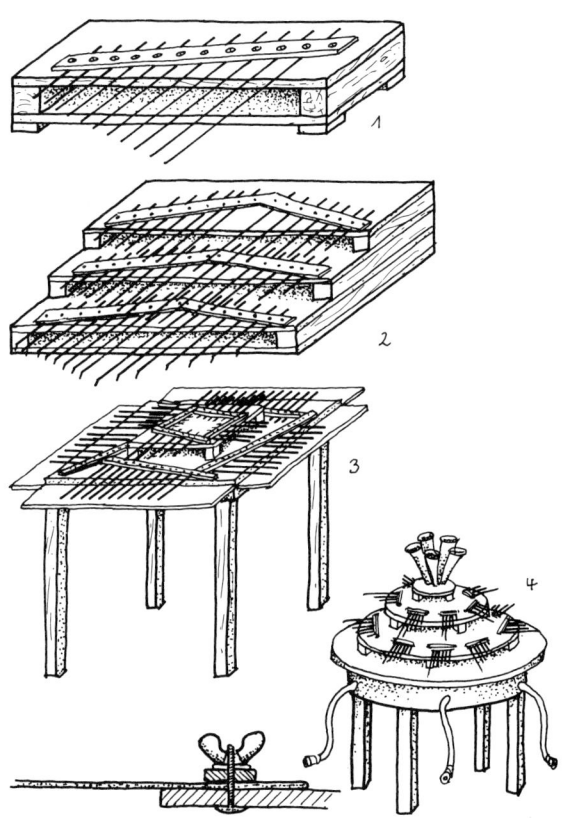

173 Spieluhren

Spieluhren sind nach dem Prinzip einer Sansa gebaut. Ihre aufeinander abgestimmten Zungen werden durch eine Stiftwalze angerissen (1). Die Stellung der Stiftwalze hängt von der Anordnung der Zungen auf dem Resonanzkasten ab (2, 3). Die

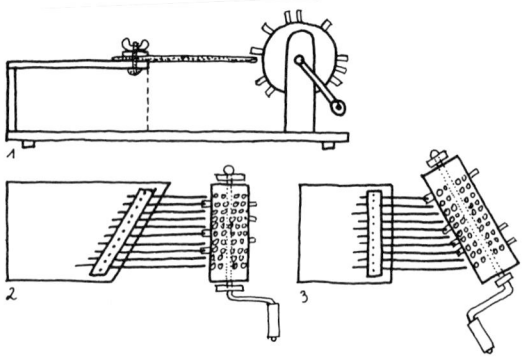

Stiftwalzen können auf unterschiedliche Weise hergestellt werden: (4) Holzwalze (Nudelholz) mit Rundstabstiften, die austauschbar sind; (5) Holzwalze mit eingeschlagenen Nägeln (Schrauben), deren Köpfe abgekniffen sind; (6) Holzwalze mit aufgeleimten Dreiecksleisten; (7) Holzscheiben mit eingesägten Zacken; (8) Holzscheiben mit ausgebohrten Halblöchern; (9) dickes Rundholz als Achse mit durchgesteckten Rundstäben; (10) quadratische Holzscheiben auf einer Achse, die Ecken berühren die Zungen; (11) durch die Löcher einer Waschmaschinentrommel gesteckte Gewindeschrauben mit Kontermuttern.

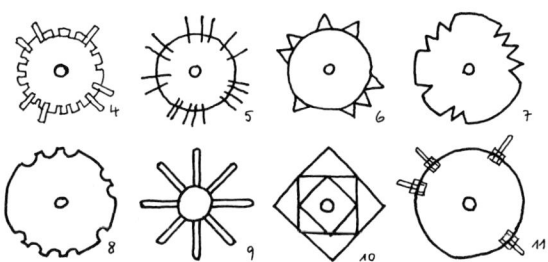

174 Spieluhrenturm

Viele kleine Spieluhren sind rings um eine hölzerne Röhre angeschraubt. Die Röhre bewirkt als Resonanzraum die Verstärkung der Töne. Der Standfuß der Röhre besteht aus einer hölzernen Grundplatte und einem genau in die Röhre passenden Vierkantholz, das auf der Grundplatte verleimt und verschraubt ist.

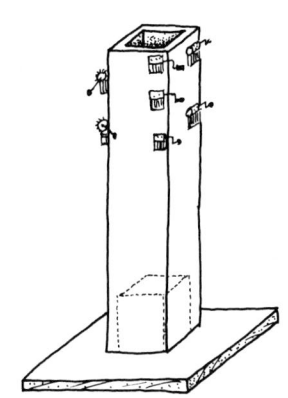

Kugelspiele

Dazu gehören Instrumente, bei denen Kugeln über klingende Materialien laufen oder an diese stoßen und dabei Geräusche und Töne erzeugen.

Grundmaterialien

Holz- und Metallkugeln (aus Kugellagern), Glas- und Tonkugeln (Knicker, Murmeln), Tischtennisbälle

175 Nageltablett

In ein handliches Brett werden mit unterschiedlich langen Nägeln Bahnen genagelt, in denen Kugeln, Tischtennisbälle usw. beim Hin- und Herbewegen laufen, dabei an die Nägel stoßen und dadurch Töne erzeugen.

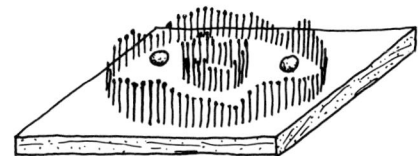

176 Nagelbahnspiele

(1) Auf eine größere Tischlerplatte sind Bahnen aufgenagelt, in denen Holzkugeln (Tischtennisbälle) herunterrollen. Die Nägel werden entweder etwas schräg eingeschlagen oder das Brett wird schräg gestellt (2). In Abb. (3) sind 2 Bretter gegeneinander gestellt und durch Scharniere verbunden. (4) Ein Nagelbahnbrett mit Weichen (5), mit denen der Spieler die Kugeln umlenken kann. (6) Ein Nagelbahnbaum. Anstelle der Nägel kann man auch Rundstäbe einleimen. Oben ist ein Sammelschälchen, im Fuß eine Auffangrinne eingearbeitet.

(7) Ein Nagelbahnrad. Die Kugeln laufen auf einer Spiralbahn von außen nach innen oder umgekehrt. Sie verschwinden in einem Loch und kommen am gegenüberliegenden Loch wieder hervor (8). Am Radrand sind Holzkugeln als Griffe eingedübelt.
(9) Zwei Nagelbahnräder sind auf einem Grundbrett befestigt. Ihre Achsen laufen in Kugellagern. Sie sind durch einen Antriebsriemen miteinander verbunden.

(10) Nagelflipper. Das Flipperbrett ist auf einem Grundbrett in der Achse (A) beweglich befestigt. Als Griffe sind 2 Holzkugeln angeleimt. Oben werden Kugeln eingeworfen, die dann in die Nagelgänge geführt werden. Jeder Gang erhält eine bestimmte Punktzahl. Im unteren Teil läuft das Flipperbrett auf einer quer angeschraubten Transportrolle.

177 Schlauchbahnspiele

(1) Ein Plastikschlauch (oder mehrere) ist spiralförmig um einen Baum gewickelt. Die Kugeln laufen im Schlauch herunter und stoßen unten gegen einen klingenden Gegenstand (Glocke, Metallscheibe).

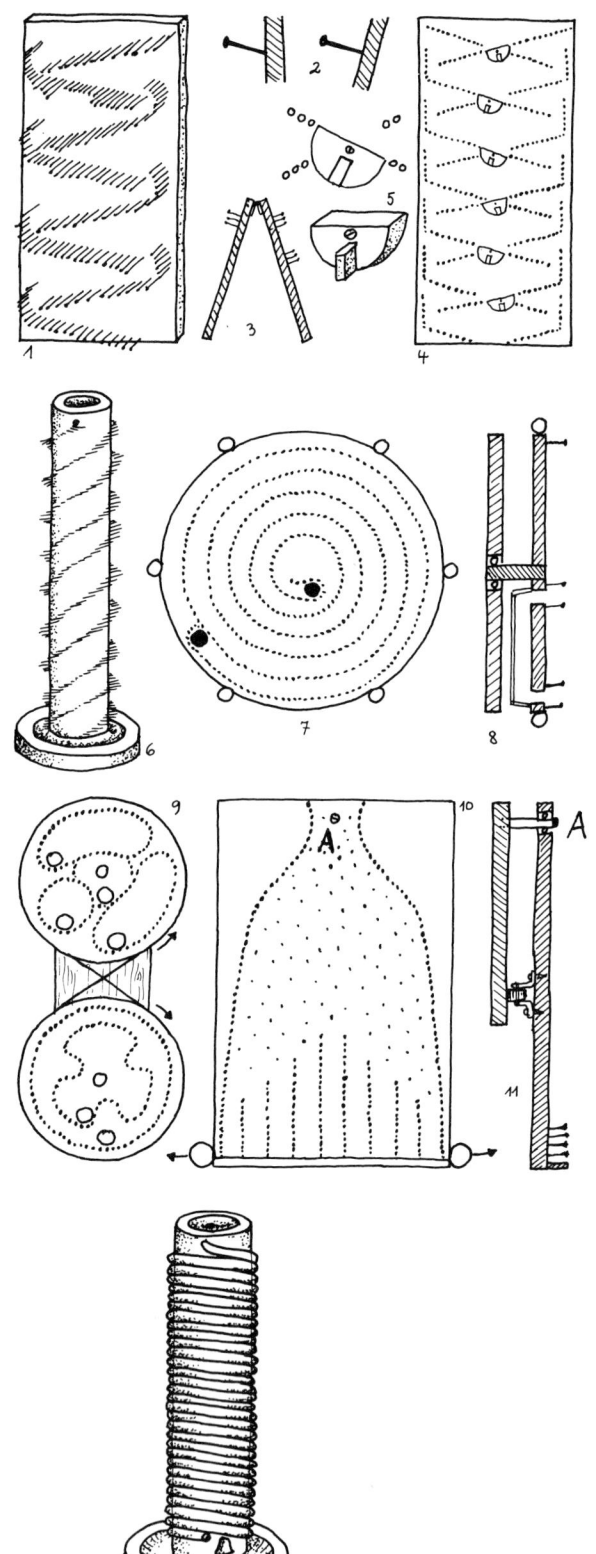

(2, 3) Mehrere Plastikschläuche sind als Kugelbahnen durch ein Brett geflochten. Die Kugeln enden auf klingenden Hölzern oder Metallteilen. Als Einwurftrichter sind Steckvasen verwandt.

(4) Mehrere Schlauchbahnen sind kreuz und quer durch eine Holzröhre geflochten. Sie enden im Inneren vor einem Gitter, an dem viele klingende Gegenstände (Glöckchen, Metall-, Holzteile) hängen. Die Röhre steht auf Rundstäben über einem Auffanggrundbrett.

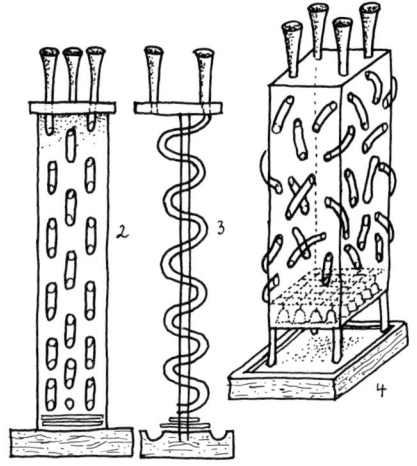

178 Weichenkullerbrett

Auf einer größeren Holztafel werden Holzklötzchen, deren Oberseite etwas abgeschrägt ist (2), als drehbare Weichen angeschraubt. Die Seiten des Brettes sind durch hervorstehende Leisten gesichert, damit die Kugeln nicht herausfallen. Die Wege der Kugeln können selbst bestimmt werden. Unten fallen die Kugeln in eine Auffangrinne. Man kann auf den Weichen auch klingende Holz- oder Metallplatten anbringen, die auf dämpfenden Materialien (Filz, Gummi) liegen (3).

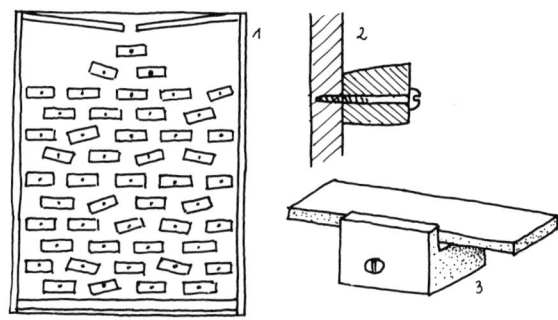

179 Federkullerbrett

Im Prinzip wie Nr. 178. Die Weichen bestehen aus Holzklötzchen, auf denen leicht federnde Metallbänder (Verpackungsbänder) befestigt sind. Für die Kugeln sind mithilfe von Holzleisten kleine Boxen aufgeleimt. Durch eine verschiebbare Leiste mit eingebohrten Löchern kann der Boden der Boxen geöffnet werden, so daß die Kugeln auf einmal herunterrollen können. Unten fallen sie in eine Auffangrinne.

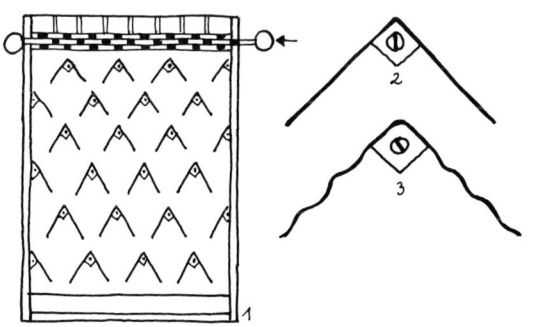

180 Zickzack-Kullerturm

Der Turm ist aus zwei Bahntypen zusammengesetzt. Abb. (2) zeigt die Herstellung der runden Bahnen: Durch eine Leiste werden Löcher gebohrt. Die Leiste wird in der Mitte aufgetrennt und etwas versetzt wieder zusammengefügt, und zwar durch Plexiglasscheiben, die an der Vorder- und Rückseite der Leisten angeschraubt werden.
Die eckigen Bahnen (3) werden aus Dreiecksklötzchen und entsprechenden Holzleisten zusammengeleimt und ebenso wie die Bahnen (2) durch Plexiglas verbunden. Der gesamte Turm steht auf Rundstäben über der als Auffangbecken dienenden Grundplatte.

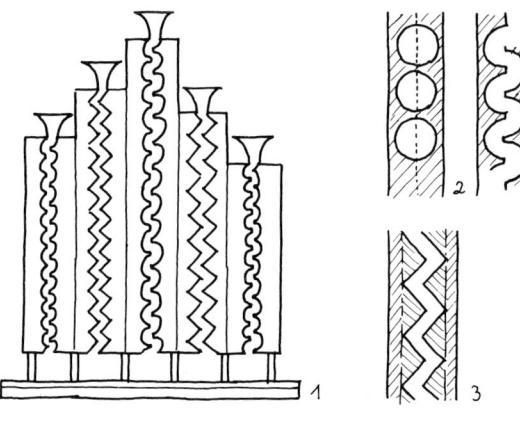
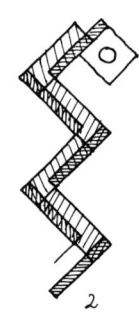

181 Zickzack-Kullerbahn

Jede Kullerbahn ist in sich aus gleichgroßen Grundleisten hergestellt. Die Leisten werden versetzt miteinander verleimt (2). Zum Aufhängen wird ein durchbohrtes Holzklötzchen angeleimt. Alle Kugelbahnen werden auf einem Rundstab aufgehängt.

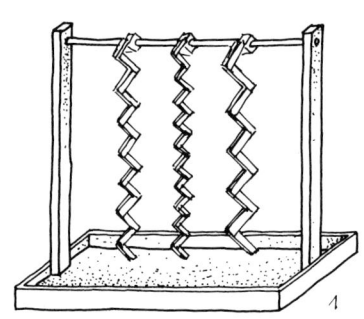

182 Acrylglas-Kullerbahn

Zwischen zwei größere Acrylglasscheiben werden Holzleisten geschraubt, auf denen Kugeln abwärts rollen. Die Leisten stehen am oberen Ende etwas über die Scheiben, damit daran klingende Gegenstände, an die die Kugeln stoßen, gehängt werden können (Glocken, Metallröhren).

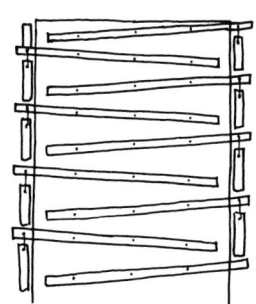

183 Kuller-U-Bahn

An einer senkrecht stehenden Leiste werden u-förmige Nutleisten angeleimt und verschraubt. An den Enden werden jeweils 2 Bahnen durch 2 Brettchen zusammengehalten (2). In die Brettchen werden Schraubhaken als Haltevorrichtung für Klangplatten eingeschraubt. Die rollenden Kugeln stoßen bei jeder Wende an die Klangplatten. In Abb. (3) sind auf den oberen Enden der Nutleisten Trichter in aufgeleimten Klötzchen befestigt. In den Trichtern hängen an Gummibändern Klangplatten.

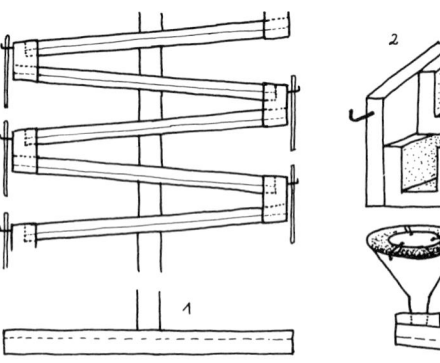

184 Kullerbahnbretter

(1) Glockenspiel-Kullerbrett. Die Kugeln laufen auf oben etwas angeschrägten Holzleisten und stoßen an aufgehängte Glöckchen (2).
(3) Windmühlen-Kullerbrett. Die Kugeln laufen auf Holzleisten und fallen in die Flügel der Mühlen, die sich dadurch drehen. Die Mühlräder laufen auf Kugellagern (4). Zusätzlich können die Kugeln noch auf Klangplatten im Mühlenunterbau fallen (5).

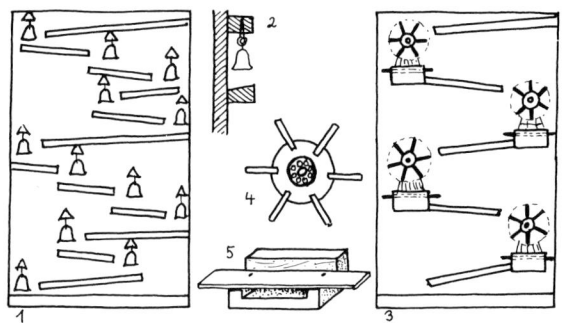

185 Trichter-Kullerturm

Trichterförmige und am Boden offene Gefäße (große Plastiktrichter, Drogerieverkaufsständer, Plastikblumenkübel) werden so zwischen zwei Brettern gegeneinander versetzt befestigt, daß die durchfallenden (Tischtennis-) Bälle auf dem Außenrand des Trichters auftreffen und dann immer mehr zur Mitte hin springen.

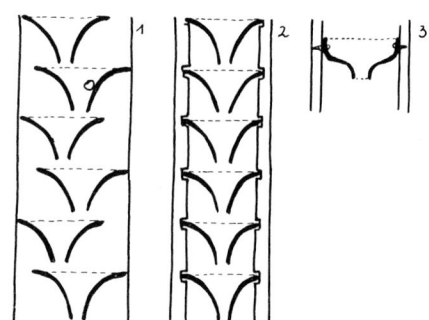

186 Big-Ben-Kullerturm

Eine Holzsäule ist so zusammengeleimt, daß alle 4 Bretter seitlich etwas überstehen. Mit auf der Oberseite etwas angeschrägten Leisten werden Kullerbahnen spiralförmig abwärtsführend um die Säule gelegt. In den Biegungen werden Klangplatten aufgehängt, gegen die die herabrollenden Kugeln stoßen, bevor sie ihre Richtung ändern.

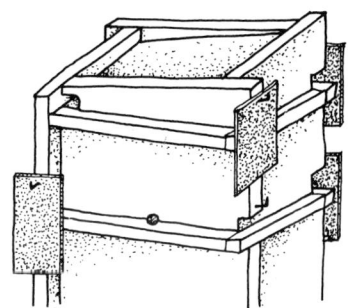

187 Klangstab-Kullertürme

(1) Zwischen zwei Brettern werden keilförmige Holzteile so verleimt, daß Schlitze bleiben, in die Klangplatten gelegt werden können (aus Holz oder Metall). Die Klangplatten liegen auf Gummi (Filz) und werden durch kleine aufgeleimte Holzklötzchen (oder eingeschlagene Nägelchen) in ihrer Stellung gehalten (2).
Bei (3) liegen die Klangplatten in Sägeschlitzen der Seitenbretter (4).

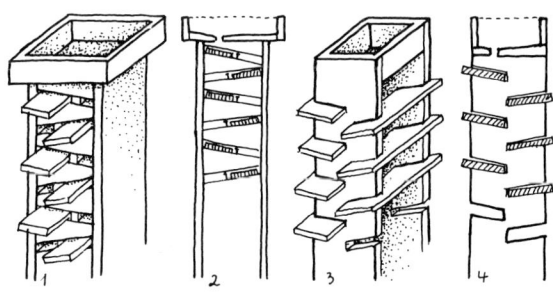

Bei Turm (5) sind zwei Bretter durch Rundstäbe leiterartig verbunden. Die Klangplatten liegen auf den Rundstäben. Sie sind auf ihrer Oberseite etwas ausgehöhlt. An der tiefsten Stelle der Mulde befindet sich ein Loch, durch das die Kugeln auf das nächste Klangholz fallen. Die Löcher sind gegeneinander versetzt.

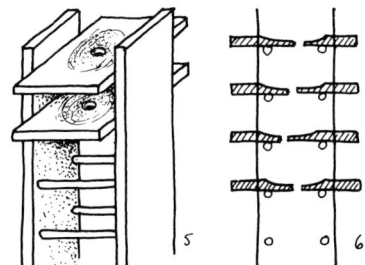

188 Rappelkiste

Eine geschlossene Holzröhre ist auf einer drehbaren Achse befestigt. An den Innenwänden der Röhre sind Nägel, Hölzer, Bleche, Folien usw. angebracht, zwischen denen Kugeln, Metallteile usw. beim Drehen herumrappeln.

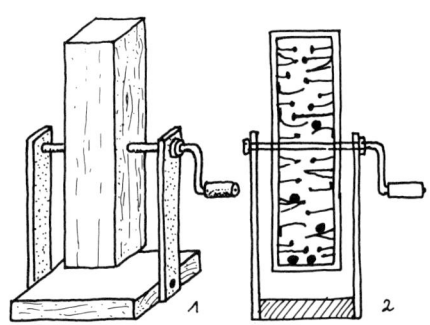

189 Klimperkasten

In einer Holzkiste (oder einem Holzgestell mit Acrylglaswänden) sind in mehreren Stockwerken klingende Materialien aufgehängt (Glocken, Hölzer, Metallplatten). Die Kugeln fallen durch die Materialien hindurch in das Auffangbecken der Grundplatte.

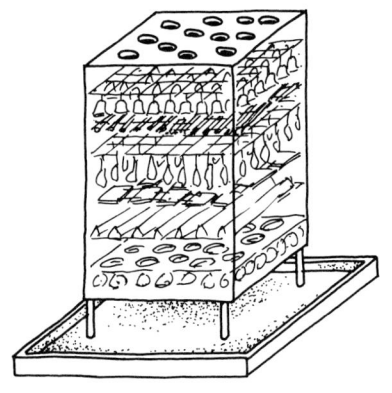

190 Brummtopf

Ein ehemaliger Ferkelfuttertrog (oder ein ähnliches Gefäß) ist an einem stabilen Ständer gut beweglich aufgehängt. Im Topf rollen Kugeln, die man durch entsprechendes Bewegen des Gefäßes lenken kann.

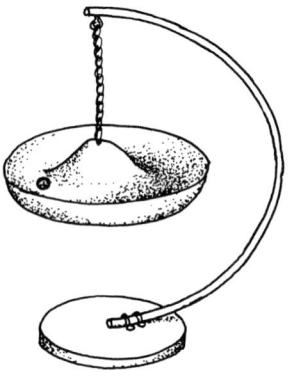

4. Fell-, Membran- oder Trommelinstrumente (Membranophone)

Zu dieser Gruppe gehören alle Instrumente, bei denen eine Membran in Schwingungen versetzt und den Ton in Verbindung mit einem mehr oder weniger geschlossenen Luftraum (Schallkörper oder Resonanzraum) erzeugt. Die Membranen werden straff über die Schallkörper gespannt. Die Schallkörper können bis zu einem Spannrahmen vereinfacht sein.

Familien

Rahmentrommeln (Tambourins)
Röhrentrommeln
Kesseltrommeln (Pauken)
Zwei- oder mehrfellige Trommeln
Reibtrommeln
Mirlitoninstrumente (Kazoos)

Grundinformationen

1. Stimmen einer Trommel:

– durch Spannen des Trommelfelles. Je straffer das Fell um so höher der Ton.
– durch Verlängern des Trommelkörpers. Je länger die Trommelröhre um so tiefer der Ton. Je größer der Durchmesser einer Röhre um so voller der Ton, gleiche Längen der Röhren vorausgesetzt.
– durch Auftragen einer Trommelpaste auf die Fellmitte. Durch die Paste wird die Mitte dicker und schwerer und die Membran schwingt langsamer; damit klingt sie auch tiefer. Als Trommelpaste eignet sich Plastilin, Knetgummi, Fensterkitt, Kaugummi.

2. Verändern der Klangfarbe:

– Durch Schnarrsaiten. Das sind Darm- und Metallsaiten, die unter oder über die Membran gespannt werden.
– Durch eine Schnarre. Das ist ein u-förmig gebogener und in sich gedrehter Draht mit darübergestülpten Metallhülsen. Dieser Metallbügel wird im Trommelkörper befestigt.
– Durch ein oder mehrere Mirlitonlöcher. Das sind Löcher im Trommelkörper, über die feine Folien (Pergament-, Zellophanpapier, dünnste Plastikeinwickelfolien) gespannt werden.
– Durch Bestreuen und Belegen des Trommelfelles mit Gegenständen wie trockenen Erbsen, Steinchen, Granulaten, Sand, Filz, Tüchern, Händen.

3. Spielweisen:

Neben den vielfältigen Schlagmöglichkeiten auf einer Trommel (mit Händen, Schlägeln, Besen . . . in der Mitte, auf dem Rand des Trommelfelles . . .) lassen sich noch viele Spielweisen finden wie z. B. kratzen, schaben, reiben, wischen, scharren.

Grundmaterialien

1. Membran: Tierhaut (Ziege, Reh, Rind) roh oder gegerbt, ungeschliffen oder geschliffen / Gummitücher und -matten / Stoffe, feine und stabile Gewebe, die nach dem Aufziehen noch mit Spannlack bestrichen werden können / Papiere: Pergament, gut geleimte Packpapiere / dünne Holzböden, Sperrplatten / Metallfolien, Bleche . . .
2. Trommelkörper: Kunststoff-, Metall-, Holz-, Papp und Keramikröhren, Schachteln, Kartons, Kisten, Gefäße, Töpfe, Dosen, Fässer, Kanister . . .

191 Schlagwerkzeuge, Schlägel, Spielhilfen

Gebrauchsfertige Schlagwerkzeuge neben den Händen sind Fingerhüte, Bürsten, Besen, Pinsel, Kochlöffel, Stöcke, Stäbe, Stricknadeln, größere Nägel und Schrauben, Hämmer usw.

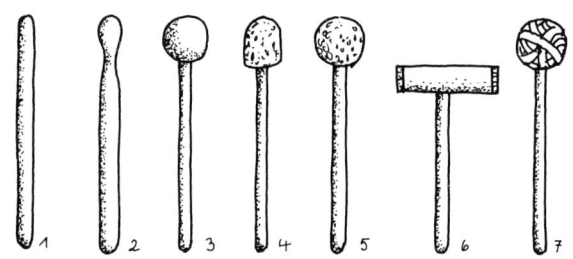

(1) Rundstäbe, an den Enden rund geschliffen
(2) Rundstäbe mit einem angeschliffenen Kopf
(3) Rundstäbe mit Holzkugeln (Metall-, Plastik-, Gummikugeln)
(4) Rundstäbe mit angeschliffenen Korken
(5) Rundstäbe mit Styroporkugeln
(6) Holzhammer aus 2 Rundstäben, mit unterschiedlichen Materialien (z. B. Filz, Gummi, Leder) beklebt

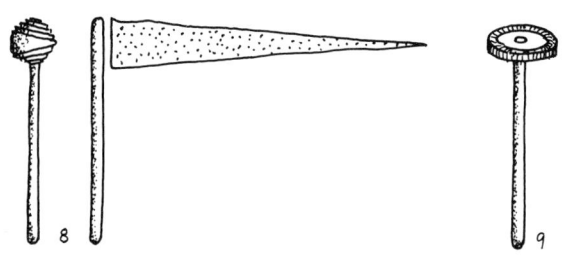

(7) Rundstab mit Gummikopf (mit Fahrradschlauchgummi umwickelt)
(8) Rundstab mit Filzkopf. Der Filz (Fußbodenbelag) wird zu einem Keil geschnitten, mit Klebstoff bestrichen und um den Rundstab gewickelt. Während des Trocknens wird ein Bindfaden um den Filzkopf gewickelt.
(9) Rundstab mit Spielzeugrad
(10) Doppelseitiger Schlägel mit Holzkugel und Filzkopf
(11) Rohr mit Schrotkugeln (Steinchen etc.) und Korkkopf

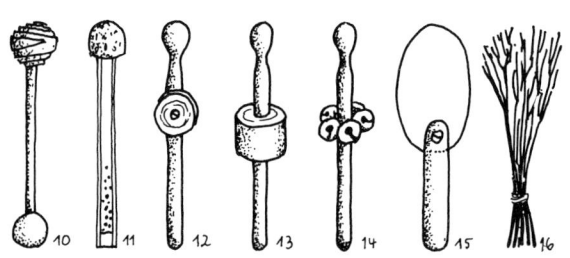

(12) Rundstab mit Tambourinschelle (Dosendeckeln)
(13) Rundstab mit übergestülpter Rassel (Milchdose)
(14) Rundstab mit Schellen
(15) Patsche aus Gummi (Autoschlauch), Leder oder Weichplastik
(16) Reisigrute
(17) Schnarre; die Drahtenden werden im Trommelkörper befestigt.

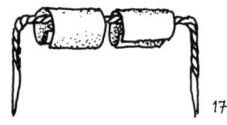

192 Befestigungsarten von Trommelfellen

(1) Befestigen des Trommelfelles mit einer Schlauchschelle. Tierhaut muß vor dem Spannen etwa einen Tag in Wasser eingeweicht werden. Sie wird naß über den Trommelkörper gespannt. Bei elastischen und leicht verformbaren Trommelkörpern (Plastik- oder Papprohr) empfiehlt es sich, einen Holzring einzuleimen. Die Schlauchschelle wird direkt über den Holzring gespannt (2).

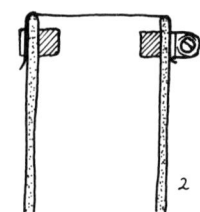

(3) Bei einem Gefäß mit Wulstrand kann man mithilfe zweier Holzreifen eine Stimmvorrichtung anbringen. Ein Ring wird am Wulst befestigt, der andere mit Fell bespannt (mit Heftzwecken oder Breitkopfnägeln am Holzring befestigt). Mithilfe von Flügelmutterschrauben, die durch beide Holzringe gesteckt werden, spannt man das Fell (4).

(5) Ein mit Fell bespannter Holzring wird über die Öffnung des Trommelkörpers gestülpt und mit Schnüren gespannt. Am unteren Rand werden die Schnüre durch Metallhaken gehalten (6).

(7) Spannen des Trommelfelles mit Schnüren. In den Rand des Trommelfelles werden mit einer Lochzange oder einem Locheisen Löcher gestanzt. Die Schnüre werden entweder an Haken, an einem Holz- oder Drahtring oder an Spannasen (eingeleimte Rundstäbe, Kugeln oder bei Keramikinstrumenten eingearbeitete Vorsprünge) befestigt (7–9).

(10) Holztrommeln kann man mit Holznägeln spannen. Für die spitzen Holznägel werden Löcher in den Trommelkörper gebohrt. Das Fell wird in der Reihenfolge der Abb. (11) gespannt.

(12) Festnageln des Trommelfelles mit Breitkopfnägeln (Blauzwecken).

(13) Verkleben von Trommelfellen. Diese Methode eignet sich für dünne und leicht zerreißbare Membranen. Nasse Trommelfelle werden mit wasserverdünnbarem Kunstharzkleber (Weißleim) geklebt. Während des Trocknens wird ein Bindfaden so fest wie möglich um die Klebestelle gewickelt (14).

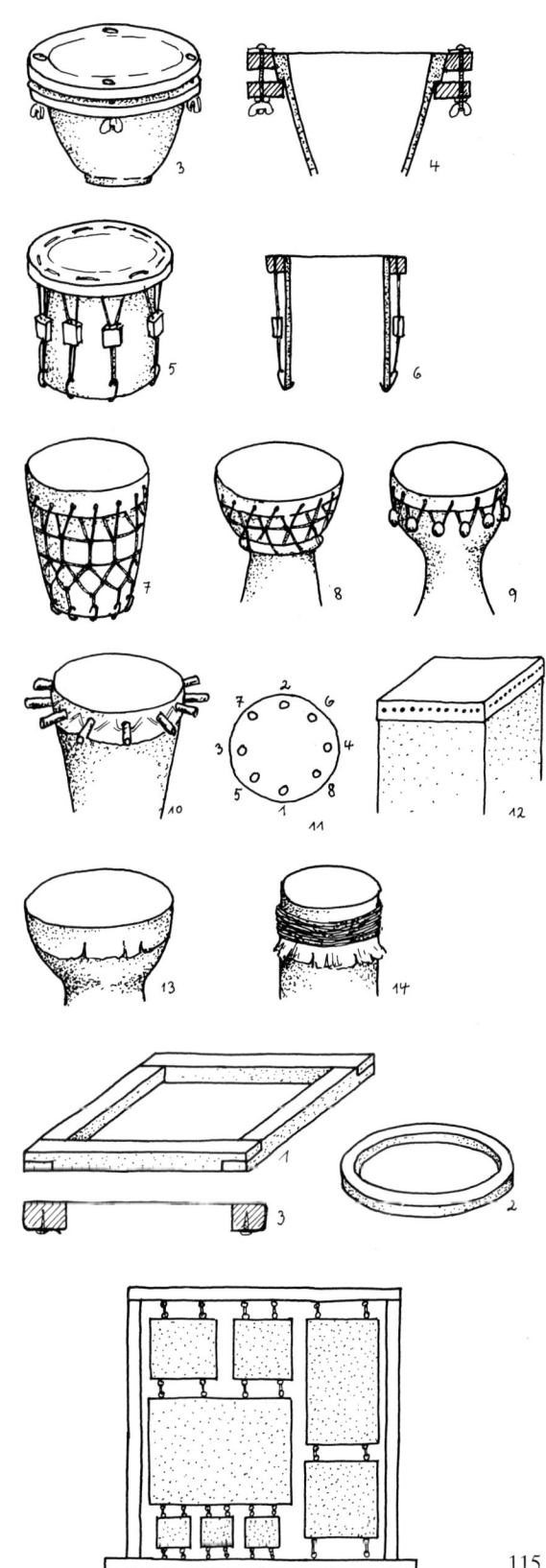

193 Rahmentrommel

Über einen Holzrahmen wird ein Trommelfell so gespannt, daß es auf der Unterseite des Rahmens befestigt wird (3), damit ein Ausreißen des Felles verhindert wird. Die Rahmen bestehen aus Dachlatten (1) und Sperrholz, das mit einer Laub- oder Stichsäge zu einem Ring gesägt wird (2).

194 Rahmentrommelspiel

Einzelne unterschiedliche große Rahmentrommeln sind in einem Holzrahmen mithilfe von Ringschrauben und Schnüren aufgehängt.

195 Trommelhocker

Die Sitzfläche eines Hockers wird mit Fell bespannt. Der Hocker ist aus Kanthölzern und Rundhölzern zusammengeleimt. Abb. (2) zeigt eine mögliche Eckverbindung.
Der Trommelhocker (3) ist aus einer Holzröhre hergestellt.

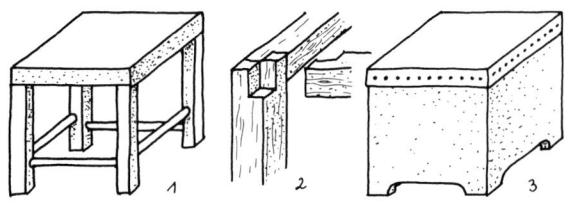

196 Dosentrommelspiel

Unterschiedlich klingende Dosen werden mit ihrer Öffnung nach unten auf eine Schaumstoffunterlage gestellt. Mit verschiedenen Schlägeln angeschlagen (s. Nr. 191) erzeugen sie eine breite Skala von Tönen.

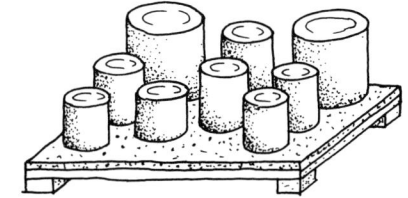

197 Faßtrommel

Aus dem Boden eines Metallfasses werden mit Treibhämmern Beulen getrieben. Durch unterschiedlich dünnes Ausarbeiten der einzelnen Beulen entstehen bei ihrem Anschlagen unterschiedliche Töne. Man kann den Boden auch unterschiedlich dünn abschleifen.

198 Faßtrommelspiel

Leere Fässer sind in einem Holzgestell aufgehängt. Bei entsprechender Sitzhöhe und Stabilität des Rahmens kann man die Fässer auch als Sitzgelegenheit verwenden. Im Freien kann man die Haltevorrichtungen auch in einer Mauer einzementieren (2).

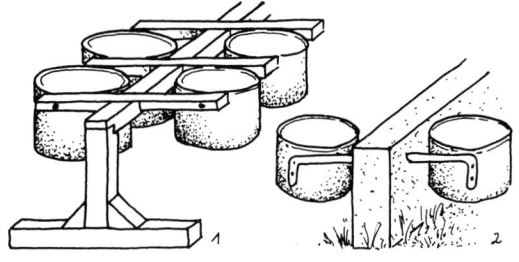

199 Röhrentrommelspiel

(1,2) Mehrere unterschiedlich lange und weite Versandpappröhren sind mithilfe von Klebestreifen zu Trommelspielen gebündelt. Die Spiele sind in der Mittelröhre an einem mit Gummi- oder Lederstreifen bespannten Holzreifen aufgehängt (3,4). Wenn die Trommeln direkt auf dem Boden

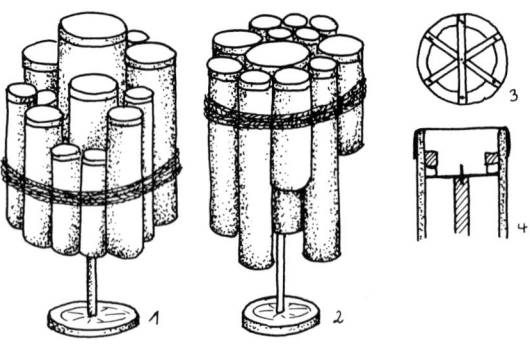

stehen, brauchen sie eine Öffnung, um zu klingen (5). (6) Kunststoffröhren werden mit Trommelfellen bespannt und der Größe nach in ein einfaches Holzgestell gehängt. Bespannt man die Röhren mit unterschiedlichen Membranen (z. B. Tierhaut, Gummi), dann erhält man unterschiedliche Klangfarben. Man kann die Röhren dann auch in mehreren Reihen (Registern) aufhängen (7).

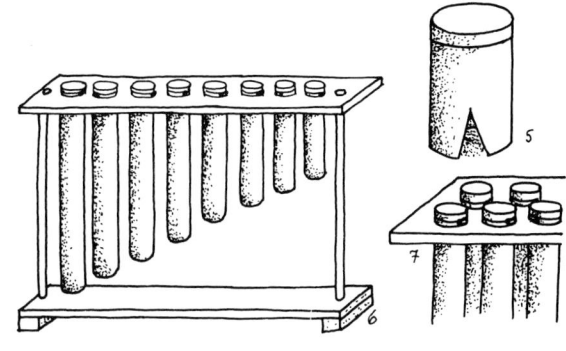

200 Kanalrohrtrommeln

Aus Keramik- oder Kunststoffkanalröhren kann man gut klingende Trommeln herstellen, indem man über die Öffnung mithilfe von Schlauchschellen Trommelfelle spannt.

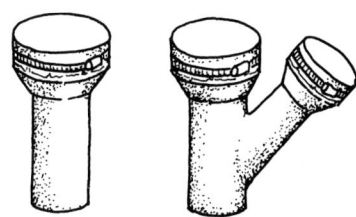

201 Keramiktrommeln

Handaufgebaute oder gedrehte Tontrommelkörper sind mit Fellen bespannt. Alle Trommeln sind unten offen. Die Trommel in Abb. (3) hat zum Spannen des Felles einen Wulstring mit Löchern erhalten, und zur Klangfarbenveränderung ist ein Mirlitonloch in den Körper geschnitten, über das eine feine Membran geklebt ist.

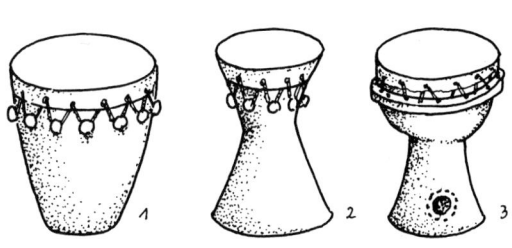

202 Keramikpauken

Keramikgefäße sind mit Trommelfell bespannt. Abb. (2) zeigt eine 3-fach-Pauke mit einem eingebauten Mirlitonloch, über das eine feine Membran geklebt ist.

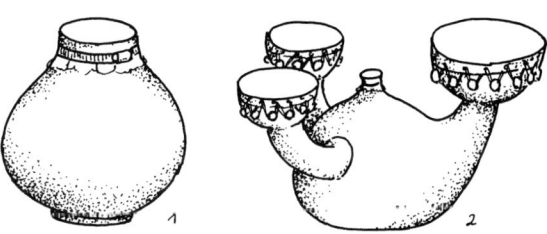

203 Blaspauke

Eine Hälfte eines Drogerieverkaufsständers ist mit einer Gummimembran bespannt. Am Boden ist eine Holzscheibe mit einem in ihr befestigten Gummischlauch so eingeleimt, daß die Leimfuge luftdicht verschlossen ist, Wenn man in den Schlauch bläst, spannt sich die Gummimembran und der Ton der Pauke wird beim Anschlagen höher.

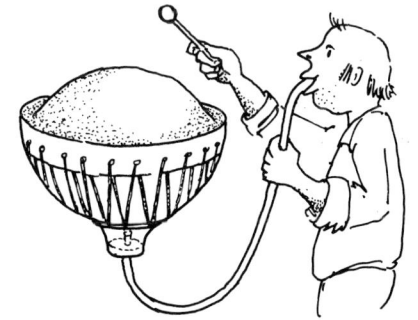

117

204 Gluckerpauke

Eine verschließbare Dose (aus Blech oder Plastik) wird teilweise mit Wasser gefüllt. Wenn man die Dose während des Anschlagens kippt, entstehen unterschiedliche Glissandotöne.

205 Zweifellige Trommel

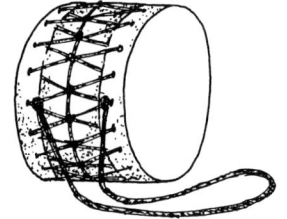

Über eine Röhre (aus Holz, Kunststoff, Metall, Pappe) werden mithilfe von Schnüren zwei Trommelfelle gespannt. Man kann die Trommel umhängen und mit 2 Schlägeln anschlagen.

206 Klick-Klack-Trommel, Chinatrommel

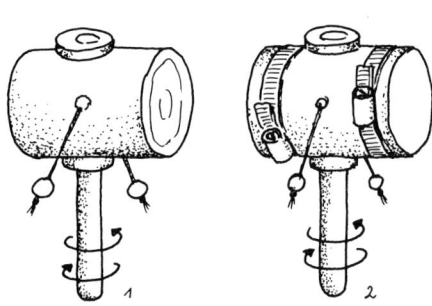

(1) Eine leere Milchdose wird auf einem Rundstab befestigt (vgl. Nr. 65). Am Dosenmantel werden gegenüberliegend 2 an einer Schnur befestigte Holzkugeln stabil angeklebt.

(2) Auf ein Stück Rohr sind mithilfe von Schlauchschellen 2 Trommelfelle gespannt. 2 Holzkugeln werden wie in (1) befestigt. Wenn man die Trommel um ihre Längsachse hin- und herdreht, schlagen die Holzkugeln gegen die Trommelfelle.

Reibtrommeln

Das sind Instrumente, bei denen die Membran durch Reiben eines Bindfadens oder eines Stabes in Schwingungen versetzt wird.

207 Gackernde Henne

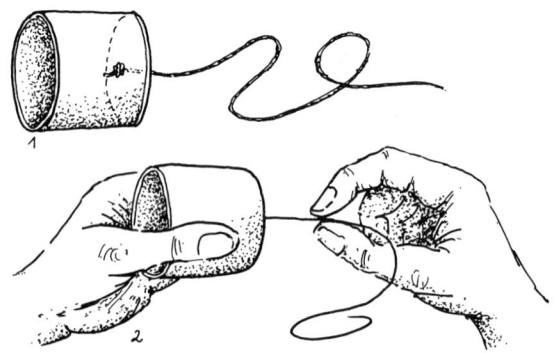

Mitten in den Boden eines größeren Plastikverschlusses (oder Yoghurtbechers) wird ein kleines Loch gebohrt und ein Faden (aus Perlon, Baumwolle) durchgezogen, der von innen mit einem Knopf oder Querhölzchen befestigt wird. Faden und Finger werden mit etwas Kollophoniumstaub eingerieben. Wenn der Faden durch zwei Finger gezogen wird, entstehen gackerähnliche Geräusche, die durch das Öffnen und Schließen des Bechers mit der anderen Hand noch gesteuert werden können (2).

208 Waldteufel, Schwirrdose, Fadenreibtrommel

(1) Aus einem Yoghurtbecher, einer Schnur und einem Rundstab mit einer Kerbe. Die Schnur wird im Inneren des Bechers mit einem Knopf oder Querhölzchen befestigt (2,3). Die Schlinge muß locker um den Stab gebunden sein, damit man den Becher um den Stab drehen kann. Damit Reibegeräusche entstehen, muß die Kerbe angefeuchtet oder mit Kollophoniumstaub eingerieben werden.

(2) Waldteufel aus einem Stück Plastikrohr, Trommelfell und Schlauchschelle. Waldteufel kann man in allen beliebigen Größen herstellen (z. B. aus Blechdosen, Marmeladeneimern, Plastikeimern).

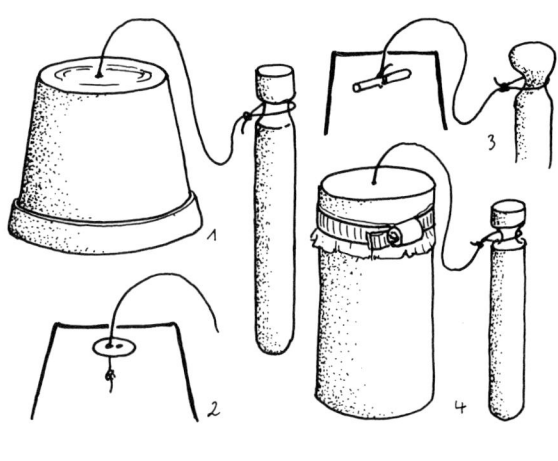

209 Stabreibtrommel

In die Mitte der Membran einer Röhrentrommel wird ein kleines Loch gebohrt. In diesem Loch wird ein Holzstab wie in Abb. (2) in der Röhre hängend befestigt. Unter und über der Membran sind jeweils Scheiben (Knöpfe, Metall- oder Holzscheiben) mit auf die Schnur aufgezogen. Der Stab wird mit feuchten Händen oder einem feuchten Tuch auf und ab gerieben. Je nach Größe der Trommel entstehen Töne bis zu tiefen Knurrgeräuschen. Reibtrommeln kann man ebenso aus Konservendosen, Marmeladeneimern, Plastikeimern bauen.

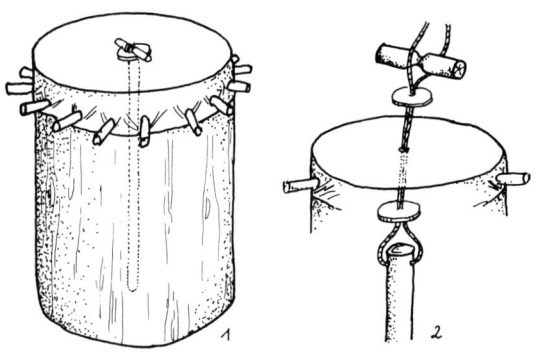

210 Stabreibtrommelspiel

In ein einfaches Holzgestell sind Röhrentrommeln mit den Öffnungen nach oben geschraubt. Die Reibstäbe sind außen angebracht (s. Nr. 209).

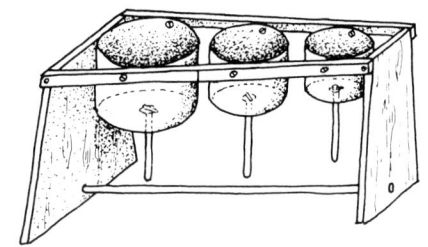

211 Fadenreibtrommelspiel

In einem Holzrahmen sind unterschiedlich klingende Fadenreibtrommeln so aufgehängt, daß man sie beim Herunterdrücken der Fußpedalen über 2 Rollen nach oben zieht. Damit werden die Reibfäden gespannt, deren lockere Schlingen um eine gemeinsame Achse laufen. Die Achse wird mithilfe einer Kurbel oder eines Rades gedreht. Die Reibstellen auf der Achse müssen entweder ständig befeuchtet oder mit Kollophoniumstaub eingerieben werden. Die Pedale werden durch Federn (S. Nr. 111) in ihre Ausgangslage zurückgedrückt.

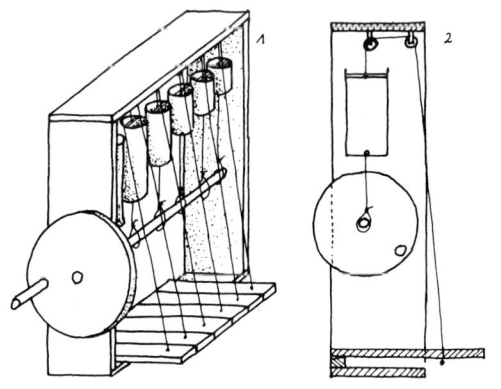

Grundinformationen

Mirliton ist eine französische Bezeichnung für ein Membraninstrument, das in seiner einfachsten Form aus einer Röhre besteht, die an einem Ende von einer feinen Membran verschlossen ist. In das offene Ende spricht und singt man hinein. Dabei wird die Stimme verstärkt und bekommt eine näselnde, zirrende Färbung. Bekannter und noch einfacher sind die Formen, eine feine Folie nur mit den Händen zu spannen und sie während des Sprechens und Singens dicht vor den Mund zu halten oder eine Folie über einen Kamm zu spannen und ebenso zu verfahren. Das Prinzip der tonverstärkenden und tonverändernden Membran läßt sich auf viele Instrumente übertragen (vgl. Nr. 28, 148, 201, 202, 220).

Grundmaterialien für die Membranen

Butterbrotpapier, Seidenpapier, dünne Plastikfolien (Einwickelfolien), Zellophanpapier, dünne Metallfolien

212 Mirlitontröten

Die Instrumente (1,2) sind aus Hartplastikrohr (Ø 20 mm), aus dazugehörenden Muffen und T-stücken und aus schmalen Steckvasen zusammengebaut. Aus diesen Grundmaterialien lassen sich viele Formen zusammenbauen. Jedes Instrument muß mindestens 3 Öffnungen haben, eine zum Eintreten des Tones, eine als Mirlitonloch, über das eine feine Membrane gespannt wird und eine zum Austreten des Tones. In diese Instrumente kann man Hineinsprechen, -singen und auch Hineinblasen wie in eine Trompete (vgl. Nr. 29).
(3) Instrument aus 2 aufeinandergeklebten Joghurtbechern.

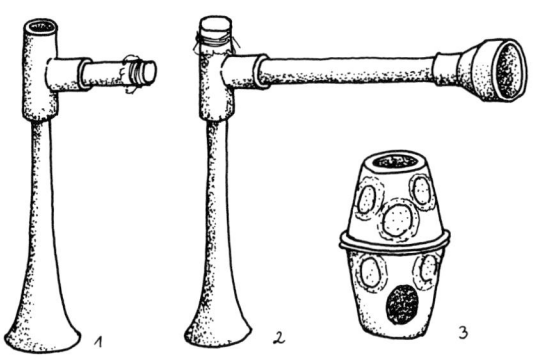

213 Keramik-Mirlitons

Alle Instrumente bestehen aus Hohlkörpern und mindestens einem Mirlitonloch. Wenn man mehrere und unterschiedlich große Mirlitonlöcher in den Hohlkörper schneidet und mit Membranen beklebt, schwingen die Membranen je nach ihrer Größe bei höheren, beziehungsweise tieferen Tönen mit.
Die Formen der Hohlkörper können beliebig verändert werden.

214 Mirlitonkugeln

(1) In eine große Styroporkugel werden Löcher geschnitten und von innen mit einer feinen Membran verklebt. Man kann zu mehreren in die Kugel sprechen und singen.

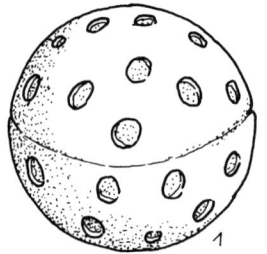

(2) Um einen Wasserball (oder großen Luftballon) wird mit Zeitungspapier und Tapetenkleister in mehrfachen Schichten eine stabile Hülle geklebt. Wenn die Hülle trocken ist, läßt man die Luft aus dem Ballon heraus und zieht ihn aus der Kugel. Dann werden die Löcher in die Hülle geschnitten. Auf einige Löcher werden Pappröhrchen als Sprechrohre und über die restlichen Löcher werden feine Membranen geklebt. Eine weitere mit Weißleim aufgeklebte Papierschicht stabilisiert die Hülle und sorgt für einen festen Sitz der Sprechrohre.

Bei entsprechender Erfahrung lassen sich die Instrumente auch aus Polyesterharzen herstellen.

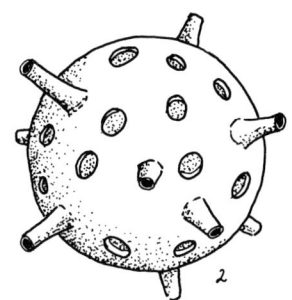

5. Saiteninstrumente (Chordophone)

Der Ton wird durch eine schwingende Saite erzeugt. Ein Resonanzkörper (Resonanzraum) verstärkt in der Regel den Ton. Nach der Lage der Saiten zum Resonanzkörper unterscheiden wir mehrere Familien.

Familien

Musikbögen und Zithern: Über elastische biegsame Bögen werden Saiten gespannt (vgl. einen Flitzebogen), oder die Saiten werden über die Öffnung eines schalenförmigen Körpers gespannt. Ein Musikbogen benötigt zusätzlich einen resonanzverstärkenden Raum (Gefäß, Mundraum).

Harfen: Die gespannten Saiten werden mit einem Ende direkt im Resonanzkörper befestigt, so daß sie senkrecht auf dem Resonanzkörper stehen.

Lauten: Die gespannten Saiten laufen parallel zur Decke eines Resonanzkörpers und stehen mit diesem durch Stege in Verbindung.

Grundinformationen

1. Stimmen einer Saite:

– durch Spannen der Saite; je straffer die Saite, desto höher der Ton.

– durch Kürzen der Saite; je kürzer die Saite, desto höher der Ton, gleiche Spannung vorausgesetzt.

2. Verändern der Klangfarbe:

– durch unterschiedliche Materialien der Saiten (Metall, Darm),

– durch unterschiedliche Materialien der Resonanzböden (Holz, Metall, Fell),

– durch zusätzliche Klangfärber wie Schnarren, Sirrscheiben, Sirrplatten (s. Nr. 215).

3. Spielweisen:

Saiten kann man auf vielfältige Weise zum Klingen bringen, durch streichen, zupfen, schlagen, anreißen, reiben. Außerdem kann man den Resonanzkörper noch zusätzlich als Instrument verwenden durch trommeln, klopfen.

Grundmaterialien

1. Saiten: Alle Arten von Schnüren aus Natur- und Kunstfasern (Sisal, Baumwolle, Perlon) / Metalldraht (Federstahldraht, Messing, Kupfer, Silber, Eisen) / tierische Sehnen und Därme (Darmsaiten) / alte Instrumentensaiten vom Instrumentenbauer.

2. Resonanzkörper: Becher, Dosen, Töpfe, Kanister, Fässer, Plastikgefäße, Kisten, Möbel und Möbelteile (Tische, Schubladen).

215 Zusätzliche Klangfärber

(1) Sirrscheiben. Metallfolienplättchen (Unterlegscheiben) werden auf die Saite aufgezogen und sirren beim Spielen mit.

(2) Schnarre. Ein Bügel aus in sich gedrehtem Draht mit darübergestülpten Metallhülsen wird auf dem Resonanzkörper befestigt.

(3) Sirrplatte. Ein dünnes Blech mit Löchern, durch die kleine Drahtringe gezogen werden, wird am Hals oder Körper eines Instrumentes befestigt. Beim Spielen sirren die Ringe durch die Saitenschwingungen mit.

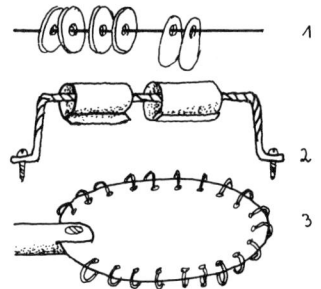

216 Spann- und Stimmhilfen

(1) Schraubenmuttern, Perlen usw. als Saitenhalter. Die Saitenenden werden damit in einem Sägeschlitz oder dem gebohrten Loch einer Halteleiste befestigt.

(2) Nägel als Saitenhalter

(3) Lüsterklemmen als Saitenhalter

(4) Holzkeil als Saitenhalter

(5) Spiralfeder als Saitenspanner

(6) Federstahlband als Saitenspanner

(7) Ringschraube mit durchgebohrtem Loch als Saitenspanner

(8) Geigenwirbel (auch Wirbel von anderen Instrumenten) als Saitenspanner

(9) Klavierwirbel als Saitenspanner

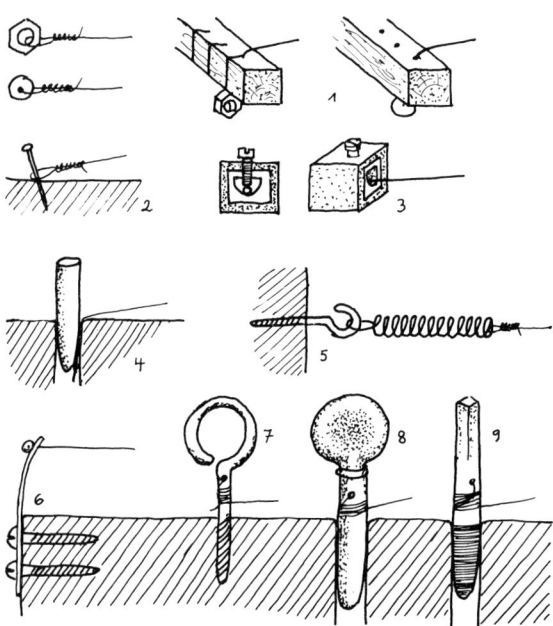

217 Streichbögen und Spielhilfen

Zum Anreißen der Saiten eignen sich Plättchen aus Metall, Horn, Plastik oder Nägel, Federkiele, Stäbchen, Drähte, Bürsten.

Zum Anschlagen ebenso Stäbchen, Nägel usw.

(1) Streich- und Reibstab aus Holz, mit feinem Metallschmirgelpapier beklebt

(2) Gewindestange als Streichstab

(3) Elastischer Bogen (Haselnuß, Esche, Federstahl, Fiberglas, Kunststoff) der mit einer Schnur (Sisal, Baumwolle, Perlon) oder einem Bündel entfetteter Pferdeschwanzhaare gespannt wird

(4) Kleiderbügel mit einer Spannvorrichtung aus einem Stück Federstahlband

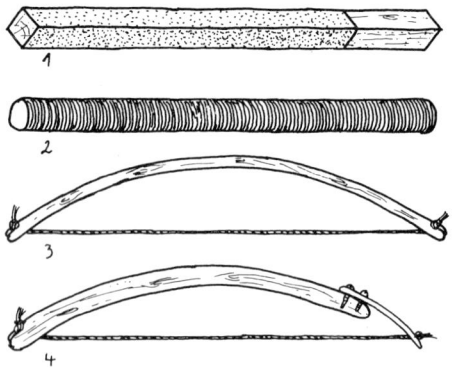

(5) Bogen aus 2 Rundstäben mit einer Spannvorrichtung aus einer Ring-Flügelmutterschraube
(6) Bogen aus 2 Rundstäben mit einem Spanngriff,
mit dem die Bogenspannung während des Spielens verändert werden kann

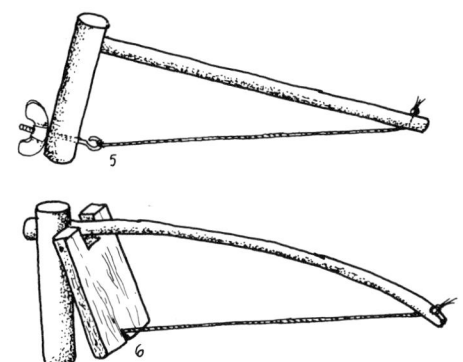

Die Schnüre oder Haare aller Streichbögen müssen
entfettet (in Prilwasser oder Benzin waschen) und
öfter mit Kollophonium eingerieben werden, damit
sie nicht über die Saiten rutschen, sondern diese
durch Reibung in Schwingungen versetzen.

Musikbögen und Zithern

---

218 Einfacher Musikbogen

Ein elastischer Stab (Haselnuß, Holzspan, Federstahlband) wird durch eine Schnur gespannt und auf einem Gefäß (Yoghurtbecher, Topf)
befestigt. Die Klangfarbe der Töne ändert sich,
wenn man das Gefäß während des Spielens öffnet
und schließt. Verschiedene Töne entstehen, wenn
man mit den Fingern ein Stück der Saite abgreift (s.
gestrichelte Linie), denn dadurch verändert man die
Länge und Spannung der Saite.

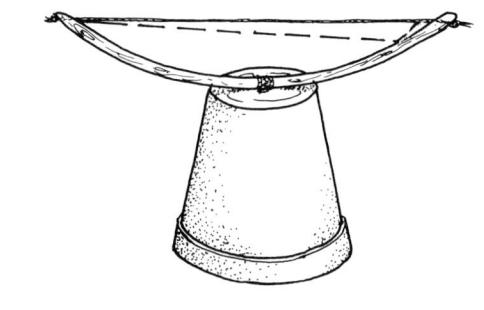

219 Bumbass

Zwischen Saite und Stab eines Bogens
wird eine Styroporkugel (Schweins- oder Rinderbla-
se, Luftballon, Dose, Plastikgefäß) als Tonverstär-
ker geklemmt. Die Saite kann gezupft, geschlagen,
gestrichen werden.

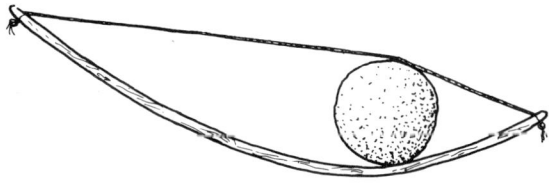

220 Musikbogengefäße

(1) Auf einer Tonne sind mehrere Musikbögen mit einer Mutterschraube und Unterlegscheiben befestigt (2). Die Bögen bestehen aus Federstahlband, die Saiten aus Federstahldraht. Sie
werden durch Lüsterklemmen an ihren Enden gehalten.

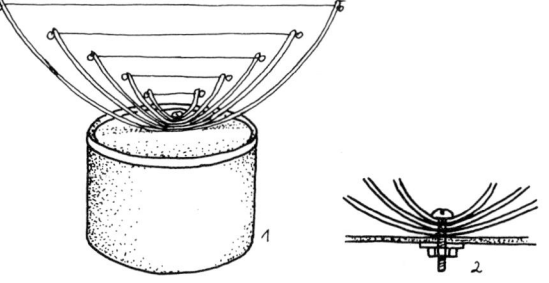

(3) Jeder Bogen ist einzeln auf dem Boden eines größeren Gefäßes (Einkochtopf) angeschraubt.

(4) Das Gefäß ist aus Ton gebaut und mit Trommelfell bespannt. Der Boden ist offen. Im Gefäßmantel befinden sich Mirlitonlöcher (S. Nr. 212). Die Bögen sind aus Sperrholzstreifen, die Saiten aus Perlonschnur. Alle Bögen sind gemeinsam in einem Loch in der Mitte des Trommelfelles befestigt.

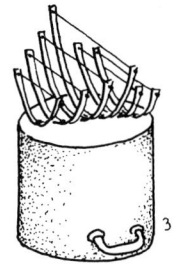 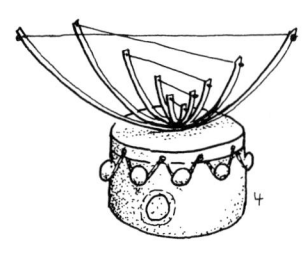

221 Musikbogen-Schublade

Auf dem Boden einer (Sperrmüll-) Schublade oder eines anderen Kastens werden mehrere Musikbögen angeschraubt.

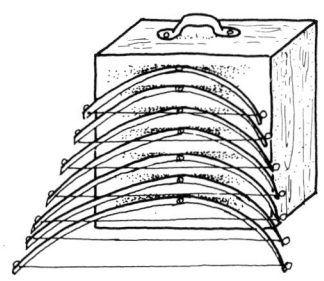

222 Mehrfachmusikbogen

Über eine elastische Platte (Sperrholz, Metall, Kunststoff) werden mehrere Saiten gespannt. Der Bogen ist auf einem Resonanzkörper (Holzkiste) verschraubt.

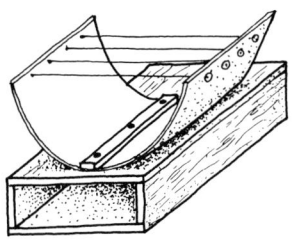

223 Gummizither

Verpackungsgummis werden über Gefäße gespannt und angezupft:

(1) Gummis über einer Zigarrenkiste,
(2) Gummis über einem Blumentopf.

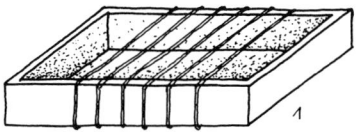 

224 Eierschneiderzither

Der Rahmen mit den Schneidedrähten eines Eierschneiders wird über der Öffnung eines Resonanzkörpers (Holzkiste, Karton) befestigt.

225 Deckelzither

Über einen Deckel (vom Kochtopf, Waschkessel) werden Saiten gespannt und am Rand des Deckels befestigt. Zur Tonverstärkung ist der Deckel auf dem Boden eines Gefäßes (Eimer, Dose) verschraubt (2).

Harfen

---

226 Saitendosen

Herstellung wie Nr. 208. Die Instrumente kann man auf mehrfache Weise spielen wie z.B. zupfen, schlagen, streichen der Saite. Wenn man die Saite strammer spannt, wird der Ton höher. (1)
(2) Zum besseren Halten der Dose ist ein „Steigbügel" angebaut.

227 Vibratodosen

(1) Elastischer Bogen mit Saite und eingebauter Dose.
(2) Holzleiste mit aufgeschraubten Federstahlbändern als Saitenspanner.
(3) Holzleiste mit aufgeschraubten Stuhlwinkeln.
Die Aufhängung der offenen Dosenseite wird durch ein Drahtkreuz (4) oder einen durch den Dosenrand gesteckten Rundstab (5) erleichtert.

228 Streichdosen

Eine Dose (Eimer, Tonne) wird auf einer Holzleiste verschraubt. Unter die Saite ist als Griffbrett zum Abgreifen (Verkürzen) der Saite ein (Metall-) Steg geschraubt.

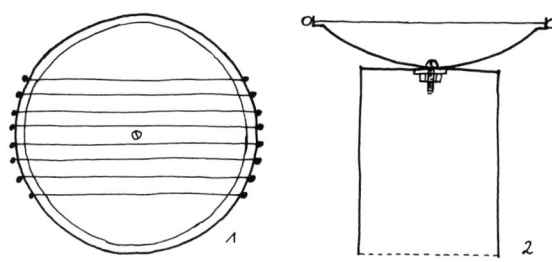

229 Kistenbaß

An einer Holzkiste wird mit einem Scharnier eine Dachlatte beweglich befestigt. Die Saite wird zwischen Boden und freiem Ende der Latte gespannt, jeweils mit einer Schraubenmutter befestigt. Unter den Boden sind Klötzchen geleimt. Durch Bewegung der Dachlatte entstehen verschiedene Töne (2).

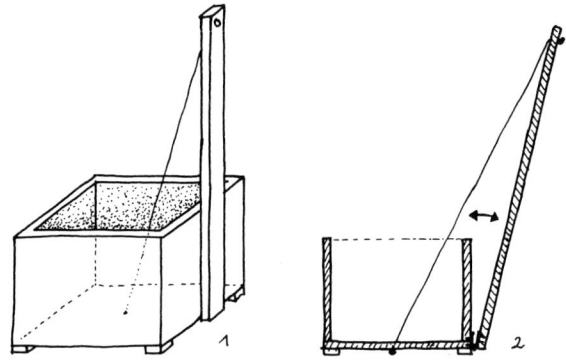

230 Hebeldosen

Eine Saite, die zwischen dem Boden einer Dose (Eimer, Tonne) und einem Hebelarm befestigt ist, wird durch den Hebel ge- und entspannt. Durch die unterschiedliche Spannung entstehen beim Spielen unterschiedliche Töne.

(1) zeigt eine Dose, die direkt an der Grundleiste angeschraubt ist. Bei (2) ist die Dose zwischen Hebel und Grundbrett mit eingebaut. Durch ihr Schaukeln entsteht während des Spielens ein Vibrato. Die Saite ist auf dem Hebelarm mit einer Schraube befestigt und läuft zur besseren Führung durch einen Sägeschlitz (3).

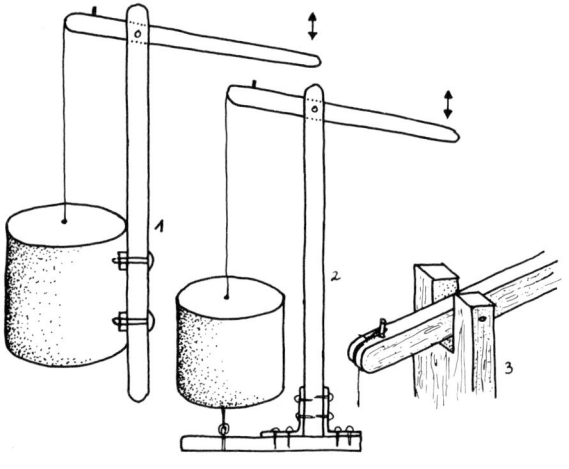

231 Spannbügeldose

An eine Dose (oder ein anderes Gefäß) werden elastische Bänder (Federstahl-, Kunststoffbänder, Holzleisten) geschraubt. Zwischen ihren Enden wird ein Holzklötzchen mit einem eingearbeiteten Spannwirbel mit Schrauben befestigt. Zwischen Wirbel und Dosenboden wird eine Saite gespannt. Die Dose kann nach oben (1) oder nach unten (2) geöffnet sein. Wenn man während des Spielens die elastischen Bänder zusammendrückt, spannt sich die Saite und die Töne werden höher.

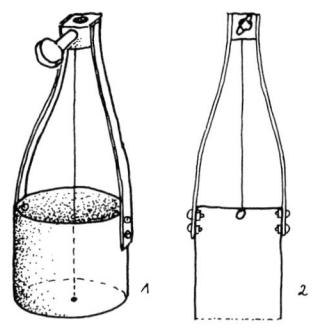

232 Einfache Bogenharfe

Der Resonanzkörper dieses Instrumentes ist aus Keramik (aus Ton aufgebaut). Ein Haselnußstock spannt die Saite. Durch Herunterdrücken des Stockes verändert sich die Saitenspannung und damit die Tonhöhe. In den Resonanzkörper ist ein Mirlitonloch geschnitten (s. Nr. 213).

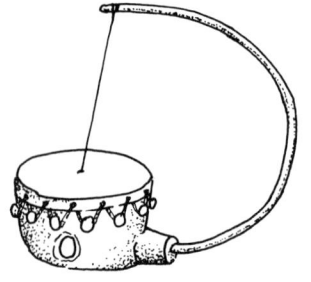

233 Bogenharfen

(1) An den Henkeln eines Kochtopfes werden mithilfe von Metallplättchen und Mutterschrauben (2) Federstahlbänder befestigt. Die beiden Federstahlbänder werden an ihren Enden durch ein Holz, in das die Spannwirbel eingearbeitet sind, durch Schrauben verbunden. Die Saiten sind zwischen Topfboden und Wirbeln gespannt.

(3) Auf die Haube eines Elektromotors (oder ähnlicher Gefäße) wird ein membranbespannter Holzreifen geschraubt. Die Spannbügel werden am Boden festgeschraubt (4). Wenn man die Saiten auf der Membran etwas im Bogen stehend anordnet, kann man die Saiten einzeln streichen.

(5) eine Bogenharfe aus einem Holzrahmen, der mit Trommelfell (Tierhaut) bespannt ist. An einer Seite des Rahmens sind Federstahlbänder (oder andere elastische Bänder) zum Spannen der Saiten angeschraubt.

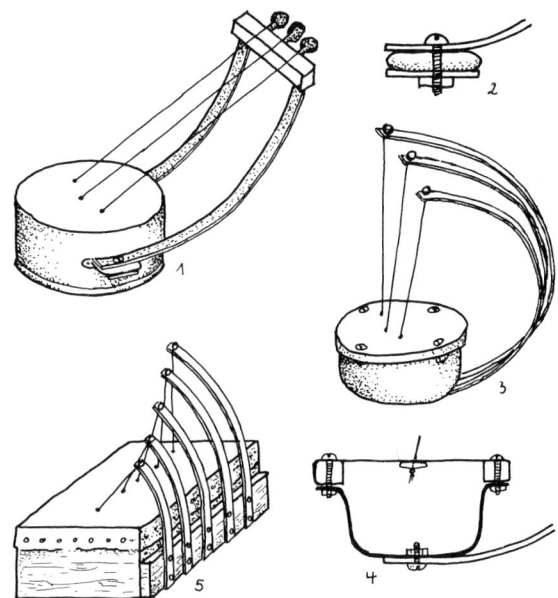

234 Drehdosenspiel

(1) Zwei Holzscheiben sind auf einer mit Kurbel versehenen Achse starr verleimt. Die Achse ruht in 2 Ständern, die auf einer Grundplatte angeschraubt sind. Zwischen den Scheiben sind Saitendosen gespannt (S. Nr. 227), die an der einen Scheibe mit Ringschrauben und an der anderen mit Spannwirbeln befestigt sind.

(2): ein erweitertes Drehdosenspiel. An jedem Ende einer Saite ist eine Dose befestigt, außerdem ist mithilfe einer zusätzlichen Holzscheibe und Rundstäben ein „Hamsterrad" eingebaut. Durch eine Öffnung in der äußeren Scheibe kann man Tischtennisbälle, Holzkugeln in das Laufrad stecken; von außen kann man einen Stab in das laufende Rad halten (vgl. Nr. 165).

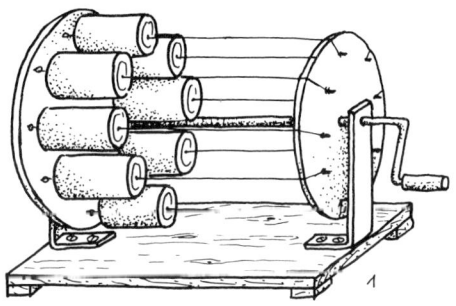

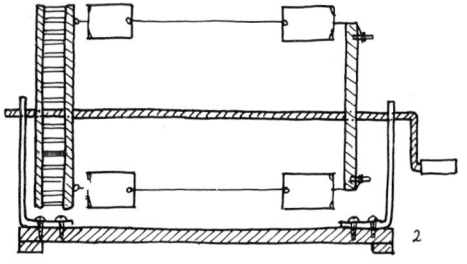

235 Vibratodosen-Klavier

(1) In einen Holzrahmen sind Vibratodosen (s. Nr. 227) gespannt. Die Saiten der Dosen werden über eine Tastatur angerissen. Die Anreißer (Springer) bestehen aus Holzleisten mit beweglichen Kunststoffplättchen (3).

Der Sägeschnitt für das Kunststoffplättchen ist so ausgeführt, daß sich das Plättchen nur in eine Richtung drehen kann. Im Ruhezustand laufen die Saiten direkt über den Kunststoffplättchen entlang, ohne sie zu berühren. Drückt man eine Taste, dann reißt das Plättchen die Saite an, und läßt man sie los, dann gleitet das Plättchen durch den Drehmechanismus an der Saite vorbei in seinen Ruhezustand (4).

Der Springer wird in einer Nut der Taste eingeleimt, nachdem er seine günstigste Lage zum Anreißen der Saite eingenommen hat. Das Gestell ist aus Winkeleisen zusammengeschweißt und mit dem Holzrahmen verschraubt.

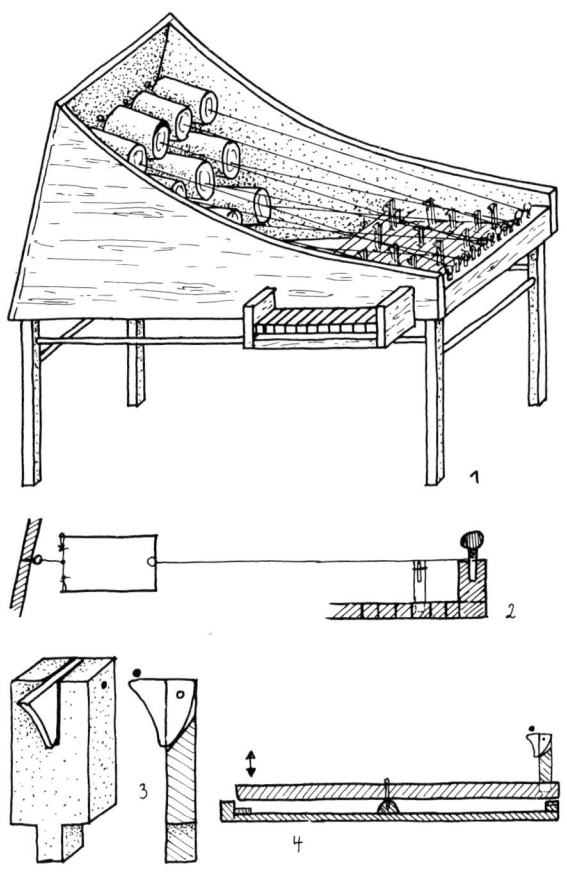

236 Felgenharfe

Eine Dose wird mit Draht (s. Nr. 227) in einer Fahrradfelge befestigt. Die Saiten werden im Boden der Dose verankert und durch Wirbel, die in einem der Felge eingepaßten Holz eingearbeitet sind, gespannt (2).

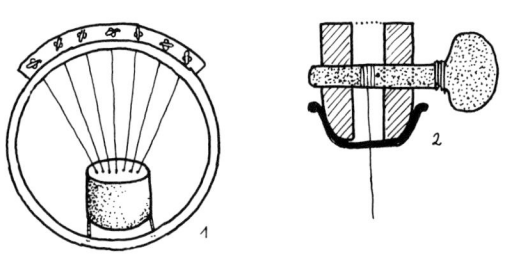

237 Wannenharfe

An einer Zinkwanne sind 2 Holme angeschraubt und durch einen Querholm verbunden. Auf diesem sind Klavierwirbel zum Stimmen der Saiten (aus Federstahldraht) eingelassen. Die Saiten sind unter dem Wannenboden mit Schraubenmuttern befestigt.

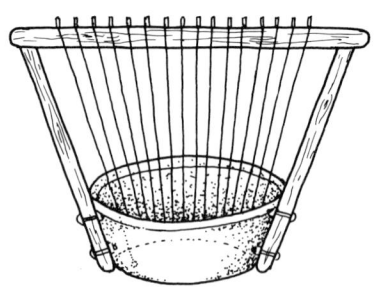

238 Große Gefäßharfen

(1) Auf dem Boden einer Holzkiste (oder eines fellbespannten Holzrahmens, einer Metallkiste) sind 2 Holzlatten winklig zusammengestellt. In die Latten sind Wirbel eingelassen. Die Saiten sind im Kistenboden befestigt.

(2) Über eine Tonne wird bügelartig ein Federstahlband geschraubt. Zum Spannen der Saiten werden Wirbelklötzchen hergestellt (3,4). Die Saiten werden im Boden der Tonne befestigt, laufen durch ein Bohrloch im Bügel und werden auf einem Wirbel aufgewickelt.

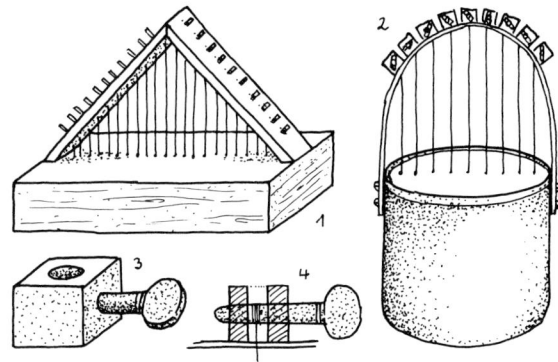

239 Faßharfe

(1) Eine stabile Nutleiste wird als Wirbelträger an ein Faß geschraubt. Die Saiten werden im Faßboden verankert und durch die Wirbel gespannt. Wenn die Saiten kreisförmig auf dem Faß angeordnet werden, kann man sie einzeln streichen. Zur Stabilisierung des Fasses ist unten in das Faß ein Holzring eingeschraubt.

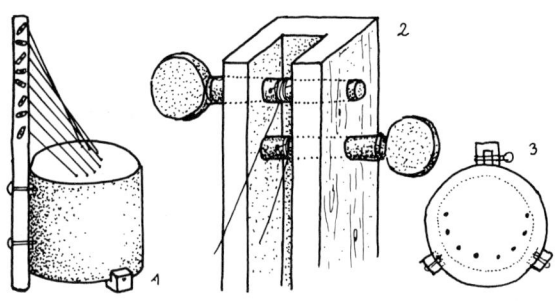

240 Glissandoharfe

Das Instrument wird aus einem Kohlenkasten (oder einem ähnlichen Gefäß) hergestellt. Die Saiten sind unter dem Boden mit Schraubenmuttern befestigt und werden durch Wirbel gespannt, die in einer außen am Kasten angeschraubten Holzleiste eingelassen sind. Die Saiten laufen über einen Metallstab, der beweglich auf der Kiste liegt. Mit dem Stab kann man die Stimmung verändern, und wenn man ihn während des Spielens an einer Seite hochdrückt, kann man die Töne und Akkorde stufenlos verzerren. Das Instrument ist für zwei Spieler gebaut.

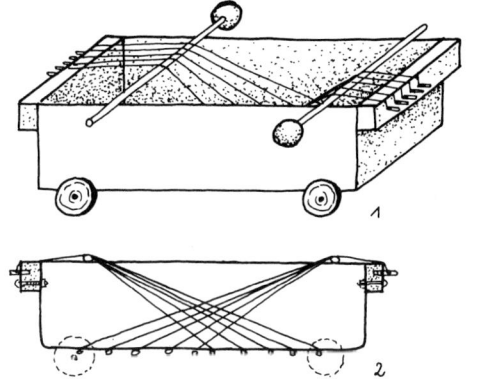

241 Ratschharfe

Eine elastische Zunge (s. Nr. 97) ratscht über die Saiten einer vielsaitigen Dosenharfe. Die Dose (Marmeladeneimer oder ähnliches Gefäß) ist mit Stuhlwinkeln auf dem Grundbrett festgeschraubt. Aus dem Grundbrett ist ein Schalloch ausgesägt. Das Grundbrett und das gegenüberliegende Spannbrett sind durch 4 eingeleimte Rundstäbe verbunden. Im Spannbrett sind die Wirbel zum Stimmen der Saiten und die Handkurbel eingelassen.

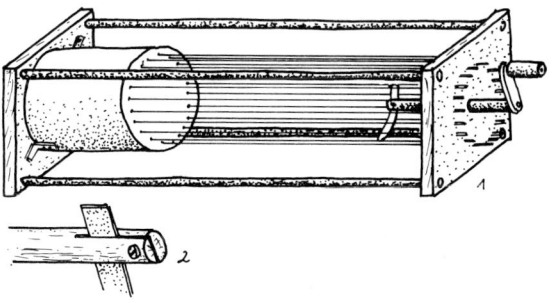

242 Wannen-Dosenharfe

Die Bauweise entspricht der Wannenharfe Nr. 237. An jeder Saite ist zusätzlich eine Dose eingebaut, so daß jede Saite 2 Resonanzkörper besitzt. Wenn man die Saiten durch einen Metallstab teilt, erhält man 2 Tonreihen mit unterschiedlichen Klangfarben. Bleibt der Stab beweglich, dann kann man die Tonreihen verändern.

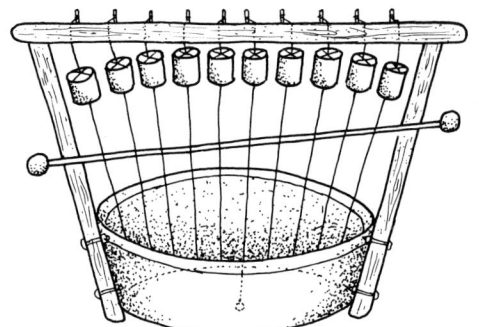

243 Ringdosenspiel

(1) In einen großen Holzreifen (aus Dekorationsgeschäften) sind Dosen – zwei Dosen mit je einer langen, zwei Dosen mit mehreren kurzen Saiten – gespannt. Die vielsaitigen Dosen sind in Bandeisengestellen befestigt, die gleichzeitig für die anderen Dosen als Griffbrett dienen. Mit einem Fußhebel kann man den Holzring verspannen, so daß sich mit den Saitenspannungen die Tonhöhen verändern.

(2) zeigt ein Ringdosenspiel für 4 Spieler, das aus 2 ineinandergesetzten Holzringen besteht.

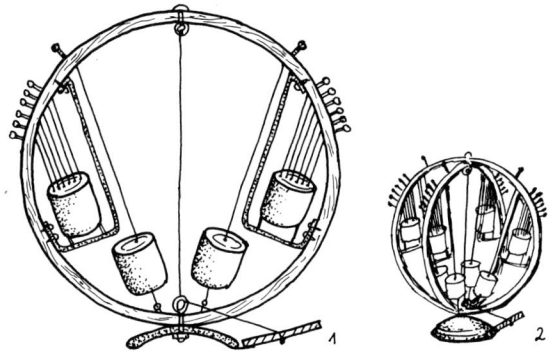

Lauten

---

244 Monochord, einsaitige Laute

Eine Saite wird über den Boden einer Holzröhre (Kiste) gespannt. Mit einem Wirbel kann man ihre Spannung verändern. Der Dreiecksteg bleibt beweglich. Das Monochord ist ein Grundinstrument, an dem man die Gesetzmäßigkeiten einer schwingenden Saite veranschaulichen kann.

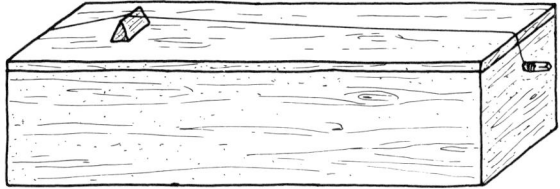

245 Einsaitige Dosenlaute

Dicht unter dem Boden einer größeren Dose werden zum Durchstecken eines Rundstabes 2 Löcher gebohrt. Die Saite wird an einem Ende des Stabes in einem Sägeschlitz und am anderen in einem Spannwirbel befestigt.

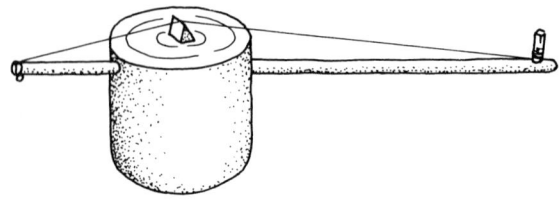

246 Boingbox

Die Oberseite des Instrumentes besteht aus einem Stück Sperrholz, die Unterseite aus einer Grundplatte und einem darauf verleimten Holzrahmen (gehobelte Dachlatten). Da der Hals des Instrumentes etwas federt, entstehen während des Spielens verzerrte Töne. Als Hals kann man ebenso elastische Bänder verwenden.

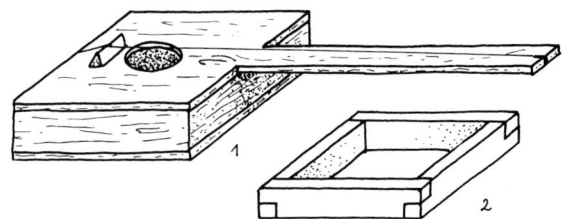

247 Einsaitige Rollsteglaute

(1) Auf einen Holzkasten ist ein Stück Schiene einer Kindereisenbahn geschraubt. Der Rollsteg ist aus dem Unterteil eines Anhängers, einem Holzklötzchen und einer Rolle zusammengebaut (2). Die Saite ist über die höherstehenden Wangen des Kastens gespannt. In einer Wange ist eine Handkurbel eingearbeitet, mit der eine Sperrholzscheibe gedreht wird. Diese mit Kollophonium eingeriebene Scheibe berührt die Saite und versetzt sie nach dem Prinzip der Drehleier in Schwingungen, so daß sie klingt. Anstelle der Sperrholzscheibe kann auch ein Federzungenrad die Saite zum Klingen bringen (3). Der Rollsteg wird während des Spielens hin- und herbewegt; dadurch entstehen unterschiedliche Tonhöhen.

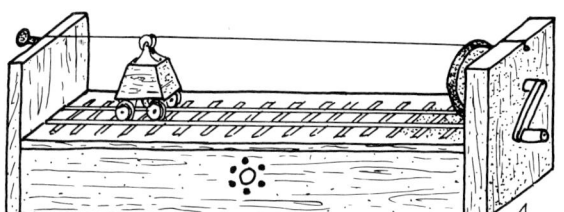

248 Schubladenlauten

(1) Über eine Schublade werden beliebig viele Saiten gespannt. Zwischen Schubladenboden und Saiten sind Dreiecksleisten als Stege gestellt. Sie teilen die Schublade in zwei Spielseiten. Jede Saite kann auch einen beweglichen Einzelsteg erhalten (2). Die Saiten werden durch Wirbel gespannt.
Bei (3) werden die Saiten durch Federstahlbänder gespannt. Dadurch entsteht beim Anzupfen eine Art „Vibrato".

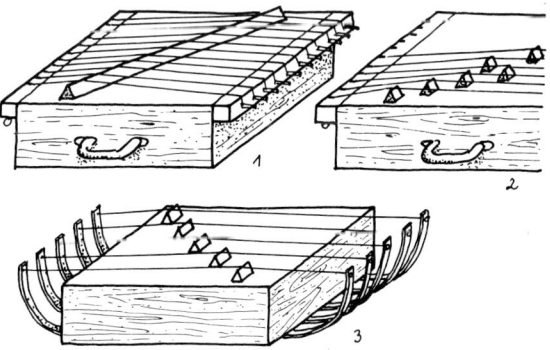

249 Tischlauten

(1) Das Instrument ist aus einem hohlen Schrankaufsatz hergestellt. An den Schmalseiten sind Halteleisten für Spannwirbel und Befestigung der Saiten angeleimt und -geschraubt. Bei hoher Saitenspannung müssen unter dem Instrument Gegensaiten gespannt werden, damit es nicht zerbricht. Die Stegleisten sind beweglich, so daß man andere Unterteilungen und Stimmungen erreichen kann.

(2) ist aus einem normalen Tisch hergestellt. Lediglich für die Befestigung der Wirbel ist an einer Seite der Tischplatte eine Leiste geleimt und geschraubt. Zum Befestigen der Saiten sind Sägeschlitze in die Platte gesägt.

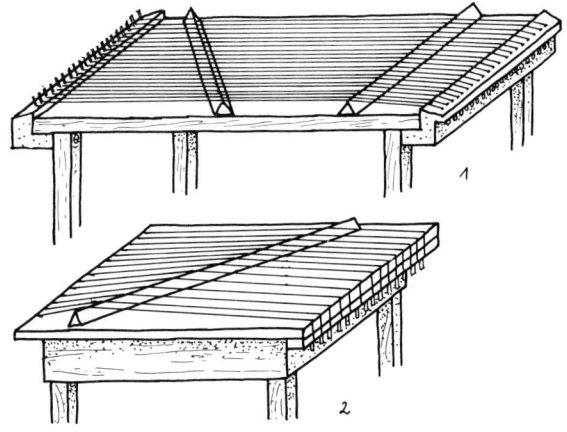

250 Musikalischer Laufstall

Der Laufstall ist aus 4 gleichen Holzrahmen (von Sprungfedermatrazen) zusammengebaut. Jeder Rahmen ist beidseitig teilweise mit Sperrholzplatten abgedeckt, so daß ein Resonanzraum entsteht. Über die Länge eines Rahmens sind Saiten gespannt, die über einen auf den Platten stehenden Steg laufen. Wegen der großen Spannung ist es günstig, auf beiden Seiten des Rahmens Saiten zu spannen.

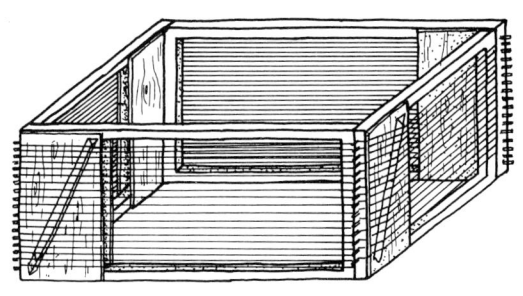

251 Felgenlaute

In eine Fahrradfelge wird mit Sperrholz ein Resonanzraum geschraubt (2). Über eine oder auch beide Seiten des Resonanzraumes werden Saiten gespannt. Die Spannwirbel sind im Rand des Holzkörpers eingelassen. Die Saiten laufen über Stege. Das Instrument ist auf einer Standplatte verschraubt.

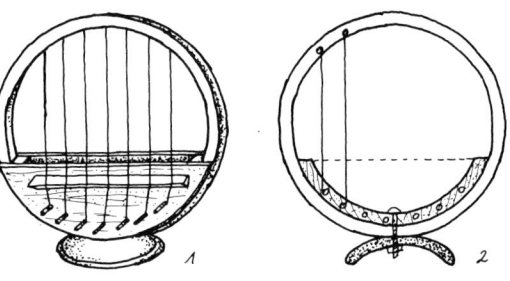

252 Gefäßlauten

(1) Auf einem Grundbrett stehen als Resonanzkörper 2 umgedrehte Plastikblumenkästen. Die Saiten laufen über Dreiecksstege auf den Kästen und sind durch Wirbel spannbar.

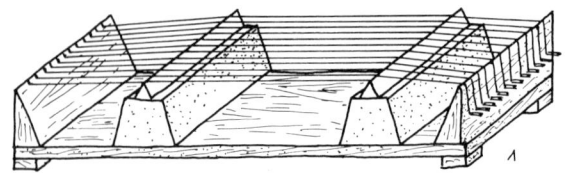

(2) Über eine Autolampe ist mithilfe eines Holzringes ein Trommelfell gespannt. Die Lampe ist in einem Grundbrett eingelassen. Die Saiten laufen über einen Steg auf dem Fell und werden von Wirbeln gespannt und gestimmt.

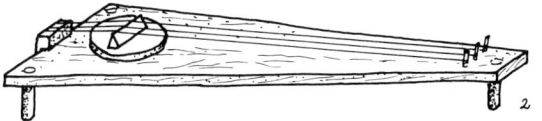

253 Vielsaitige Dosenlaute

Herstellung wie Nr. 245, nur mit stabilerem Holzrundstab und einem pyramidenförmig gebauten Steg, in den zur Auflage der Saiten entweder kleine Sägeschlitze gesägt oder Nägelchen geschlagen wurden (2).

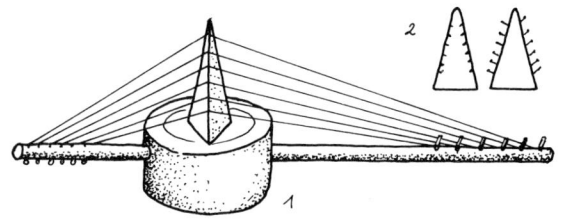

254 Drehbare Wirbelsäule

Eine 6-seitige (oder 4-seitige) Holzröhre wird mit Saiten bespannt. Die Wirbel stehen auf den Stirnseiten der Röhre. Die Stege sind so gearbeitet, daß sie mit ihren Oberkanten einen Kreis bilden, damit die Saiten bei Bedarf einzeln gestrichen werden können.

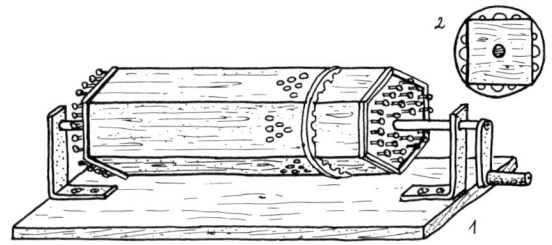

255 Rahmenlaute

Ein Holzrahmen wird teilweise von einer Membran (aus Blech, Trommelfell) abgedeckt. Auf der Membran steht ein Steg, über den die Saiten laufen. Zwischen die Saiten und den Holzrahmen kann man einen Metallstab schieben, mit dem man die Saiten noch einmal teilen und vor allem durch Hochdrücken und Hin- und Herbewegen in der Stimmung gleitend verändern kann.

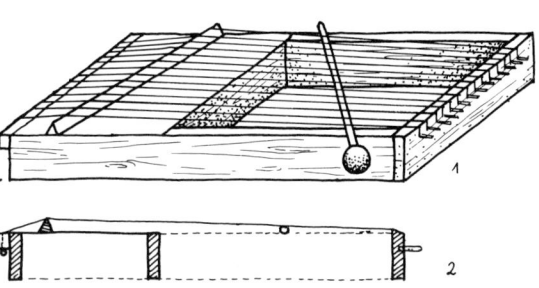

256 Gleitlaute

In ein stabiles Grundbrett ist ein mit Trommelfell bespanntes Gefäß (vgl. Nr. 233,3) eingelassen. Auf dem Fell steht ein Steg, über den die Saiten laufen. An den Schmalseiten des Grundbrettes sind Nutleisten für die Spannwirbel und die Saitenbefestigung verleimt. Auf den Längsseiten sind Lochleisten verleimt und verschraubt, in deren Löcher ein Metallstab gut beweglich paßt. Mit dem Metallstab kann man die Länge der Saiten und ihre Spannung gleitend verändern. Durch ein Auf und Abbewegen läßt sich auch ein „Vibrato" erzeugen. Auf dem Instrument können zwei Spieler gemeinsam spielen.

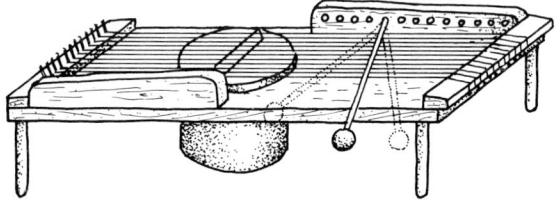

257 Resonanzlaute

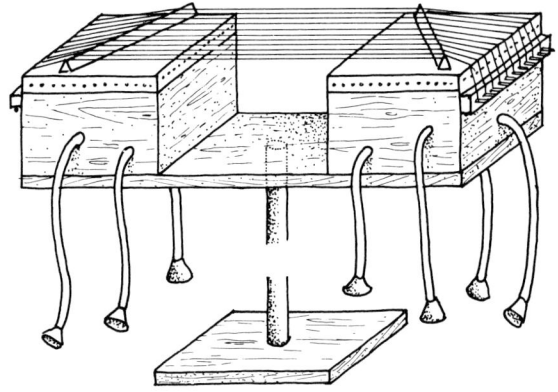

2 Holztrommeln (s. Nr. 195) werden auf einem Brett verleimt und verschraubt. Über beide Trommeln werden möglichst viele feine Saiten (aus Darm, Messing- oder Stahldraht, Perlon) gespannt. Die Saiten werden mithilfe von Spannwirbeln auf unterschiedliche Tonhöhen gestimmt. In die Seitenwände der Trommeln werden Schläuche mit kleinen Hör- und Sprechtrichtern eingelassen. Das Instrument steht auf einem Holzständer. Wenn man in die Schläuche hineinsingt, -spricht oder -bläst, beginnen die Saiten mitzuschwingen. Beim Hineinhorchen in die Schläuche kann man die Resonanzklänge hören.

---

6. Instrumente zur Stimmenverfremdung

Unsere Stimme ist unser wichtigstes und vielseitigstes Instrument. Aus der Fülle ihrer Einsatzmöglichkeiten im Bereich der Musik werden hier nur einige Anregungen für ihre Verfremdung gegeben, wie z.B. Sprechen und Singen mit vollem Mund, unter Wasser, mit vorgehaltenen Händen, in Gefäße aller Art, in Röhren, Flüstertüten, Mirlitons (vgl. Nr. 31 - 35, 47, 212 - 214).

258 Flüstertüten und -röhren

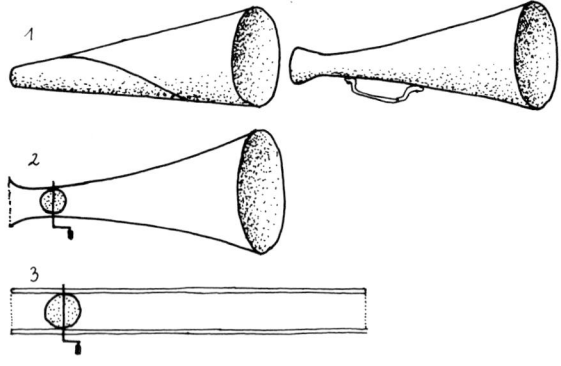

(1) Flüstertüten können aus vielen Materialien (Metall, Pappe, Kunststoffolien, Kunstharzen, Ton) hergestellt werden.
Bei (2) ist ein Verschluß, bzw. ein Unterbrecher, eingebaut. Das ist eine Scheibe (aus Holz, Metall), die sich im Trichter um ihre Achse dreht und ihn damit öffnet und schließt. Wenn man singt oder spricht und dabei die kleine Handkurbel der Scheibe dreht, werden die Töne ständig unterbrochen.
(3) zeigt eine Kunststoffröhre mit gleichem Mechanismus.

7. Anziehinstrumente, Klimperkleidung

Viele Anregungen für diesen Bereich finden sich bei Mauricio Kagel: Instrumente, experimentelle Klangerzeuger, akustische Requisiten.

Die Anziehinstrumente eignen sich besonders für Musik – Rhythmik – Bewegung – Darstellendes Spiel. Aus der Fülle der Möglichkeiten sind nur ein paar Anregungen zusammengestellt.

259

Für den gesamten Körper:

Rüstungen (aus Blechen, Folien, Pappen, Kartons)
Knautsch- und Knitterbekleidung (aus Plastikfolien, Knitterstoffen, Papier)
Schellen-, Bimmel-, Glockenbekleidung (mit angehefteten Schellen, Glöckchen, Plättchen, Röhrchen, Stäbchen)
Raschelbekleidung (aus Folien, Stroh, Bast, Papier- und Plastiksäcken)

Für den Kopf:

Trommel-, Bimmel-, Raschel-, Schellenhüte, Kopftücher, Helme
Perücken mit Klangmaterialien
Glöckchenbrille, Rauschebart, Scheuerkragen, Bimmelnase

Für den Rumpf:

Klimperbrust (Schützenkönigklimperladen, Ordenbrust)
Rasselketten (aus Muscheln, Plättchen, Stäbchen)
Rassel-, Bimmel-, Scheppergürtel

Für Arme und Beine:

Klingende Arm- und Fußreifen, Bänder, Manschetten
akustische Handschuhe (Schmirgel-, Rassel-, Glockenhandschuhe)
akustische Schuhe (Holzklappern, Bürsten-, Rassel-, Hupen-, Schmirgelschuhe, Flossen, Stepschuhe)
Knackgelenke (vgl. Knackfrösche)
Quietschgelenke
Blasebalgachseln

8. Instrumente für den musikalischen Elementarbereich

Hier sind aus dem Instrumentarium die Instrumente aufgeführt, die von Kindern selbst mit nur geringer Hilfe hergestellt werden können.

3 Blasflaschen
21 Löwenzahnbrummer
39 Brummknopf
41 Quietschballon
42 Spiralschläuche
43 Stampfgefäße
44 Schlaggefäße
45 Pferdegetrappel
47 Wasser-Schlagröhren
49 Raschelsäckchen

50 Ringrascheln
53 Flatterfolien
54 Bundrasseln
58 Kronkorkenrassel
63 Gefäßrasseln
66 Siebrassel
67 Doppelgefäßrasseln
72 Luftballonknall
73 Kartoffelknallrohr
74 Plöpflasche
77 Styroporquietscher
78 Knarzelballons
79 Quietschbecher
88 Sandpapierbretter

89 Stabschraper	196 Dosentrommelspiel
103 Einfache Klappern	199 Röhrentrommelspiel
104 Hand- und Fußbretter	204 Gluckerpauke
105 Wippebretter	207 Gackernde Henne
106 Federstabklapper	208 Waldteufel
122 Blumentopf-Glockenspiel	214 Mirlitonkugel
133 Stampf-, Schlaghölzer, Schlagstäbe	218 Einfacher Musikbogen
135 Schlagstock	219 Bumbass
140 Hängeradxylophon	223 Gummizither
154 Klirrscheiben	224 Eierschneidezither
175 Nageltablett	259 viele Anziehinstrumente (Kleidung)
191 Schlägel	

9. Instrumente für Rhythmik und Bewegung

15 Schwirrvogel	111 Klappkästen
35 Blaswagen	112 Klappvogel
40 Schwirrhölzer	130 Glockenstab
53 Flatterfolien	133 Stampf-, Schlaghölzer, Schlagstäbe
63 Gefäßrasseln	146 Stepxylophon
68 Stampfrasseln	147 Treppenxylophon
69 Rasselwalze	195 Trommelhocker
98 Rollratsche	208 Waldteufel
104 Hand- und Fußbretter	259 alle Anziehinstrumente
105 Wippebretter	

10. Instrumente für mehrere Spieler (Gruppeninstrumente)

3 Blasflaschen	165 Dosenmühle
31 Vielfachtrompetenspiel	170 Sansakasten
32 Blastrichter	172 Manualsansa
33 Blaskanne	174 Spieluhrenturm
34 Blasrohre	176 - 189 Kugelspiele
35 Blaswagen	198 Faß-Trommelspiel
47 Wasser-Schlagröhren	199 Röhren-Trommelspiele
115 Folienrad	214 Mirlitonkugeln
117 Donnerblechspiel	234 Drehdosenspiel
139 Gitterxylophon	243 Ringdosenspiel
142 Quartett-Xylophon	249 Tischlaute
143 Drehxylophon	250 Musikalischer Laufstall
145 Pultxylophon	256 Gleitlaute
159 Sammelrahmen-Metallspiel	257 Resonanzlaute

V. Literaturangaben

Die Auswahl erfolgte unter den Gesichtspunkten der praktischen Benutzbarkeit und der Verständlichkeit. In fast allen Arbeiten sind weiterreichende Literaturverzeichnisse enthalten.

1. Zum Instrumentenbau

Avgerinos, Gerassimos: Handbuch der Schlag- und Effektinstrumente. Frankfurt 1967

Baschet, Bernard und François: Tönende Skulpturen. Münster 1971

Blade, James: Percussion Instruments and their History.

Buchner, Alexander: Vom Glockenspiel zum Pianola. Prag 1959

The Diagram Group (Hrsg.): Musical Instruments of the World, 1976. Deutsche Ausgabe 1979

Institut für deutsche Volkskunde Berlin (Hrsg.): Handbuch der europäischen Volksmusikinstrumente. Leipzig ab 1967

Kälin, Elisabeth/Walther, Dorothe: Musikinstrumente selbst gebastelt. Bern o. J.

Kagel, Mauricio: Instrumente, Experimentelle Klangerzeuger, akustische Requisiten. Köln 1975

Klöckner, Karl: Der Bau von Musikinstrumenten. In: Handbuch der Kunst- und Werkerziehung, Bd. II/1, Berlin 1969

Küntzel-Hansen, Margrit: Musik mit Kindern. Stuttgart 1973

Nixdorff, Heide: Tönender Ton. Berlin 1974

Peinkofer, Karl/Tannigel, Fritz: Handbuch des Schlagzeugs. Mainz 1969

Rheinische Musikschule: Kinderinstrumente. Köln 1972

Sachs, Carl: Reallexikon der Musikinstrumente. Berlin 1913, Nachdruck Hildesheim 1964

Sachs, Carl: Geist und Werden der Musikinstrumente. Berlin 1929, Nachdruck Hilversum 1965

Sambeth, Heinrich M.: Kinder bauen Musikinstrumente. Mainz 1951

Warskulat, Wilhelm: Instrumentenbau aus Umweltmaterialien. Lilienthal/Bremen 1978

2. Zum Spiel mit Instrumenten

Decker-Voigt, Hans-Helmut: Musik als Lebenshilfe, Teil A und B. Lilienthal/Bremen 1975

Figge, Peter: Lernen durch Spielen – Praktische Dramapädagogik und Dramatherapie. Heidelberg 1975

Fischer, W.; Hansen, E.; Jacobsen, J.; Schulz, M.: Musikunterricht Grundschule, Lehrer- und Schülerband. Mainz 1976

Friedemann, Lilli: Kinder spielen mit Klängen und Tönen. Wolfenbüttel 1971

Friedemann, Lilli: Gemeinsame Improvisation auf Instrumenten. Kassel, 2. Auflage 1974

Friedemann, Lilli: Kollektivimprovisation als Studium und Gestaltung neuer Musik. Wien 1969

Friedemann, Lilli: Einstiege in neue Klangbereiche durch Gruppenimprovisation. Wien 1973

Frohne, Isabelle/Maack, Maria-Magdalena: Musiktherapie in der Drogenberatung. Lilienthal/Bremen 1976

Kreusch-Jacob, Dorothée: Das Musikbuch für Kinder. Ravensburg 1975

Küntzel-Hansen, Margrit: Musik mit Kindern. Stuttgart 1973

Küntzel-Hansen, Margrit: Musikkurs für Kindergärten. Stuttgart 1975

Liebetrau, Gerhard/Hähner, Ulrich/Decker-Voigt, H.-H.: Musiktherapie in der Heimerziehung. Lilienthal/ Bremen 1977

Meyer-Denkmann, Gertrud: Klangexperimente und Gestaltungsversuche im Kindesalter. Wien 1970

Müller, Rudi (Hrsg.): Theater und Spiel als kreativer Prozess. Berlin 1972

Roscher, Wolfgang (Hrsg.): Polyästhetische Erziehung. Köln 1976

Seidel, Almut: Musik in der Sozialpädagogik. Wiesbaden 1976

Wils, Lex (Hrsg.): Spielenderweise. Wuppertal 1977

3. Zu Musik – Rhythmik – Bewegung

Ausländer, Peter: Bewegung und Musik – Sequenzen. Vlotho 1977

Ausländer, Peter (Hrsg): Musik – Bewegung – Spiel. Vlotho 1977

Forstreuter, Hans: Gymnastik. Bad Homburg v. d. H. 1979

Frostig, Marianne: Bewegungserziehung. München 1973

Haselbach, Barbara: Improvisation, Tanz, Bewegung. Stuttgart 1976

Krimm von Fischer, Catherine (Hrsg.): Musikalisch-rhythmische Erziehung. Freiburg 1974

NCA – Materialien 1 – 3. Maarssen/Niederlande o. J.

Seidel, Almut: Musik in der Sozialpädagogik. Wiesbaden 1976

Zöller, Gerda: Musik und Bewegung im Elementarbereich – ein Beitrag zur Kommunikations- und Kreativitätserziehung. München 1972

4. Zur Systematik von Musikinstrumenten

Buchner, Alexander: Musikinstrumente im Wandel der Zeiten. Hanau 1960

Draeger, Hans Heinz: Prinzip einer Systematik der Musikinstrumente. Kassel 1948

Heyde, Herbert: Grundlagen des natürlichen Systems der Musikinstrumente. Leipzig 1975

Hornbostel, Erich M./Sachs, Curt: Systematik der Musikinstrumente. In: Zeitschrift für Ethnologie, Jg. 1914, S. 553ff.

Seifers, Heinrich: Systematik der Blasinstrumente. Frankfurt 1967

5. Zur Akustik von Musikinstrumenten (Einführungen)

Simbriger, Heinrich/Zehelein, Alfred: Handbuch der musikalischen Akustik. Regensburg 1974

Stauder, Wilhelm: Einführung in die Akustik. Wilhelmshaven 1976

6. Zum Umgang mit Werkmaterialien

Heufelder, Walter A.: Arbeiten mit Ton im Kunstunterricht. Ravensburg 1975

Hüning, Heinrich: Gestalten mit Holz. Köln 1977

Klöckner, Karl: Werken und plastisches Gestalten. In: Handbuch der Kunst- und Werkerziehung Bd. II, 1. Teil. Berlin 3. Auflage 1969

Maisenbach, Hans-Peter: Werken und Basteln mit Holz. München 1974

Neuhaus, Hans: Werken mit Ton. Köln 1978

Weiß, Gustav: Freude an Keramik. Berlin 1972

VI. Das Instrumentarium – Übersicht

Blasinstrumente (Aerophone)

Flöteninstrumente

1 Flötenrohr
2 Keramik-Flötenröhrchen
3 Blasflaschen
4 Reagenzglas-Panflöte
5 Plastikrohr-Panflöte
6 Bambusrohr-Panflöte
7 Keramik-Panflöte
8 Schnabellose Längsflöte (Andenflöte)
9 Weidenpfeife
10 Orgelpfeife, eintönig
11 Orgelpfeife, mehrtönig
12 Tonpfeife, Tonflöte
13 Gefäßflöte
14 Wasserpfeife
15 Schwirrvögel
16 Brummkreisel
17 Querflöte
18 Luftpumpe

Rohrblattinstrumente

19 Bambusklarinette
20 Rohrklarinette
21 Löwenzahnbrummer
22 Trinkhalm-Schalmei
23 Rohr-Schalmei
24 Rindenschalmei
25 Hupen

Kesselmundstückinstrumente

26 Gebrauchsfertige Trompetengeräte
27 Längstrompeten
28 Keramik-Längstrompeten
29 Doppel-Trompeten
30 Mehrfachtrompete
31 Vielfachtrompetenspiel
32 Blastrichter
33 Blaskanne

34 Blasrohre
35 Blaswagen
36 Quertrompeten
37 Keramik-Quertrompeten

Freie Aerophone

38 Grasfieper
39 Brummknopf
40 Schwirrhölzer
41 Quietschballon
42 Spiralschläuche

Instrumente aus selbstklingenden Materialien (Idiophone)

Stampf- und Aufschlaginstrumente

43 Stampfgefäße
44 Schlaggefäße
45 Pferdegetrappel
46 Wassertrommel
47 Wasser-Schlagröhren
48 Schlagröhrenspiel

Rascheln und Rasseln

49 Raschelsäckchen
50 Ringrascheln
51 Bundrascheln
52 Stielrascheln
53 Flatterfolien
54 Bundrasseln
55 Bambusrassel
56 Röhrenbundrassel
57 Kugelrassel
58 Kronkorkenrassel
59 Gitterrassel
60 Rahmenrassel
61 Muschelrassel
62 Rasselvorhänge
63 Gefäßrasseln

Klingende Hölzer, Holzspiele (Xylophone)

133 Stampfhölzer, Schlaghölzer, Schlagstäbe
134 Klopfspecht
135 Schlagstock
136 Schlagbrett
137 Arm- und Beinxylophon
138 Kleines Xylophon
139 Gitterxylophon
140 Hängerad-Xylophon
141 Rührxylophon
142 Quartett-Xylophon
143 Drehxylophon
144 Hölzerne Mühle
145 Pultxylophon
146 Stepxylophon
147 Treppenxylophon
148 Tischxylophon
149 Holzblock
150 Holzblock-Spiele
151 Bambusrohr-Xylophon
152 Zungenröhre
153 Holzzungenkästen

Klingende Metalle, Metallspiele (Metallophone)

154 Klirrscheiben
155 Klangräder
156 Triangel
157 Nagelrahmen
158 Hängerad-Metallspiel
159 Sammelrahmen-Metallspiel
160 Metallophonwagen
161 Strickleiter-Metallspiel
162 Waschtrommel-Metallspiel
163 Kasten-Metallspiel
164 Metallplatten-Spiel
165 Dosenmühle
166 Metallstabspiel
167 Zirrstäbe

Zupfzungen-Instrumente

168 Gleitzungen
169 Sansadose
170 Sansakasten

171 Holzblocksansa
172 Manualsansa
173 Spieluhren
174 Spieluhren-Turm

Kugelspiele

175 Nageltablett
176 Nagelbahnspiele
177 Schlauchbahnspiele
178 Weichenkullerbrett
179 Federkullerbrett
180 Zick-zack-Kullerturm
181 Zick-zack-Kullerbahn
182 Acrylglas-Kullerbahn
183 Kuller-U-Bahn
184 Kullerbahnbretter
185 Trichter-Kullerturm
186 Big-Ben-Kullerturm
187 Klangstab-Kullertürme
188 Rappelkiste
189 Klimperkasten
190 Brummtopf

Membran-, Fell- oder Trommelinstrumente (Membranophone)

191 Schlagwerkzeuge, Schlägel, Spielhilfen
192 Befestigungsarten von Trommelfellen

Rahmentrommeln (Tambourins)

193 Rahmentrommel
194 Rahmentrommelspiel
195 Trommelhocker

Röhrentrommeln

196 Dosen-Trommelspiel
197 Faßtrommel
198 Faß-Trommelspiel
199 Röhren-Trommelspiele
200 Kanalrohrtrommeln
201 Keramiktrommeln

Kesseltrommeln (Pauken)

202 Keramik-Pauken
203 Blaspauke
204 Gluckerpauke

Mehrfellige Trommeln

205 Zweifellige Trommel
206 Klick-Klack-Trommel (Chinatrommel)

Reibtrommeln

207 Gackernde Henne
208 Waldteufel (Schwirrdose, Fadenreibtrommel)
209 Stabreibtrommel
210 Stabreib-Trommelspiel
211 Fadenreib-Trommelspiel

Mirlitoninstrumente (Kazoos)

212 Mirlitontröten
213 Keramik-Mirlitons
214 Mirlitonkugeln

Saiteninstrumente (Chordophone)

215 Klangfärber
216 Spann- und Stimmhilfen
217 Streichbögen und Spielhilfen

Musikbögen und Zithern

218 Einfacher Musikbogen
219 Bumbass
220 Musikbogengefäße
221 Musikbogen-Schublade

222 Mehrfach-Musikbogen
223 Gummizithern
224 Eierschneiderzither
225 Deckelzither

Harfen

226 Saitendosen
227 Vibratodosen
228 Streichdosen
229 Kistenbaß
230 Hebeldosen
231 Spannbügeldose
232 Einfache Bogenharfe
233 Bogenharfen
234 Drehdosenspiel
235 Vibratodosen-Klavier
236 Felgenharfe
237 Wannenharfe
238 Große Gefäßharfe
239 Faßharfe
240 Glissandoharfe
241 Ratschharfe
242 Wannen-Dosenharfe
243 Ringdosenspiel

Lauten

244 Monochord (einsaitige Laute)
245 Einsaitige Dosenlaute
246 Boingbox
247 Einsaitige Rollsteglaute
248 Schubladenlaute
249 Tischlaute
250 Musikalischer Laufstall
251 Felgenlaute
252 Gefäßlauten
253 Vielsaitige Dosenlaute
254 Drehbare Wirbelsäule
255 Rahmenlaute
256 Gleitlaute
257 Resonanzlaute

Ute Moeller-Andresen
Das erste Schuljahr – Unterrichtsmodelle

Mit Fotos von Susanne de Haën-Schwarz
160 Seiten, Bildband, kart., Klettbuch 92594

Dieser Fotoband dokumentiert den Unterricht eines Grundschuljahres. Einer jungen Lehrerin ist es gelungen, ein ungewöhnlich vielseitiges, interessantes Schuljahr zu gestalten, ohne den Lehrplan zu vernachlässigen. Es ist möglich, das ganze Schuljahr „nachzuunterrichten" oder einzelne Themenkomplexe herauszugreifen und so Stundenvorbereitung zu sparen.

Gloria von Gemmingen
Unterrichtsmodelle für das zweite Schuljahr

Fotos: Edith Lauenstein
136 Seiten, Bildband, kart., Klettbuch 92610

Dieser stark bebilderte Band enthält Unterrichtsmodelle aus einem zweiten Schuljahr: In ausführlichen Berichten und mit informativen Fotos wird gezeigt, wie der Lehrplan dem Jahresablauf folgend in Unterricht umgesetzt werden kann. Dabei werden nahezu alle Themen des Sachunterrichts und die wichtigsten Themen des Deutschunterrichts (außer Lesen) abgedeckt.
Wichtigstes Anliegen der Autorin ist vor allem, den erzieherischen Bereich sichtbar zu machen: psychologische Hintergründe, pädagogische Bemühungen, das kindliche Verhalten und die Atmosphäre des Zusammenlebens und der gemeinsamen Arbeit. Kinder begnügen sich nicht mit dem vermittelten Stoff, sie erwarten zu Recht, daß sie in der Schule auch ihre spontanen Einfälle, Gedanken und Gefühle, ihr Miteinander und Gegeneinander ausleben dürfen, denn Schule ist Teil des kindlichen Lebens.

Gudrun Krause
Unterrichtsmodelle für das dritte Schuljahr

Fotos: Edith Lauenstein
144 Seiten, Bildband, kart., Klettbuch 924401

Anhand erprobter Unterrichtsmodelle wird hier ein Unterricht vorgeführt, der an den Interessen der Schüler ansetzt, sie zu größtmöglicher Selbständigkeit führt, kreatives Arbeiten anregt und persönliche Anlagen fördert. Handelnder Umgang mit Dingen, ausgiebige Verbindungen zur Umwelt, freie, teils eigene Aufgabenstellungen durch die Schüler und ein offenes Vertrauensverhältnis tragen diesem Ansinnen Rechnung. Darüber hinaus werden zahlreiche Impulse gegeben für Konzentrationsübungen und -spiele, Fantasieanregungen und für eine Vielzahl von Schüleraktivitäten.
Gegenstand der Unterrichtsmodelle sind Themen der Lernbereiche Deutsch, Sachkunde, Musik, Kunst und Werken; Beispiele von Arbeitsblättern und zahlreiche Fotos vermitteln einen Einblick in diese kindgerechte Schulwirklichkeit.

Bünner, Gertrud/Röthig, Peter (Hrsg.)
Grundlagen und Methoden rhythmischer Erziehung
Klettbuch 92165, 274 S., kart.
Nach einer Einführung zur Theorie des Rhythmus beschreiben Vertreter verschiedener Richtungen ihr Fach, z. B.: Rhythmisch-musikalische Erziehung, Rhythmische Gymnastik, Volkstanz, Orff-Schulwerk, Eurythmie. Es folgen Beiträge zur praktischen Anwendung rhythmischer Erziehung in der Leibeserziehung, in der Heilpädagogik und in der musischen Erziehung.

Haselbach, Barbara
Improvisation, Tanz, Bewegung
Fotos: Hilde Zemann
Klettbuch 92318, 125 S., Bildband im Großformat, kart.
Entwicklung des Körperbewußtseins, Bewegungserfahrungen in Zeit und Raum, Improvisationsanregungen durch Spielzeug, Objekte, Geräte, Musik, Sprache, Malerei, Graphik, Skulptur, szenische Inhalte – der reichhaltige Themenkatalog kann unmittelbar in die Arbeit mit verschiedenen Altersstufen umgesetzt werden. Eine Einführung in Didaktik und Methodik der tänzerischen Improvisation erleichtert den Zugang zu diesem schwierigen Gebiet.

Haselbach, Barbara
Tanzerziehung
Grundlagen und Modelle für Kindergarten, Vor- und Grundschule
Klettbuch 92326, 254 S., 150 Abb., Skizzen u. Notenbeisp., Linson
Neben dem systematisch aufbauenden Umgang mit den Bewegungselementen des Tanzes spielt der fächerübergreifende Aspekt eine besondere Rolle. Musik, Sprache und Bewegung gehören gleichermaßen zum Tanz. Unterrichtsbeispiele zu Liedern, Versen und Musikstücken und eine tabellarische Stoffübersicht geben eine Fülle von Anregungen.

Keetman, Gunild
Elementaria
Erster Umgang mit dem Orff-Schulwerk
Klettbuch 92482, 200 S. mit Abb. u. Notenbeisp., Linson
Das Buch vermittelt Grundlagen für die praktische Arbeit mit dem Orff-Schulwerk: Umgang mit dem Material, seine Auswahl, seine Anordnung und methodische Vermittlung. Die aufgezeigten Variationsmöglichkeiten regen dazu an, auf eigenen Wegen die gesetzten Ziele zu erreichen. Gunild Keetman, die engste Mitarbeiterin Carl Orffs und Mitautorin des Schulwerks, darf als die zuverlässigste Vermittlerin Orffscher Musikpädagogik gelten.